环境法学

Environmental Law

王社坤 编著

图书在版编目(CIP)数据

环境法学/王社坤编著. —北京:北京大学出版社,2015.12
(环境科学本科专业核心课程教材)
ISBN 978-7-301-26526-0

Ⅰ.①环… Ⅱ.①王… Ⅲ.①环境法学—中国—高等学校—教材 Ⅳ.①D922.681

中国版本图书馆 CIP 数据核字(2015)第 272773 号

书　　名	环境法学 HUANJING FAXUE
著作责任者	王社坤　编著
责 任 编 辑	王树通
标 准 书 号	ISBN 978-7-301-26526-0
出 版 发 行	北京大学出版社
地　　址	北京市海淀区成府路 205 号　100871
网　　址	http://www.pup.cn
电 子 信 箱	zpup@pup.cn
新 浪 微 博	@北京大学出版社
电　　话	邮购部 62752015　发行部 62750672　编辑部 62765014
印 刷 者	三河市博文印刷有限公司
经 销 者	新华书店
	730 毫米×980 毫米　16 开本　22.5 印张　340 千字 2015 年 12 月第 1 版　2015 年 12 月第 1 次印刷
定　　价	45.00 元

未经许可,不得以任何方式复制或抄袭本书之部分或全部内容。
版权所有,侵权必究
举报电话:010—62752024　电子信箱:fd@pup.pku.edu.cn
图书如有印装质量问题,请与出版部联系,电话:010—62756370

内容提要

本书是面向环境科学专业的学生编写的系统阐释环境法基本理论与法律规范的教材。

本书分为总论和分论两编。总论编系统阐述了环境法的概念、法律关系、基本原则、基本制度和法律责任;分论编则系统介绍了污染防治法、生态保护法、自然资源法以及国际环境法的主要内容。

环境法学课程是一门综合性、应用性很强的课程。考虑到环境科学专业的学生没有法学背景,因此在教材中穿插了很多专栏,介绍学习过程中涉及法学基本概念或原理,方便学生深化对教材正文内容的理解。

环境法学习的最终目的是在全面地了解和掌握环境法的基本理论、熟悉各类环境法律规范的基础上;运用环境法规范进行环境管理和解决环境纠纷。为此,教材提供了与正文内容密切相关的教学案例,通过案例的讨论和分析,提高学生理解并适用法律规范的能力。

本书主要适用于高等院校环境科学专业的学生系统学习环境法时使用,亦可作为从事环境保护相关活动的人员了解环境法的参考文献。

作 者 简 介

王社坤,男,1979年10月生于陕西省渭南市,北京大学法学院副教授,主要研究领域:环境法、自然资源法。

2009—2011年在清华大学法学院环境资源能源法研究中心从事博士后研究。1998—2009年就读于北京大学法学院,先后获得法学学士(2002年)、法学硕士(环境与资源保护法学,2005年)和法学博士(环境与资源保护法学,2009年)学位。

在《法学评论》《比较法研究》《环境保护》《人民日报》《光明日报》等刊物公开发表论文和评论三十余篇。出版学术专著(含合著)三部、参编教材五部、译著(合译)一部。

主持或参加国家社科基金、教育部、司法部、中国博士后基金、环境保护部、国家发改委等科研项目十余项。参加《环境保护法》《水污染防治法》《大气污染防治法》《规划环境影响评价条例》《全国污染源普查条例》等多部环境保护法律法规的起草、论证或修改工作。

目录

总 论 编

第一章 导论 ……………………………………………………… (3)
    第一节 环境问题及其法律应对 …………………………… (3)
    第二节 环境法的产生与发展 ……………………………… (8)
    第三节 环境法学的研究对象和方法 ……………………… (18)

第二章 环境法的概念与渊源 …………………………………… (21)
    第一节 环境法的定义与特征 ……………………………… (21)
    第二节 环境法的渊源 ……………………………………… (28)

第三章 环境法律关系 …………………………………………… (38)
    第一节 环境法律关系的概念 ……………………………… (38)
    第二节 公众及其环境权益 ………………………………… (42)
    第三节 企业及其开发利用环境的权利和义务 …………… (52)
    第四节 政府及其环境管理职权与职责 …………………… (56)

第四章 环境法的基本原则 ……………………………………… (65)
    第一节 预防原则 …………………………………………… (67)
    第二节 协调发展原则 ……………………………………… (70)
    第三节 受益者负担原则 …………………………………… (74)
    第四节 公众参与原则 ……………………………………… (79)

第五章　环境法的基本制度 …………………………………………… (84)
第一节　环境标准制度 ………………………………………… (84)
第二节　环境保护规划制度 …………………………………… (89)
第三节　环境影响评价制度 …………………………………… (91)
第四节　"三同时"制度 ………………………………………… (97)
第五节　总量控制与排污许可制度 …………………………… (102)
第六节　排污收费制度 ………………………………………… (106)
第七节　突发环境事件应急制度 ……………………………… (112)
第八节　环境信息公开制度 …………………………………… (117)

第六章　环境法律责任 ……………………………………………… (123)
第一节　环境法律责任概述 …………………………………… (123)
第二节　环境行政责任 ………………………………………… (125)
第三节　环境刑事责任 ………………………………………… (136)
第四节　环境民事责任 ………………………………………… (158)

分　论　编

第七章　污染防治法 ………………………………………………… (177)
第一节　污染防治法概述 ……………………………………… (177)
第二节　大气污染防治法 ……………………………………… (180)
第三节　水污染防治法 ………………………………………… (191)
第四节　海洋污染防治法 ……………………………………… (198)
第五节　固体废物污染环境防治法 …………………………… (206)
第六节　化学物质环境管理法 ………………………………… (213)
第七节　环境噪声污染防治法 ………………………………… (217)
第八节　放射性污染防治法 …………………………………… (221)
第九节　清洁生产与循环经济促进法 ………………………… (226)

第八章　生态保护法 (233)

第一节　生态保护法概述 (233)

第二节　野生生物保护法 (235)

第三节　特殊区域保护法 (247)

第四节　水土保持与防沙治沙法 (261)

第九章　自然资源法 (271)

第一节　自然资源法概述 (271)

第二节　土地法 (273)

第三节　森林法 (279)

第四节　草原法 (287)

第五节　水法 (293)

第六节　渔业法 (299)

第七节　海域管理法 (305)

第八节　矿产资源法 (309)

第十章　国际环境法 (315)

第一节　国际环境法概述 (315)

第二节　国际环境法的主要领域 (327)

第三节　国际环境法在中国的适用 (346)

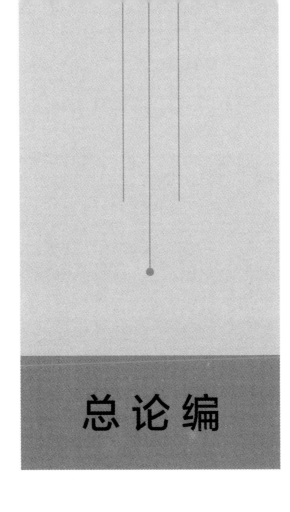

总 论 编

第一章 导论

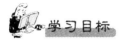学习目标

理解环境问题的概念,理解环境问题的产生原因与对策;了解环境法的产生背景与历史发展阶段,理解环境法学的研究对象和方法。

第一节 环境问题及其法律应对

一、环境问题及其成因

环境问题是指由于人类活动或自然原因使环境条件发生不利于人类的变化,以致影响人类的生产和生活,给人类带来灾害的现象。

根据环境问题产生原因的不同,一般将环境问题分为两大类:一是由自然原因引起的自然灾害,这被称为第一环境问题或原生环境问题;二是由人为原因引起的环境污染或自然破坏,这被称为第二环境问题或次生环境问题。随着人类对环境问题本质认识的深入,许多过去被认为是由于自然原因引起的第一环境问题,现在看来也与人类的活动有关。

作为环境保护立法控制对象的环境问题,主要是指第二环境问题。根据其具体表现形式,第二环境问题又主要可以分为环境污染问题和生态破坏问题两种。前者是指由于人类在生产、生活等活动过程中,将大量污染物质以及未能完全利用的能量排放到环境之中,致使环境质量发生明显不利变化的现象;后者是指由于人类不合理开发利用自然资源以及从事大规模建设活动或其他对

环境有影响的活动(如核实验、生物实验等)而给环境带来显著不利变化的现象。

环境问题对人类社会发展的影响主要表现在四个方面:一是妨害人类正常生活并导致人类心理和感观上对环境与自然舒适性认识的降低;二是导致人体生命健康损害、财产损失和自然环境破坏;三是导致环境质量下降,造成环境的生态服务功能退化以及历史和文化遗产价值的逸失;四是造成自然资源枯竭、生物多样性减少。

不同的学科对环境问题的成因有不同的解读。自然科学侧重从自然环境演变的科学规律分析环境问题的成因,而人文社会科学则侧重从人类社会的观念、行为分析环境问题的成因。从解决环境问题的对策需要看,侧重从人类社会的制度构建层面考察环境问题成因的政治和经济学分析更有针对性。具体而言,环境问题的成因可以归结为如下几个主要方面:

1. 市场失灵

市场失灵,即指市场不能正确估计和分配环境资源,从而导致商品和劳务的价格不能完全反映它们的环境成本。[①] 市场失灵的表现主要包括:

第一,环境的成本外部化。即产品消耗的环境成本由他人承担而他人并未通过市场得到补偿。由于很难区分和履行对环境(如大气)的所有权及其使用权,所以不存在环境(质量)的市场,而产品的价格就不能体现污染物的有害影响,结果导致大量的污染。

第二,对生态系统估值不当。在环境的总体经济价值中,环境资源的直接使用价值最容易定量化,它等于由资源提供的实际产品和劳务的价值。一种资源的某些用途(如热带雨林)能够出售,而其他用途(如它对流域的保护)却不能。因此导致资源存在的不能出售的那部分用途被忽视,从而导致资源被过度利用。

第三,产权界定不清。对资源的开放管理方式会促使它们可为任何人开发利用(如对巴西亚马逊河流域热带雨林的开发等),而资源的环境效应并不能被使用者所认识,结果导致资源的破坏。在一国范围内因环境资产缺少产权而造

---

① 经济合作与发展组织编.贸易的环境影响.丁德宇等译.中国环境科学出版社,1996:3.

成的环境退化,可能破坏相邻国的生态系统;一个国家在做出资源使用决策时,更容易忽视它对全球环境的影响。

2. 政策失误

政策失误即政府在经济决策过程中未能充分考虑经济活动可能带来的不良环境影响,使得经济活动实施后产生环境污染或自然破坏结果的现象。在许多场合,政府看似合理的行动(例如低水价政策等)有时也在鼓励低效能和资源浪费,而这些低效能反过来又会引起环境的破坏。此外,地方对本地产品的保护措施、国际贸易中关税和非关税壁垒等也会导致政策干预失灵,并加剧已有的市场失灵和环境政策干预失灵。以中国为例,当经济高速发展策略占据政府经济政策的主导地位和干部短期政绩考核的主要指标时,各级政府官员就会以"经济建设为中心"为由,不顾一切地牺牲环境和资源以换取经济的发展。

3. 科学不确定性

科学不确定性即依靠现有科学技术不能就某一行为可能造成未来的不良影响得出明确和确定结论的现象。如果某一行为对环境造成不良影响还存在着科学不确定性因素的话,就会导致决策风险的提高,并影响到成本效益分析结果的可靠性,形成"决策于未知之中"[①]的情形。科学不确定性因素会促使经济功利主义者忽视对环境利益的考虑,如果加上当前显著经济利益的驱使、结合对行为所致环境问题的风险没有充分证据的支持,更容易造成决策者为求当前的经济利益而忽视长远的环境利益。由于过去一直沿用着使用与配置自然资源的经济学理论与方法,因而造成了许多不可恢复的自然资源破坏和环境损害,并造成上一代人决策、下一代人承担不良后果的局面。

4. 国际贸易的影响

20世纪后期,贸易与环境问题的联系才开始受到国际社会的关注。在全球经济一体化进程中,环境管制越严,就越会妨碍自由贸易;而自由贸易越发达,环境污染和自然破坏就会越严重。能够对环境产生不良影响的国际贸易活动主要表现在三个方面:

---

① 叶俊荣.环境政策与法律.台湾月旦出版公司,1993:87.

第一,涉及对环境有影响的商品交易,包括从发达国家或地区流向发展中国家或地区的有害废弃物交易活动,以及濒危野生动植物的国际贸易等。

第二,能够引起环境问题的贸易,包括热带木材贸易、水产品类贸易等。

第三,因国际投资带来的环境影响,这类贸易活动主要是发达国家利用发展中国家劳动力成本低、环境标准宽松而将污染企业或落后的生产技术设备转移到这些国家。

二、环境问题的法律应对

20世纪50年代以后逐渐成为许多自然科学以及人文、社会科学研究的对象,在工程学、医学、卫生学、地学、生物学、心理学、数学、物理学、化学、伦理学、政治学、经济学、社会学、法学等领域,都分别从各自的研究角度出发,分析环境问题的成因并提出对策。

70年代以后,随着环境科学在世界范围内的迅猛发展,环境管理的措施和方法也逐渐统一,各学科所提出的解决环境问题的对策也逐渐形成了一个有机的体系:以经济手段来推进市场对环境价值的认识,并且以成本效益分析的方式来判断环境政策的优良;以行政手段来推行环境管理政策,控制环境污染和自然资源的开发利用;以科学技术的进步为基础,提高自然资源和能量的利用效率,减低污染物的产生。然而,从社会制度层面看,环境问题的产生是由于人类行为忽视环境影响的必然结果。因此,环境问题的应对需要以法律手段来规范人类行为,保障环境保护的经济、行政措施得以有效实施。

法律是由国家制定或认可并依靠国家强制力保证实施的,调整社会关系,以权利义务为主要内容的行为规范体系。在环境问题应对方面,法律的作为主要表现在两个方面:一是为对人类的环境利用行为的规范。控制可能导致环境问题产生的人类行为,鼓励环境无害行为或有利于解决环境问题的行为。二是对环境问题所引发的社会纠纷的处理。环境问题的社会影响是改变既有的权利义务关系,从而引发权益纠纷,此时就需要法律发挥其评价和强制功能,化解这些社会纠纷,维护社会秩序。

法的功能

法的功能是指法内在具有的、对社会有益的功用和效能。法既是一种调整人们行为的规范，又为一定的社会目标服务。因此，法的功能有规范功能和社会功能之分。

法的规范功能主要包括：指引功能，即法能够为人们行为提供一个既定的模式，从而引导人们在法所允许的范围内从事社会活动的功能。这是法最主要的功能。评价功能，即法律作为一种普遍的评价标准，可以据以判断、衡量他人行为是否合法有效。预测作用，即根据法对人们的某种行为的肯定或否定的评价及其必然导致的法律后果，人们可以预先估计到自己行为的结果，从而决定自己的行为取舍以及与他人相互间将如何行为。强制作用，即法藉由国家强制力保障执行，可以制裁、惩罚、预防违法犯罪行为。教育作用，即通过法的规定和实施可以影响人们的思想，培养和提高人们的法律意识，引导人们依法行为。

法的社会功能主要包括：确认经济制度、调整经济关系、促进经济发展；确认国家制度、组织国家机构、确立社会民主与调整对外关系；促进科技文化事业进步、促进思想道德建设；执行社会公共事务。

参考文献：卓泽渊.法理学.法律出版社，2009.

从应对策略和效果看，法律对环境问题的应对大体上经历了两个发展阶段。第一阶段是通过已有法律部门的法律规范，被动地处理环境问题引发的环境纠纷。例如，通过相邻关系、私妨害等传统民法的物权或侵权法规则处理环境妨害。然而，随着环境问题的区域化、国际化发展，传统部门法侧重于事后救济、个案救济的方式，不足以有效、及时处理环境问题引发的纠纷。因此，新兴的、专门的环境法开始兴起。这是第二阶段，本阶段环境法侧重于预防环境问题的产生，并通过改良传统部分法规则更有效地处理环境问题引发的社会纠纷。例如,在环境污染侵权方面引入无过错责任原则、规定环境危害犯罪以及通过大量的行政立法实施专门化的环境行政管制。

> **法 律 部 门**
>
> 　　法律部门,也被称为部门法,是根据一定的标准和原则,按照法律规范自身的不同性质或调整社会关系的不同领域和不同方法等所划分的同类法律规范的总和。法律部门是法律体系的基本组成要素,各个不同的法律部门的有机组合便成为一国的法律体系。
>
> 　　划分法律部门应当遵循三项原则:第一,整体性原则,即以这个法律体系为划分对象,划分结果必须囊括一国现行法律的全部内容;第二,均衡性原则,即划分法律部门时应当使各个法律部门的规模或数量之间保持大体上的均衡;第三,以现行法律为主,兼顾即将制定的法律,在法律发展的动态过程这保持法律体系的相对稳定。
>
> 　　目前我国通行的划分法律部门的标准有两个:一是法律规范所调整的社会关系,二是法律规范的调整方法。根据这一标准,传统的法律部门包括宪法、行政法、民商法、刑法、诉讼法等。20世纪60年代之后,又出现了经济法、社会法、环境法等新兴的法律部门。
>
> 参考文献:张文显.法理学(第四版).高等教育出版社、北京大学出版社,2013.

第二节　环境法的产生与发展

　　现代环境法的产生和发展是一个连续、渐进的过程,并在很大程度上受到各国社会经济发展进程的制约。因此,本书以下将分别介绍国外(主要是欧美日)和我国环境法的产生和发展过程。

一、国外环境法的产生与发展

(一)产生:18 世纪中叶至 20 世纪初

这个阶段是环境法的产生时期,这一时期的环境立法,主要针对大气和水污染,防治范围比较狭窄。

从 11 世纪开始,西欧兴起了城市,环境卫生和空气污染问题便开始产生。欧洲有据可查的最早的环境法律是英国国王爱德华一世在 1306 年颁布的禁止在伦敦使用露天燃煤炉具的条例。据资料记载,在 14 世纪的伦敦,曾有一名男子由于燃烧煤烟而被绞死;公元 14 世纪,法国的查尔斯六世(Charles Ⅵ)禁止在巴黎"散发臭味和令人厌恶的烟气"。① 19 世纪以后,工业革命推动下的城市化进程加速,这使生活环境卫生成为当时环境保护立法的主要控制对象。民法中的相邻关系条款被适用于消除工厂或车间散发的不卫生和危险的臭气妨害案件。另外,英格兰、卢森堡、意大利等国也各自制定了防止工业空气污染的法律。除了污染控制立法之外,各国国内和国际有关环境与资源保护立法的目的主要是保护经济性自然资源,如森林、渔业资源等。1930 年罗马尼亚通过了世界上首部保护自然遗迹的法律,并且设立了 36 个自然保留地。

在美国,1785 年以后国会制定了一系列关于土地勘探开发的法律,准许开发西部土地并予以出售。19 世纪初叶,美国宪法确立了联邦资源管理制度和卫生安全保护措施的框架。为了快速地处理土地纠纷,还制定了矿业、木材、沙漠土地等联邦法律。从 19 世纪 90 年代开始,美国进入都市化和工业化社会,日益增多的废气、污水、噪声和垃圾引发了美化城市运动,城市改良者开始意识到制定地方法律以控制地方的污染问题。从此,美国的环境立法开始分化为自然资源和污染防治两大部分。

日本在 1874 年建立了自然公园制度,1898 年制定了《森林法》。进入 20 世纪后,日本于 1919 年制定了《狩猎法》以禁止和限制捕获野生鸟兽;于 1920 年制定《都市计划法》,规定了"风致地区保全制度";于 1932 年制定了《国立公园

---

① A. Kiss, D. Shelton. *Manual of European Environmental Law*. Cambridge University Press,1994:9.

法》。到19世纪末,在强力发展工业的政策指导下,日本国内对资源和能源的需求量急骤增加。此外,1888年,大阪市因纺织厂煤烟污染发生了市民防止煤烟运动,因此大阪府制定了《煤烟管理令》。1912年日本制定了《工场法》对煤烟的规制作出规定。

(二) 发展时期:20世纪初至60年代

这一时期是工业化国家公害发展和泛滥的时期,世界上有名的公害事件大都发生在这一时期。大量公害事件的发生,引起了大规模的反公害群众运动,环境问题成了重大社会政治问题。公害严重的国家不得不采取各种措施,从而使环境法得到了迅速发展,这一时期制定的环境保护法规的数量远远超过其他的法律部门。

从20世纪初叶开始,由于工业化和都市化的发展,环境污染逐渐加重,污染损害也大面积出现。在这种背景下,仅靠传统私法的事后救济已无济于事。为此,以控制环境污染为中心的环境立法开始在发达国家出现。

在欧洲,早期的环境立法主要是采取行政控制的方法对污染物排放进行管理。但之后,环境立法的目的开始转变到事先预防环境损害,并且开始提倡环境影响评价和公众参与。另外,也开始谋求保护一个安全和卫生的环境的权利。[1]

20世纪20年代,田纳西州水资源开发过程中对防治洪水和土壤保护等问题的讨论,掀起了美国第二次环境保护浪潮。在罗斯福"新政"运动时期,厉行节俭的政策促使美国联邦将经济学成本效益分析方法运用到立法之中,并于1936年制定了《公共汽车尾气控制法》。后来,这种方法还广泛地应用到联邦水资源利用项目。[2] 从1948年开始,美国在持续生产、空气污染和水污染控制、机动车管理、固体废弃物处理、空气和水质量管理、公民权利、野生生物、土地和水保持基金、野外优美景观、河流、国家标志、历史遗迹保护等许多方面都制定了详尽的法律。尤其是1969年美国国会通过的《国家环境政策法》,更是影响

---

[1] A. Kiss, D. Shelton. *Manual of European Environmental Law*. Cambridge University Press, 1994: 10.

[2] Campbell-Mohn, Breen, Futrell. *Sustainable Environmental Law*. West Publishing Co., 1993: 32.

深远。

日本在"二战"以后曾一味追求"经济高度成长",给环境带来了严重破坏,因公害造成的人体健康损害和财产损失短期内大幅上升。1959年日本制定了《水质综合保护法》和《工场排水法》,1962年制定了《煤烟控制法》。举世闻名的"四大公害事件"①促使日本于1967年制定了《公害对策基本法》,开始走上综合且有计划地防治公害的道路。

(三) 完善时期:20世纪70年代以后

进入20世纪70年代,在"环境危机"深刻化、全球化的背景下,很多国家对环境实行更加全面、严格的管理。环境立法趋向完备化并形成独立的法律部门。

70年代以来,西方发达国家国内环境与资源保护立法除了呈爆发式发展以外,在立法目的上也具有一定的阶段性特征。

70—80年代,注重完善控制区域污染的环境立法,同时将自然保护立法从自然资源开发利用立法中独立出来;修改传统刑法和民法,以适应保护环境的需要;80—90年代,从注重对污染的末端控制转变到对资源利用的全过程管理;完善处理国际环境问题的国际立法;注重国内环境与资源保护立法与国际环境立法的协调,强调越界污染损害的国家责任以及探索国际环境保护合作;90年代以后,以国际环境法为统帅,将重点放在应对全球环境问题的立法上,在全球环境保护的理念下修改国内环境法;为实现可持续发展战略,各国还制定了有关促进循环经济和废物再利用的法律。

到20世纪90年代,各国以环境基本法为首的环境保护法律体系已经基本建立。环境保护基本法在各国的出现反映了环境立法从局部到整体、从个别到一般的发展趋势,也反映了各国从单项环境要素的保护和单项治理向全面环境管理及综合防治方向发展,这是环境法向完备阶段发展的重要标志。随着立法体系的形成,环境法的重点也开始转移到法律的实施上来。

20世纪70年代以后,鉴于国内环境问题日趋严重,同时受1972年人类环

---

① 日本经济高速发展的20世纪50—60年代,因公害造成不特定多数居民受害的熊本水俣病、新泻水俣病、富山痛痛病及四日市哮喘病被称为四大公害事件。

境会议的影响并在发达国家的援助下,大部分发展中国家也逐渐开始重视环境保护立法。

在拉丁美洲国家,殖民时期结束后的第一步是采用以资源保护为本位的立法取代以资源利用为本位的立法。许多国家修改了土地、水以及矿业法,并且采用法典编纂的方式编撰资源法典,其总的原则是资源保护第一、资源利用第二。例如,1942年委内瑞拉制定了《森林、土壤与水法》,哥伦比亚制定了《国家可更新自然资源和环境保护法》。在东亚一些国家和地区,环境与资源保护立法受日本的影响较大,各国和地区纷纷以日本公害立法为模式开展环境与资源保护立法。例如,韩国自1965年以来,分别在环境基本政策、环境污染损害纠纷处理、大气环境保全、噪声振动控制、水质环境保全、有害化学物质管理、海洋污染等领域制定了法律。

二、中国环境法的产生与发展

从1949年新中国成立至今,中国的环境法大致经历了四个发展阶段:产生时期、发展时期、改革时期与强化时期。

(一) 环境法的产生时期

20世纪50年代起至70年代末,是中国环境法的产生时期。

其中从1949年新中国成立到1973年全国第一次环境保护会议召开之前,可以称为中国环境法产生前的孕育时期。

这一时期较为重视的是对作为农业命脉的自然环境要素的保护,并且以公有制为基础确立了自然资源的全民所有制形式。当时施行的《宪法》(1954年)规定,"矿藏、水流,由法律规定为国有的森林、荒地和其他资源,都属于全民所有。"

在自然资源管理立法方面,国家较为重视对水土保持、森林保护、矿产资源保护等方面的行政管理,并制定了若干纲要和条例。例如,1950年颁布了第一部矿产资源法规《中华人民共和国矿业暂行条例》,1953年颁布了《国家建设征用土地办法》,1956年颁布了《矿产资源保护试行条例》,1957年颁布了《中华人民共和国水土保持暂行纲要》。

在防治环境污染方面,卫生部和国家建设委员会在1956年联合颁发了《工业企业设计暂行卫生标准》,这是预防环境污染的一种非强制性技术规范。除此之外,国务院各行政主管部门还针对某一时期环境污染问题的特点,制定和颁布了一大批"红头文件"。例如1956年制定的《工厂安全卫生规程》,就是中国第一部针对工业污染作出规定的法规;1959年还颁布了《生活饮用水卫生规程》和《放射性工作卫生防护暂行规定》。

孕育时期我国还没有形成完整的环境保护概念,环境立法也非常零散。并且这些规定中的义务性规范也没有法律责任和法律制裁作保障,对规定的执行完全依赖于来自党和政府的政治、行政压力以及行为主体的"革命自觉性"和对革命工作的政治热情。

自1973年8月我国召开第一次全国环境保护会议起,至1978年中共十一届三中全会止,是中国环境保护工作和环境法艰难产生的时期。

1971年,我国在原国家基本建设委员会下设了工业"三废"利用管理办公室。1972年6月5日,我国派团出席了联合国在瑞典首都斯德哥尔摩举行的人类环境会议(UNCHE),这次会议不仅是世界环境保护运动的里程碑,而且也是我国环境保护事业的转折点。以此为契机,我国拉开了国家环境保护事业的序幕。

1973年,国务院召开了第一次全国环境保护会议,将环境保护提到了国家管理的议事日程。这次会议对我国环境立法的促进作用在于国务院批转了由原国家计划委员会制定的、作为我国环境保护基本法雏形的《关于保护和改善环境的若干规定(试行草案)》。这个规定在1979年我国颁布实施《环境保护法(试行)》之前,实际上是政府对国家环境保护政策的一个宣示,它在当时的历史条件下起着国家环境保护基本法的作用。到1974年,我国成立了"国务院环境保护领导小组",它标志着国家一级的环境保护行政机构从此在我国诞生。

从1973—1978年,我国制定了一系列的国家环境保护政策和规划纲要,并且在实践中形成了一些环境污染防治的制度或措施,如"三同时"制度、限期治理制度等。在防治沿海海域污染、放射性防护等方面制定了一些行政法规和规章。以《工业三废排放试行标准》为首,还制定了有关污染物排放、生活饮用水和食品工业等标准,使国家环境管理有了定量的指标。

1978年,我国颁布了经修改的《宪法》。《宪法》第十一条专门对环境保护作了如下规定:"国家保护环境和自然资源,防治污染和其他公害。"这样,环境保护首次被列入我国的国家根本大法之中,为国家制定专门的环境法律奠定了宪法基础。

1978年12月31日,中共中央批转了国务院环境保护领导小组起草的包括制定《环境保护法》设想在内的《环境保护工作汇报要点》,并就通过立法来保护环境、治理污染和保护人民健康等作出了指示,这是我党首次以党中央的名义对环境保护工作做出指示。由于环境保护问题引起了党中央的高度重视,因此这对1979年我国颁布和实施《环境保护法(试行)》和全国环境保护事业的展开起到了积极的作用。

1979年9月,五届全国人大常委会第十一次会议原则通过了环境保护法草案,并以"试行"的形式颁布实施。《环境保护法(试行)》是新中国第一部关于保护环境和自然资源、防治污染和其他公害的综合性法律,在中国社会主义法制建设刚刚起步的阶段,该法的制定实施特别令人瞩目,标志着我国环境法律体系开始建立。

(二) 环境法的发展时期

从1979年《环境保护法(试行)》的颁布实施到1989年《环境保护法》修改颁布之前,是我国环境法的发展时期。

20世纪80年代开始,我国社会主义法制建设进入飞速发展时期。1982年,国家又对《宪法》进行了修改。修改后的《宪法》第二十六条规定:"国家保护和改善生活环境和生态环境,防治污染和其他公害。"与1978年宪法相比,新的宪法将环境的对象予以了扩大,同时还增加了一些合理开发利用自然资源的条款。所有这些,为后来我国全方位的环境保护立法提供了依据。

在环境污染防治立法方面,1982年制定了《海洋环境保护法》,1984年制定了《水污染防治法》,1987年制定了《大气污染防治法》。在自然资源管理和保护方面,1984年制定了《森林法》,1985年制定了《草原法》,1986年制定了《渔业法》和《土地法》,1988年制定了《水法》,1989年制定了《野生动物保护法》。

此外,在国家一些重要的民事、行政和诉讼等基本法律与企业法律中也规定了环境保护的内容。

除制定国内环境法外,我国政府还积极参与国际环境保护合作,并参加了一些重要的国际环境保护公约和协定,与周边国家签署了一些环境保护的双边协定,如《濒危野生动植物国际贸易公约》(1980年)、《保护世界文化和自然遗产公约》(1985年)以及我国和日本两国签署的《保护候鸟及其栖息环境协议》(1981年)等。

此间,国务院及其环境保护行政主管部门还以上述法律为依据分别制定了有关排污收费、建设项目环境保护管理、车船污染防治、工业污染防治、核电站环境管理、污染事故报告处理、植树造林、农药管理、水产资源保护、水土保持、珍稀野生动植物保护、环境监测管理、环境保护标准管理、乡镇和街道企业环境保护管理、自然资源综合利用、对外开放地区环境管理、城市环境综合整治、自然保护等方面的行政法规或部门规章;各地也制定了相应的环境与资源保护地方性法规与规章。

由于环境标准是污染防治行政和环境行政执法的客观科学依据,因此,这个时期中国在完善环境保护立法的同时,还依法制定和颁布实施了一批包括大气、水质、噪声在内的有关环境质量标准、污染物排放标准、环保基础和方法标准等国家或地方环境标准。

(三) 环境法的改革时期

从1989年修改颁布《环境保护法》到1999年修改颁布《海洋环境保护法》,是我国环境法的改革时期。

从1989年开始,我国社会主义经济体制发生了由社会主义计划经济转向有计划的商品经济、进而全面转向社会主义市场经济的转变。在这个时期,环境与资源保护立法也面临着既要制定新法律、同时又要修改已不适应新形势下环境与资源保护需要的原有法律的局面。

最先提上立法议程的是修改《环境保护法(试行)》。实际上,鉴于《宪法》在1982年已作了修改,早在1983年我国就开始对该法进行修改。然而由于当时国内经济立法出现了"拥挤"现象、加上改革开放初期部分高级官员对环境保护的认识存在分歧,所以对《环境保护法》(试行)的修改远不如该法制定之初那样顺利。其结果是在修改过程中"不能因环保阻碍经济发展"的观点占了上风,使得这次修法的初衷并没有实现,一些在国外环保法律实践中行之有效的法律制度被认为不符合国情而未予以采纳。1989 年 12 月,全国人大常委会通过了修改后的《环境保护法》。

到 20 世纪 90 年代我国已经加入了许多国际环境条约,为履行条约规定的国际环境义务,需要对国内环境与资源保护法律进行修改和完善。为加强环境与资源保护法制建设,全国人大于 1993 年设立了环境保护委员会(后更名为"环境与资源保护委员会"),意在由国家立法机关全面统筹和合理安排今后的环境与资源保护立法和执法监督工作。

1992 年,联合国在巴西里约热内卢召开了环境与发展大会,会议通过了《21 世纪议程》《里约宣言》。此外,我国政府还签署了有关防治气候变化、生物多样性保护等国际环境保护公约,所有这些也都需要国家履行条约规定的国际环境保护义务,根据国际环境保护公约的要求对国内环境法律进行修改和完善。

此间,全国人大常委会在水土保持、固体废物污染防治、环境噪声污染防治等方面还制定了新的法律并修改了《大气污染防治法》《矿产资源法》《森林法》《水污染防治法》《海洋环境保护法》《土地管理法》等法律。值得注意的是,1997 年修改的《刑法》在第六章第六节专门规定了"破坏环境资源保护罪"。

同时全国人大常委会还组织实施了多次环保执法大检查活动。国务院也在环境噪声污染防治、农药管理、城市市容和环境卫生管理、城市绿化、海洋污染防治以及自然保护区、野生植物保护等领域制定了行政法规。此外,我国还加入了包括《京都议定书》《国家油污防备、反应和合作公约》在内的重要国际环境条约。

(四) 环境法的强化时期

从 2000 年修改颁布《大气污染防治法》至今,是我国环境法的强化时期。

1999 年 3 月,九届全国人大二次会议将"依法治国"的基本方略写入新通过的宪法修正案之中,这是我国法治进程中的重大事件。从 2000 年开始,我国开始加强并且不断规范环境立法活动。

鉴于1993年北京申奥失败与大气污染有关,2000年全国人大常委会再次对《大气污染防治法》进行了修改,确立了重点大气污染物排放许可制度和超标排污违法制度。

这个时期环境法取得了丰硕的成果,法律制度和法律责任规定也不断严格。全国人大常委会制定了《环境影响评价法》《防沙治沙法》《放射性污染防治法》《海域管理使用法》《可再生能源法》《清洁生产促进法》《畜牧法》《城乡规划法》《突发事件应对法》《循环经济促进法》和《海岛保护法》;修改了《渔业法》《水法》《野生动物保护法》《节约能源法》《水污染防治法》和《水土保持法》;批准了《〈防止倾倒废物和其他物质污染海洋的公约〉1996年议定书》;通过了《关于积极应对气候变化的决议》;在《物权法》和《侵权责任法》中,也分别规定了与自然资源保护和环境污染侵害救济有关的内容;在《刑法修正案(八)》中,将重大环境污染事故罪修改为污染环境罪。此外,国务院还修改或制定了《排污费征收使用管理条例》《危险化学品安全管理条例》《全国污染源普查条例》和《规划环境影响评价条例》等行政法规。

鉴于我国社会主义法律体系的不断完善、单项环境与资源保护法律制度的不断健全、环保机构改革的不断推进、公众环境意识的不断提高以及环境司法保障的不断增强,2011年初全国人大常委会决定,将《环境保护法》的修改工作纳入立法计划之中。历经了两届全国人大常委会四次审议,2014年4月全国人大常委会通过了新修订的《环境保护法》。之后,我国又重新启动了《大气污染防治法》的修订工作,并于2015年8月由全国人大常委会表决通过了修订后的《大气污染防治法》。

从1979年颁布实施第一部《环境保护法(试行)》至今,我国环境保护立法已经历了三十多年的时间。在这三十多年里,我国陆续颁布实施了近三十部环境、资源、能源、清洁生产与循环经济促进等方面的法律。此外,还有十多部国家重要的基本法律也规定了和环境保护相关的内容。这些法律的实施对控制环境污染和自然破坏、合理开发利用资源与能源都起到了积极的作用。

第三节　环境法学的研究对象和方法

一、环境法学是法学体系中的新兴学科

环境法学源于20世纪60年代,它是人类在运用传统法手段和方法仍不能遏制环境问题从而大量制定环境保护法的背景下,将有关环境保护的法律制度进行综合研究,逐渐从传统部门法学分离出来的一门新兴法学学科。

专栏 1-3

法学及其学科划分

法学是以法律现象为研究对象的各种科学活动及其认识成果的总称。法学是对法律现象进行全方位研究的学科,既要对法进行历时性研究,考察法的产生、发展及其规律,又要对法进行共时性研究,比较研究各种不同的法律制度,分析它们的性质、特点以及相互关系;既要研究法的内在方面,即法的内部联系和调整机制等,又要研究法的外部方面,即法与其他社会现象的联系、区别及相互作用;既要研究法律规范、法律体系的内容和结构以及法律关系、法律责任的要素,又要研究法的实际效力、效果、作用和价值。

法学内部的学科划分通常从两个角度展开。从法律部门的角度看,有宪法学、行政法学、民法学、刑法学、诉讼法学、经济法学、环境法学等;从认识论的角度看,有理论法学与应用法学。前者综合研究法的基本概念、原理和规律,包括法理学、法史学、宪法学;后者研究国内法和国际法的结构和内容以及它们的制定、解释和适用,包括刑法学、行政法学、民法学、经济法学、国际法学等。

按照教育部制定的学科目录,法学的二级学科包括法学理论、法律

> 史、宪法学与行政法学、刑法学、民商法学(劳动法学、社会保障法学)、诉讼法学、经济法学、环境与资源保护法学、国际法学(国际公法、国际私法、国际经济法)、军事法学。
>
> 参考文献:张文显.法理学(第四版).高等教育出版社、北京大学出版社,2013.

我国的环境法学创始于20世纪70年代末,它与中国环境保护事业的开展和环境保护立法的发展密切相关。1978年中共中央决定起草我国第一部环境保护法草案,北京大学法律学系、中国社会科学院法学研究所的部分法学教学研究人员参与了起草工作,以此为契机拉开了我国环境法学教学研究的序幕。

伴随我国环境保护立法的不断完善和法学界对环境法学教学研究的不断重视,从1984年开始环境法学课程纳入教育部颁发的综合大学法学院校法律专业的教学计划。1997年在对我国法学学科进行重新分类和调整的基础上,教育部将环境法学和自然资源法学两个法学新兴学科合并整合为"环境与资源保护法学"作为法学二级学科。2007年教育部高校法学学科教学指导委员会决定将《环境与资源保护法学》新增为法学核心课程。

尽管环境法学属于法学的分支学科,但由于它需要围绕"人类—环境—社会"关系展开研究,因此环境法学也属于具有多元性学科特点的环境科学学科的范畴。与环境科学相比,它同传统法学学科的联系则更为紧密,所以说它主要是一门法学学科。

我国环境法学体系通常分为总论和分论。总论主要是环境法的一般理论,包括环境法的定义与特征、基本原则、法律关系、基本制度、法律责任等;分论主要包括生态保护法、污染防治法、自然资源法、国际环境法等。

二、环境法学的学习和研究

环境法学是一门在理论上具有综合性和探索性的课程。学习本课程,既要具备充实的法学基本理论知识、又要具备一定的自然科学知识。通过对本课程的学习,应当全面掌握环境法的基本理论和环境法学体系的基本内容,从而为继续学习和深入研究各单项环境保护法律奠定坚实的基础。

环境法学是一门应用性很强的课程。随着环境问题的不断加剧和对人类行为的不断反思,传统的思维方式和经济发展模式正在悄然地发生改变。因此,环境法学可以直接服务于我国可持续发展战略的实施,并对我国环境保护方针政策的制定与实施、对我国参与国际环境合作以及对有关环境纠纷的处理等具有直接的运用价值。因此,在学习环境法学的过程中,应当注意培养将所学知识运用于实践的能力;同时,通过实践还能进一步加深对所学知识的理解。

目前,国内教科书关于环境法学研究方法的论述较多,虽然论述各有不同,但它们不外乎包括分析的、综合的、历史的、哲学的、比较的、社会学的方法等等,需要根据不同的研究目的而单独或者综合运用。由于环境法学是介于法学和环境科学之间的交叉学科,因此对环境法学的学习和研究必须注意学会运用生态学、环境经济学、环境伦理学的理论与方法。

第二章 环境法的概念与渊源

学习目标

理解环境的概念;理解环境法的定义、特征与立法目的;了解环境法的渊源;理解环境法与其他法律部门的关系。

第一节 环境法的定义与特征

一、环境的定义

界定环境法首先需要界定环境。因为法律对环境的定义直接影响着环境法的适用范围。

对环境和环境问题进行全面、系统研究的是环境科学。环境科学中的环境,是指人群周围的境况及其中可以直接、间接影响人类生活和发展的各种自然因素和社会因素的总体。受环境科学研究的影响,作为法律概念的环境的范畴也被限定在以人类为中心的环境范围之内,例如1972年的联合国《人类环境宣言》就使用了"人类环境"的概念。

1. 从立法技术方面考察

各国环境立法给环境下定义的方法包括概括式、列举式以及综合式三种。

概括式,即在立法上对环境的内涵进行描述。例如,1991年保加利亚《环境保护法》和1987年葡萄牙《环境基本法》将环境的范围定义为现实中所有的自然环境和人类环境。概括性描述的优点在于包容性,但某些场合下个别物质或

者要素是否属于法律上"环境"的范畴还需要进行概念解释。

列举式,即在立法上对环境的外延进行描述。例如,1969年美国《国家环境政策法》将环境分为自然环境和人为环境两大类并列举为包括但不限于空气和水(包括海域、港湾、河口和淡水)以及陆地环境(包括森林、干地、湿地、山脉、城市、郊区和农村环境)。而1993年日本《环境基本法》则直接列举了大气、水、土壤、静稳、森林、农地、水边地、野生生物物种、生态系统的多样性。由于类别化和列举式描述没有对环境作定性解释,因此需要通过法律修改或者由立法机关或司法机关通过法律解释对未予列举的物质或者要素进行专门认定。

综合式,即在立法上对环境的内涵和外延都作出规定。例如,我国《环境保护法》第二条对环境的定义是:"本法所称环境,是指影响人类生存和发展的各种天然的和经过人工改造的自然因素的总体,包括大气、水、海洋、土地、矿藏、森林、草原、湿地、野生生物、自然遗迹、人文遗迹、自然保护区、风景名胜区、城市和乡村等。"

我国《环境保护法》给环境下的定义中包含着两方面的含义:第一,将环境的范畴限定在对人类生存与发展有影响的自然因素范围内,不包括社会、经济等其他因素;第二,这种自然因素既包括各种天然的环境要素,也包括经过人工改造的环境要素。

2. 在环境立法中,与环境类似的概念——自然资源与生态系统

1972年联合国环境规划署给自然资源下的定义是:在一定时间条件下,能够产生经济价值,提高人类当前和未来福利的自然环境因素的总称。1987年我国颁布的《中国自然保护纲要》对自然资源作了如下概括性解释:在一定的技术经济条件下,自然界中对人类有用的一切物质和能量都称为自然资源,具体包括土地、森林、草原和荒漠、物种、陆地水资源、河流、湖泊和水库、沼泽和海涂、海洋矿产资源、大气以及区域性的自然环境与资源等。自然资源与环境密不可分,其属于环境要素中可被人类利用的自然物质和能量。人类对自然资源的开发利用行为会直接对环境产生影响和改变,从而导致环境问题。

生态系统是指在一定时间和空间内,生物与其生存环境以及生物与生物之间相互作用,彼此通过物质循环、能量流动和信息交换,形成的不可分割的自然

整体。生态系统在结构上包括生产者、消费者、分解者、无生命物质四大部分,构成生态系统的各个要素与环境要素基本重合。与环境概念不同的是,生态系统是以整个地球上的生物及其环境等客观存在为中心,而不是以人类为中心。地球上所有生物(包括人类)与环境都是生态系统的组成部分。

科学技术的进步使人类对地球环境乃至外空环境的影响越来越大,人类对环境的认识也开始从以人类为中心朝向以生物圈和地球整体为中心的方向转变,形成了"非人类中心的环境准则"。在这个背景下,全球环境、生态系统以及气候等与环境相关的概念在环境立法中的使用频率也越来越高。

二、环境法的定义

目前定义部门法的通行模式是"法律是调整特定社会关系的法律规范的总称"以及"法律是由国家制定或认可并由国家强制力保证实施的行为规范的总称"。

对环境法的定义也沿用了此种模式。例如,金瑞林教授认为,环境法是"由国家制定或认可,并由国家强制保证执行的关于保护环境和自然资源、防治污染和其他公害的法律规范的总称"。[1] 韩德培教授也认为,环境(保护)法是"调整因保护和改善生活环境和生态环境,防治污染和其他公害而产生的各种社会关系的法律规范的总称"。[2]

合理、科学定义环境法的关键在于是否能够清晰地界定环境法所要调整的社会关系。目前,通常认为,环境法所调整是环境社会关系,但是对环境社会关系的具体内容未做明晰的表述。

本书认为,环境社会关系可以进一步具体化为环境利用关系,即人类在利用(含开发、保护行为)环境(含自然资源)的过程中产生的社会关系。

从人类利用环境的目的出发,并结合环境外在价值类型,将环境利用行为分为本能性利用与开发性利用两大类:前者是人类自然属性的体现,而后者是人类社会属性的体现。

---

[1] 金瑞林.环境法学(第三版).北京大学出版社,2013:16.
[2] 韩德培.环境保护法教程(第三版).法律出版社,1998:26.

本能性利用,是指人类为了生存繁衍,或为了谋求高质量的物质、精神与文化生活而能动地(主动或被动)利用环境的行为。本能性利用是作为生态系统组成部分的人类生存繁衍的必然要求,体现的是人的自然属性,其主要表现形式是消极的享受环境惠益。本能性利用行为的共同特征在于,它们出于人类生存和发展的生理需要、源于人类的自然本性、满足人类精神需求以及不造成大规模环境质量与功能的破坏。本能性利用的对象是环境生态效益。所谓生态效益,是指在一定的时空范围内,自然各要素共同产生的保持生态系统平衡、维护环境质量稳定的效果。因地球上生态效益的无偿性,且无处不在,所以人类多数情况下对其利用是自由和被动的。

开发性利用,是指以牟取经济利益为直接目的,利用环境排放或者处理废弃物质与能量、开发自然资源等利用环境的行为。开发性利用是维持人类社会生存发展的必然要求,体现的是人的社会属性,其表现形式主要是主动的获取环境利益。开发性利用行为也可以根据人类对环境的利用方式而分为排放行为和索取行为两种,这些行为的共同特征在于占用环境容量或环境要素、满足自身经济利益需要以及可能造成大规模环境质量与功能的破坏。开发性利用以获取经济利益为直接目的,而实现这一目的的手段有两种:一是直接获取具有经济价值的自然资源;二是利用环境对污染物的容纳能力排放经济生产中产生的废弃物,即利用环境生态功能实现经济目的。无论采用何种手段,开发性利用都要表现为人类积极的行为,这也是与本能性利用在表现形式上的差异。

作为环境法调整对象的环境社会关系的实质就是人与人之间的环境利用关系。环境利用关系首先表现为各类环境利用人之间由于环境利用而产生的社会关系,这是一种平等主体之间的私法性的社会关系。平等主体之间的环境利用关系一般表现为环境利用人和其他不特定的义务主体之间的社会关系,即其他主体负有不得侵犯环境利用人合法利用环境的义务。

环境利用关系的特殊之处在于,各类利用人极有可能发生冲突。这种冲突的解决,一方面要依靠对各类环境利用行为边界的明确界定,另一方面则要依靠国家行政权力的介入,对各类环境利用行为进行管制或者保护。由此产生了第二类公法性的环境社会关系,即由于国家对环境利用的干预而形成的国家和环境利用人之间的社会关系。

由于国家对环境利用行为的干预而形成的国家和环境利用人之间的社会关系,根据国家所介入的环境利用类型的不同,可以分为国家与本能性利用人之间的社会关系和国家与开发性利用人之间两类。其中,后一种社会关系主要是由于国家对环境容量、自然资源利用的限制或禁止而产生的;而前一种社会关系则主要是由于国家采取措施保障环境质量利用而产生的。

从理论上可以将环境利用关系分解为平等主体之间的私法关系和国家与环境利用人之间非平等的公法关系,根据环境利用类型的不同又可以将国家与环境利用人之间的关系再细化;通过层层分解,我们最终看到了最基本的、双边的环境利用关系。然而,在实际生活中,环境利用关系往往表现为一种动态的三方关系,即国家—本能性利用人—开发性利用人,围绕环境利用而形成的社会关系。

公法与私法

公法与私法的划分源自罗马法,后被大陆法系所承袭。

公法和私法是根据法律内容对法律部门的划分,其划分标准大体上有三种:一是利益说,维护公共利益的法律是公法,维护私人利益的法律是私法;二是主体说,一方或双方为国家或公法人者为公法,双方均为私人者为私法;三是意志说,调整权力服从关系的为公法,调整平等关系的为私法。

公法一般包括宪法、行政法、刑法、程序法。私法主要是民商法,包括婚姻家庭法、合同法、侵权法、继承法、海商法等。

参考文献:周永坤著.法理学(第二版).法律出版社,2004.

综上,本书认为环境法是指调整人类环境利用关系的法律规范的总称。

要理解对环境法的上述定义,还需要对环境立法的目的进行全面、深入地把握。环境法的目的,是立法者拟实现的环境保护的理想和目标,是确立环境法基本原则和基本制度的依据。理论上,可以把环境法的目的分为两种:一是基础的直接的目的,即协调人与环境的关系,保护和改善环境;二是最终的目的。各国环境法的直接目的基本一致,但是在最终目的上出现了分歧,产生了目的一元论和目的二元论:目的一元论,是指环境法的最终目的是唯一的,即为了"保护人类健康"或者"环境优先论";目的二元论,是指环境法的目的不仅在于保护人体健康,而且还要促进经济的可持续发展。① 20世纪90年代之后,随着"可持续发展"的理念逐渐被国际社会所接受,各国环境法的最终目的逐渐演变为"可持续发展"。

中国1989年制定的《环境保护法》第一条规定:"为保护和改善生活环境与生态环境,防治污染和其他公害,保障人体健康,促进社会主义现代化建设的发展,制定本法。"经过20多年的发展,随着中国经济的变化和人们生活质量的改善,特别是"可持续发展"理念被中国政府接受以后,中国环境法的立法目的也随之发生调整和改变。自1998年修改的《土地管理法》确立了"促进社会经济的可持续发展"的最终立法目的以来,后续制定或修订的环境保护法律中,均明确将"可持续发展"作为最终立法目的。2014年修订的《环境保护法》也顺应时代发展,将立法目的重新表述为"保护和改善环境,防治污染和其他公害,保障公众健康,推进生态文明建设,促进经济社会可持续发展。"

三、环境法的特征

由于环境法调整对象的特殊性和调整方法的多样性,导致环境法具有其他部门法所不具有的固有特征。这些特征主要表现在如下三个方面。

(一)法律规范构成的科技性

环境法律规范具有浓厚的科技性,这是环境法不同于其他法律部门的基本特征。环境法有关法律规范构成的科技性主要表现在两个方面:

第一,从指导理念看,环境法律规范是根据自然科学规律(生态规律)确立

---

① 金瑞林.环境法学(第三版).北京大学出版社,2013:18.

的协调人与自然关系的法律准则。环境法要以全新的价值观念为指向对在传统法理论基础上建立起来的人类与环境的关系予以重新评价,将生态规律通过法律规范具体体现出来,将大量技术规范、操作规程、环境标准、控制污染的各种工艺技术要求等直接运用于环境立法之中。

第二,从规范构成和适用看,环境法律规范的行为模式和法律后果是根据科学技术以及科学推理的结论确立的。例如,判断排污行为是否合法,需要以对排放行为的科学监测结论为依据。判断环境污染责任者是否承担刑事责任,需要根据对污染损害结果的技术评估结论来决定。

专栏 2-2

法 律 规 范

法法律规范是通过一定法律条文表现出来的、具有一定内在逻辑结构的特殊行为规范。从逻辑结构上看,法律规范通常包括行为模式和法律后果两部分。

行为模式,是指法律规范所规定的行为规则本身的部分。它指明人们行为的方式和尺度,明确行为主体的权利和义务,这是法律规范最基本的组成部分。行为模式可分为三种类型:一是可以这样行为的模式,即法律规范允许作些什么;二是必须这样行为的模式,即法律规范规定的应该做什么、要求做什么;三是禁止这样行为的模式,即法律规范规定的禁止实施的某种行为,不应该做什么。

法律后果是指法律规范中规定的人们在作出符合或者违反该法律规范行为时,将带来什么样的后果。法律后果一般分为两类:一是肯定式的后果,包括对合乎法律规范行为的赞许、奖励和保护等;二是否定式后果,即对违反法律规范行为所给予的法律制裁。

参考文献:周旺生.法理学.人民法院出版社,2002.

（二）法律方法运用的综合性

作为环境法调整对象的环境利用关系内容广泛、涉及的利益多样、主体间的关系多元,决定了环境法具有综合性。

环境法的综合性主要表现在两个方面:

第一,环境法中既有公法规范,又有私法规范。环境法既有调整环境利用人之间的平等性的私法关系的法律规范,又有调整国家与环境利用人之间的非平等性的公法关系的法律规范。

第二,环境法中既有实体法规范,又有程序法规范。环境法的核心内容是关于各类主体的权利义务的实体性法律规范。但是基于环境问题所引发的的社会纠纷的复杂性,环境法也包含有处理环境纠纷的特殊程序规范。

（三）保护法益的共同性

环境要素具有公共产品属性,无论大气、阳光还是生态系统均不能为任何单位与个人所有。环境问题从局部发展到地区、从地区发展到国际、再从国际发展成为全球性问题的演变,已充分说明,如果人类仅从私益或者局部利益的角度出发保护环境就不可能从根本上扭转或摆脱环境危机。

因此,相对于其他执行社会与政治职能的法律部门而言,环境法所保护的法益具有共同性特征。环境法不仅仅是为了保护个别群体、统治者阶级、国家或地区的单一政治、经济利益;更是为了保护全人类的共同利益和保护人类生存繁衍基础的生态利益,以实现人类社会、经济可持续发展。

第二节 环境法的渊源

环境法的渊源即环境法的表现形式。广义的环境法渊源包括国内法渊源和国际法渊源,狭义的环境法渊源仅指国内法渊源。在大陆法系国家和英美法系国家,法的渊源存在较大差异。

专栏 2-3

大陆法系与英美法系

法系主要是按照法律的特点和历史传统对各国法律进行分类的一种做法。大陆法系与英美法系是西方国家的两大法系。前者是指欧洲大陆上源于罗马法的法律的总称,后者是指源于英国普通法的法律的总称。

两大法系的差别,主要表现在五个方面:第一,法律渊源。大陆法系以制定法为主要法律渊源;英美法系则承认判例作为法律渊源,与制定法并行存在。第二,适用法律的技术。大陆法系国家的法官审理案件,仅需要考虑制定法的规定,判例不能作为判决的法律依据;英美法律系国家的法官审理案件,首先要考虑以前类似的判例,并与本案相比较,从中找出可以适用的法律规则,作为判决的依据。第三,法典编纂。大陆法系国家的基本法律一般采用系统的法典形式,而英美法系国家的制定法一般是单行法律法规,但也逐步出现了法典化的趋势。第四,法律分类。大陆法系国家法律的基本分类是公法和私法,普通法系的基本分类则是普通法和衡平法,但在法学著作中也使用公私法的分类。第五,法律概念、术语上的差别。

当代大陆法系和英美法系出现了相互融合的趋势,例如,英美法系出现了越来越多的制定法,大陆法系也开始强调判例的作用。中国属于大陆法系国家,但中国的法律制度中也吸收了许多英美法系的特征。

参考文献:沈宗灵.法理学.北京大学出版社,2001.

依照我国《立法法》的规定,我国实行二级(中央与地方)多元的立法体制,法的具体表现形式包括宪法、法律、行政法规、地方性法规、自治条例和单行条例、规章等。此外,对法的适用具有普遍意义的有权解释也属于我国的法渊源。

一、宪法中的环境法律规范

作为国家的根本法，宪法具有最高的法律效力。目前，许多国家都在宪法中规定了环境保护条款，或者是在国家职责中规定环境保护条款，或者是在公民基本权利中规定环境权条款，并以此作为国家环境立法和环境行政的依据。

我国《宪法》在总纲中对国家的环境保护职责作了规定。第九条规定："矿藏、水流、森林、山岭、草原、荒地、滩涂等自然资源，都属于国家所有，即全民所有；由法律规定属于集体所有的森林和山岭、草原、荒地、滩涂除外。国家保障自然资源的合理利用，保护珍贵的动物和植物。禁止任何组织或者个人用任何手段侵占或者破坏自然资源。"第二十六条规定："国家保护和改善生活环境和生态环境，防治污染和其他公害。"

二、环境保护法律

根据内容和地位的不同，作为环境法渊源的法律主要包括两类，即综合性环境基本法和单项环境保护法律。

此外，需要注意的是，除了专门性环境保护法律外，在其他法律部门中也存在大量的环境法律规范。例如，我国 2007 年颁布的《物权法》第四十六至四十九条对自然资源国家所有权进行了规定，第一百二十二至一百二十三条对自然资源用益物权进行了规定。此外，第九十条还对环境相邻关系进行了规定，即不动产权利人不得违反国家规定弃置固体废物，排放大气污染物、水污染物、噪声、光、电磁波辐射等有害物质。这些法律规范对明确自然资源权属关系，规范自然资源开发利用秩序，实现可持续发展具有重要作用。我国 2009 年颁布的《侵权责任法》第六十五至六十八条对环境污染侵权责任进行了规定。我国《刑法》第六章第六节"破坏环境资源保护罪"对破坏环境与资源犯罪行为的刑事责任进行了规定，也是我国环境保护法律体系的组成部分。我国于 2012 年 8 月修正的《民事诉讼法》第五十五条对包括环境公益诉讼在内的公益诉讼进行了原则性规定，这一规定是环境保护法律体系的重要组成部分，将极大地推动我国环境保护事业的发展。

其他法律部门中的环境法律规范,也属于环境法的渊源。但限于篇幅,本书以下仅介绍专门性的环境保护法律。

案例 2-1

A 企业因向河流排放水污染物造成 B 通过网箱在河中饲养的鱼类和贝类死亡。A、B 双方向 C 环保部门请求处理这起污染损害所引发的赔偿问题。

讨论:C 环保部门在处理 A、B 双方的水污染纠纷时,可供适用的法律有哪些?

(一)综合性环境基本法

综合性环境基本法是对环境保护方面的重大问题,如环境保护的目的、范围、方针政策、基本原则、重要措施、管理制度、组织机构、法律责任等作出原则规定的法律。大体上,综合性环境基本法相当于一部法典的总则部分。这种立法常常成为一个国家的其他单行环境保护法律的立法依据。因此,环境基本法或者综合性环境保护法也被称为"环境宪法"。

一般按照在环境法律体系中的地位和作用,将 1989 年制定的《环境保护法》视为我国的环境基本法。但在《立法法》所确立的现有国家立法体制与框架内,《环境保护法》并非国家基本法,所以在立法实践中也将其称为环境保护领域的牵头法。《环境保护法》在内容上共分总则、环境监督管理、保护和改善环境、防治环境污染和其他公害、法律责任以及附则六章。

我国在环境保护事业和社会主义法制建设起步时期制定的《环境保护法》(试行)与 1989 年通过的《环境保护法》,在保护和改善环境、防治污染和其他公害以及完善环境保护法律体系与促进社会、经济的协调发展方面都起到了重要的作用。首先,率先将中国环境保护事业纳入法治轨道,明确了国家环境保护的基本方针、基本任务和基本政策。其次,为中国环境法律体系的完善和发展奠定了基础。再次,确立了环保部门统一监督管理与其他相关部门分工负责管理的环境保护行政体制,促进了环境保护行政机构的建立和发展。最后,促进了全民法律意识和环境意识的提高,推动了其他部门法在修订时纳入与保护环境保护相关的条款。

然而,随着我国经济、政治体制改革的深入以及单项环境保护法律的制定和修订,《环境保护法》已经明显地滞后于环境保护实践,其内容大多被后续制定、修改的单项环境保护法律所架空。因此,自2011年开始,我国启动了《环境保护法》的修订程序,并于2014年由全国人大常委会审议通过了修订之后的《环境保护法》。

修订后的《环境保护法》分总则、监督管理、保护和改善环境、防治污染和其他公害、信息公开和公众参与、法律责任、附则等七章,共计70条。此次修订新增的内容包括加强环境保护宣传,提高公民环保意识;明确生态保护红线;对雾霾等大气污染的治理和应对;明确环境监察机构的法律地位;完善行政强制措施;鼓励和组织环境质量对公众健康影响的研究;排污费和环境保护税的衔接;完善区域限批制度;完善排污许可管理制度;对相关举报人的保护;扩大环境公益诉讼的主体;加大环境违法责任等。

修订之后的《环境保护法》法律条文也从原来的47条增加到70条,增强了法律的可执行性和可操作性。从具体内容看,既规范约束了政府环境行为,也强化了环境监督管理的职权。宣示了"经济社会发展与环境保护相协调"的环境优先思想,进一步强化了政府特别是主要领导人对环境质量的责任;在给环境监管部门赋予更大执法权力的同时,也相应规定了环境监管失职行为的制裁措施以及环境信息公开和接受社会监督的义务;与以往的环境立法相比,明显加大了对环境违法行为的处罚力度,规定了按日连续处罚措施以及适用行政拘留的环境违法行为类型。

(二) 单项环境保护法律

单项环境保护法律是针对特定的保护对象或环境利用关系的特定领域进行调整的法律,其特点是具有控制对象和方法的针对性和专一性。它以宪法和环境基本法为依据,又是宪法和环境保护基本法的具体化,是进行环境管理、处理环境纠纷的直接依据。目前我国已经制定施行了二十多部单项环境保护法律。从内容上看,这些单项环境保护法律又可以细分为污染防治法、生态保护法与自然资源法。

1. 污染防治法

污染防治法的目的在于预防、控制污染源向环境进行的污染物排放，以减轻排污行为对环境的危害，从而达到保护人体健康的目的。当代环境法就是在污染防治法的基础上发展起来的。工业发达国家如英国、日本早期的环境法其实就是污染防治法或者公害防治法。虽然晚近各国环境法趋向于综合，不过污染防治法仍然是环境法的核心内容。

在环境污染防治方面，我国已经颁行了《海洋环境保护法》《水污染防治法》《大气污染防治法》《固体废物污染防治法》《环境噪声污染防治法》《放射性污染防治法》等法律。这些法律对于防治环境污染、改善环境质量发挥了重要作用。

需要指出的是，我国还颁布了《清洁生产促进法》和《循环经济促进法》等法律。这些法律的目的在于对资源开发利用的全过程实施科学管理，通过源头控制与物质循环利用，提高资源利用效率，减少污染物的产生。因此，本书也将这些法律纳入污染防治法之中。

2. 生态保护法

生态保护法是指国家为了保护特定物种、特殊生态区域、生态多样性，维护生态系统平衡，而专门制定的法律。生态保护法的保护对象基本都属于自然资源，因此生态保护法与自然资源法有着密切关联。

生态保护法与自然资源法的区别在于，生态保护法通常将自然资源的环境价值的保护作为唯一目标；而自然资源法则更强调自然资源经济价值的利用和保护，即使存在关于自然资源环境价值保护的规范，也多是经济价值保护的反射性利益。

目前，我国已经颁行了《野生动物保护法》《水土保持法》《防沙治沙法》《海岛保护法》等生态保护法律。从总体上看，与污染防治法和自然资源法相比，我国的生态保护法相对还比较薄弱。

3. 自然资源法

自然资源法是指为了合理开发、利用和保护自然资源，促进经济社会与环境可持续发展，对不同的自然资源分门别类制定的法律。由于自然资源既是人类生存的重要的环境要素,同时也是人类社会发展的物质基础,因而我国一直比较重视自然资源的立法工作。

传统上,有关自然资源的法律偏重于规范自然资源权属、自然资源的开发利用与管理,而忽视对自然资源的保护,因此在部门法的划分上,通常将自然资源法作为民法、经济法的组成部分。近二十多年来,随着可持续发展观的不断深化,我国自然资源法律的立法宗旨也发生重大转变,从侧重于经济价值,转向经济价值与生态价值并重;从侧重于开发利用侧重于开发利用与保护并重。因而,自然资源法律在内容上也发生重大变化,即大量增加了有关自然资源保护的规范。也正是在这个意义上,本书将自然资源法纳入了环境法律体系之中。

目前,我国已经颁行的自然资源法包括《水法》《森林法》《草原法》《渔业法》《土地管理法》《矿产资源法》《海域使用管理法》《可再生能源法》等法律。

三、环境保护行政法规

环境保护行政法规是指由国务院依照宪法和法律的授权,按照法定权限和程序颁布或通过的关于环境保护方面的行政法规。依照《立法法》的规定,有下列情形之一的,可以制定环境保护行政法规:一是为执行环境保护法律的规定需要制定行政法规的事项;二是《宪法》第八十九条规定的国务院行政管理职权的事项。国务院制定的行政法规的法律效力低于国家的环境保护法律。

由于我国法律的制定滞后或者比较原则,国务院制定的环境保护行政法规以及各行政主管部门制定的规章就代替了空洞的法律、弥补了法律的空白,促进了环境保护行政的展开。因此,国务院环境保护行政法规除了执行着解释法律、特别是规定环境执法的行政程序外,还在一定程度上弥补和起到了法律所应起到的确定权利义务关系的作用,同时也为同类立法奠定了实践的基础。

我国在环境保护领域颁行了大量的行政法规,如《建设项目环境保护管理条例》《废弃电器电子产品回收处理管理条例》《防治船舶污染海洋环境管理条例》《规划环境影响评价条例》《放射性物品运输安全监督管理条例》《民用建筑节能条例》《公共机构节能条例》等。

四、环境保护部门规章

在我国,国务院环保部门以及其他行使环境保护监督管理权的行政机关有权制定环境保护规章。依照《立法法》的规定,部门规章规定的事项应当属于执行法律或者国务院的行政法规、决定、命令的事项。

环境保护部门规章往往因其具体、可操作性强而在环境保护实践中发挥了巨大作用。环境保护部、国土资源部、国家海洋局等国务院部门已经单独或者联合发布了大量环境保护规章,如《环境信息公开办法(试行)》《环境行政处罚办法》《建设项目环境保护设施竣工验收管理规定》《电磁辐射环境保护管理办法》《环境信访办法》等。

部门规章的效力低于法律和行政法规,部门规章之间、部门规章与地方政府规章之间具有同等效力,在各自的权限范围内施行。但是关于国务院部门规章和地方性法规之间的效力关系,《立法法》并未明确规定,只规定了两者冲突时的处理程序。根据《立法法》第九十五条第一款第二项的规定,地方性法规与部门规章之间对同一事项的规定不一致,不能确定如何适用时,由国务院提出意见,国务院认为应当适用地方性法规的,应当决定在该地方适用地方性法规的规定;认为应当适用部门规章的,应当提请全国人民代表大会常务委员会裁决。

五、地方性环境保护法规或规章

我国幅员辽阔,各地经济、社会、资源、人口、环境等有较大差异,全国性法律、行政法规难以应对各地的环境保护特殊需要。因而,在保持国家环境保护法制统一的情况下,应当允许地方制定地方性法规与规章,有针对性地解决地方面临的环境问题。这些地方性法规和地方政府规章也是环境法律体系的组成部分,是对国家环境保护立法的重要补充和具体化。例如,《环境保护法》第五十九条第三款就授权"地方性法规可以根据环境保护的实际需要,增加第一款规定的按日连续处罚的违法行为的种类。"

按照地方环境保护立法在制定机关和效力上的不同,可以将它们分为地方性环境保护法规(地方人大及其常委会制定颁布)和地方政府环境保护规章(地方政府制定颁布)。在民族区域自治地方,还可以制定环境保护自治条例或单行条例。

根据《立法法》的规定,省、自治区、直辖市、设区的市的人民代表大会及其常务委员会根据本行政区域的具体情况和实际需要,在不同宪法、法律、行政法规相抵触的前提下,可以制定地方性环境保护法规。省、自治区、直辖市和设区的市的人民政府,可以根据法律、行政法规和本省、自治区、直辖市的地方性法规,制定环境保护规章。

我国几乎所有的省、自治区、直辖市人大和政府都制定了大量的环境保护地方性法规和规章。如针对北京严重的空气污染问题,北京市人大制定了《北京市实施〈中华人民共和国大气污染防治法〉条例》。

案例 2-2

2008年修订的《水污染防治法》第七十四条第一款规定:"排放水污染物超过国家或者地方规定的水污染物排放标准,或者超过重点水污染物排放总量控制指标的,由县级以上人民政府环境保护主管部门按照权限责令限期治理,处应缴纳排污费数额二倍以上五倍以下的罚款。"2008年制定的《江苏省太湖水污染防治条例》第六十条第一款规定:"直接或者间接向水体排放污染物超过国家和地方规定的水污染物排放标准,或者排放重点水污染物超过总量控制指标的,由环境保护部门责令停产整顿,处二十万元以上一百万元以下罚款。"

讨论:《江苏省太湖水污染防治条例》的规定合法吗?

六、对法的适用具有普遍意义的有权解释

法律的有权解释包括立法解释、司法解释。

立法解释是国家立法机关对适用环境保护法律的解释。由于我国国家环境保护立法在内容上一般较为原则和抽象,在这种情况下许多法律条款在具体适用时还需要由国家立法机关予以具体解释以利于法律的适用。依照《立法法》的规定,法律解释主要包括两种情况:一是法律的规定需要进一步明确具体含义的;二是法律制定后出现新的情况,需要明确适用法律依据的。法律解释权属于全国人民代表大会常务委员会。全国人民代表大会常务委员会的法律解释同法律具有同等效力。

司法解释是国家司法机关(指最高人民法院或最高人民检察院)依照法定程序就法律的具体适用作出的解释。由于这些司法解释可以直接对环境案件的司法审查(审理)程序及其判决产生影响,从而使当事人的权利和义务关系发生改变,所以适用环境法律规范的司法机关解释也是我国环境法的形式渊源之一。例如,2001年最高人民法院在《关于民事诉讼证据的若干规定》第四条就对因环境污染引起的损害赔偿诉讼的举证责任倒置作出了具体规定;2013年最高人民法院、最高人民检察院发布了《关于办理环境污染刑事案件适用法律若干问题的解释》,对污染环境罪的认定做出了具体解释。

第三章 环境法律关系

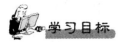学习目标

了解环境法律关系的概念与特征;理解公众环境权益的内容;了解企业开发利用环境的权利与义务;理解政府的环境管理体制与手段。

第一节 环境法律关系的概念

一、环境法律关系的定义

环境法律关系是指环境利用人之间及其与政府之间的权利(力)义务关系。

环境法律关系的主体主要是作为本能性环境利用人的公众、作为开发性环境利用人的企业以及作为自然资源国家所有权代表人和行使环境管理行政权的政府及其行政主管部门;环境法律关系的主要内容是公众与企业的环境利用权及其义务、政府的环境保护职权与职责;环境法律关系的客体是环境及其生态效益、公众与企业的环境利用行为以及政府的环境管理行为。

> **法 律 关 系**
>
> 法律关系是由法律调整或者依照法律形成的人与人之间的权利和义务关系,属于社会关系范畴,是社会内容和法律形式的统一。法律关系具有合法性,是法律对人们之间的社会关系承认、调整的结果,是国家意志的一种体现,是由国家强制力保障的社会秩序。
>
> 权利是法律的基本范畴之一,是指人在法律规定的范围内,为满足其特定的利益而自主享有的权能和利益。权能是指权利能够得以实现的可能性;利益是权能现实化的结果。义务是与权利对称的概念,是指法律对人必须做出或禁止做出一定行为的约束。
>
> 权力与权利是互有区别的概念。权力是指人以威胁或惩罚的方式强制地影响和制约自己或他人的价值和资源的能力。法律上说的权力,主要是指政治权力。一般认为,人民是政治权力的主要来源,任何权力都是一定社会成员共同赋予的。法律是人民用于控制政治权力的主要方法和手段。
>
> 参考文献:
> 1. 舒国滢.法理学阶梯.清华大学出版社,2006.
> 2. 张文显.法哲学通论.辽宁人民出版社,2009.

考察环境法的历史,早期的环境法主要调整的是侵权法律关系,即由于开发利用环境资源带来的民事权益改变而产生的利用人与受害人之间的侵权法律关系。由于开发利用行为的扩张性与环境资源的有限性,导致环境侵害现象呈扩大化、规模化发展趋势,这就要求法律对开发性环境利用行为采取事前管制,而不能被动地等待环境损害结果出现之后再行介入。与之呼应,环境法进入了行政管制时代,这一阶段的环境法律关系主要是行使环境行政管理权的政府与作为环境开发利用者的企业之间的环境行政管理关系。随着环境意识的提升和民主化进程的深入,在政府和企业的环境行政管理关系中,公众的介入力度越来越大,公众环境权益保护成为了政府行使环境行政管理权的目标,也成为了公众监督环境行政管理权行使的权利依据。

这样一来,环境法律关系的主体和内容就发生了根本性改变,环境法律关系兼具公法和私法的复合性特征。环境法律关系主体已由过去的平等主体双方改变为政府、开发利用者以及公众(自然人及其代表)三方,在某一环境利用关系中公权力(权利)和各类私权利因素经常同时存在,而各类主体之间的利害关系也呈此消彼长之势。

二、环境法律关系的特征

(一) 环境法律关系具有复合性

在传统法中,平等主体间的人身、财产权利义务关系由私法调整,行政主体和行政相对人间的行政关系则由公法调整。因环境利用行为所产生的环境法律关系则比较复杂和特殊,单纯采用传统的公、私法方法确立法律关系的性质均不能准确描述环境法律关系的性质。

现实中,环境法律关系往往具有复合性,环境利用人之间的私法关系以及政府与环境利用人之间的公法关系总是相伴而生、紧密相连。仅仅从私法或公法的单一角度分析环境法律关系,都存在重大遗漏,不能揭示环境法律关系的全貌。例如,在分析政府与开发性环境利用人之间的环境行政管理关系时,如果不考虑公众的环境权益因素,则就不能正确揭示政府行使环境行政管理权的出发点和归宿,也就无法解释环境行政决策中公众参与程序的法律性质和效力。

案例 3-1

位于 A 国境内的某大型企业 B 经常违反 A 国的污水排放标准向某跨国河流排放污水,造成河流下游污水排放标准比 A 更为严格的 C 国境内河流的水质长期处于污染状态,不能正常使用。依照 A 国水污染防治法律的规定,向水体排放污染物的企业应当缴纳排污费,超标排污者还

> 将受到行政乃至刑罚的处罚。但是,由于B所在地政府每年要从B处获得大量利税收入且B还可以解决当地居民就业问题,因此地方政府在向B征收排污费后并未对B的违法行为给予任何处罚。
>
> 其后,C向A交涉,要求A责令B按照C国污水排放标准的要求达标排放污水。对此,A认为B的行为只要符合A的规定即为合法。B则认为,由于资金有限,B连A的排放标准都无法达到。后来C将纠纷提交国际法院,要求A关闭B并补偿C为正常使用河水而支付的治污的费用。
>
> **讨论**:本案中,A、B、C之间存在着哪些性质不同的法律关系?

(二)环境法律关系的目标是合理分配环境利益

受科学发展和认知水平的限制,早期对环境价值的认识主要局限为自然资源的经济价值。这时的法律是把自然资源作为物或财产的一种纳入物权或财产权客体的范畴,权利主体依法享有对自然资源的占有、使用、收益和处分的权利。20世纪50年代以后,环境科学研究发现,环境提供给人类的价值是多元的和有限的,环境的某些重要价值与功能(如物种和生物多样性的生态效应及其对人的价值)在人类尚未认识之前就因不合理的开发利用行为而丧失殆尽。因此,环境立法从维护环境多元价值与功能的角度出发,规定了大量的禁止性和限制性规范控制开发性的环境利用行为,而更强调对本能性环境利用的保护,试图合理分配环境利益,设立人类平等地利用环境的权利和义务。

在通过环境法律关系分配环境利益、确立平等地利用环境的权利时,首要的目标是在法律中明确规定公民的环境权益,保护人类本能利用环境行为,并限制过去受到法律过度保护的开发性环境利用权,要求人类对环境的开发利用行为应以不危害本能利用行为为限。

(三)环境法律关系建立在自然生态规律的基础之上

环境法律关系是建立在环境利用行为上的人与人间的关系。但是,调整人与人之间的关系并不是环境法的最终目的,通过调整人类环境利用关系来防止人类活动造成对环境的损害,从而协调人与自然的关系,才是环境法的终极目的。

要实现这一终极目的,环境法律关系中各主体权利义务内容的设立就必须考虑"环境"作为法律关系客体的特殊性,必须尊重和顺应自然生态规律的要求。

第二节 公众及其环境权益

一、公众的概念

公众一般包括公民(自然人)和由公民组成的各种团体。公民(自然人)是环境质量和生态效益的受益者,是本能利用环境的主体。由于公民(自然人)在社会中处于个体、散在的弱势地位。因此在环境法中,公民(自然人)总是受保护的主体。一般情况下国家会通过立法赋予公民(自然人)优美环境享受权、环境信息知情权、决策参与权以及与之相应的民事和行政诉权。

基于公民(自然人)在一国社会中的弱势地位和政府公权力介入开发利用环境行为的不足,各国开始出现了由公民(自然人)结社组成的以保护环境为宗旨的环境保护组织,以通过集体的力量对抗不当或者违法的开发利用环境行为。由于环境保护利益的公共性和散在性特征,决定了由公民(自然人)为主体成立的环境保护组织在环境法中具有特殊且重要的地位。在许多国家,环境公益诉讼主要是由环境保护组织提起的,其本质是保存自然环境的原生状态和保护公民本能环境利用的实现。

二、公众的环境权益与环境保护义务

(一)公众环境权益理论的沿革与发展

公众环境权益理论源于西方国家法学界倡导的环境权论,是 20 世纪 70 年代依据宪法基本人权保障规定引申出来的一种新的权利形态。目前,各国和国际组织对环境权概念的一般表述是"人类享有在健康、舒适的环境中生存的权利。"

环境权虽然已为一些国家的宪法所确立,但由于环境权的性质、内容和范围的不确定性及其与传统权利的交叉和冲突,因而在法学界还存在着极大的争议。

从西方国家环境权理论的发展看,美国学者提出的"公共信托论"和日本律师与学者共同提出的"环境支配权论"对环境权理论的贡献最大。

1968年,萨克斯教授出版了《保卫环境——公民行动战略》一书,针对政府环境行政决定过程公众参与程度低、环境诉讼中存在诉讼资格障碍等问题,首次根据公共信托原理提出了"环境权"理论。他认为,公共信托理论有三个原则可以适用于环境领域:第一,对于公众而言,他们对大气和水享受的利益非常重要,不应当将其作为私的所有权的对象。第二,自然给人类提供了巨大恩惠,所有公众都可以自由利用,这与利用者是企业还是个人无关。第三,建立政府的主要目的是增进一般公益,不能为了私利而将原本可一般利用的公共物进行限制或改变其分配形式。因此"在不妨害他人财产使用时使用自己的财产"的古代格言不仅适用于财产所有者之间的纠纷,而且适用于诸如工厂所有者与清洁大气的公共权利之间的纠纷、不动产者与水资源和维持野生生物生存地域的公共权利之间的纠纷、挖掘土地的采掘业者与维持自然舒适方面的公共利益之间的纠纷。[①]

1970年3月,在日本召开的公害国际研讨会上,与会代表共同发表了《东京决议》,首次明确提出了"请求将全人类健康和福祉不受灾难侵害的环境享受权利以及当代人传给后代人的遗产中包括自然美在内的自然资源享受权利作为基本人权之一种,并将该原则在法的体系中予以确立"的环境权主张。之后,由日本大阪律师会成立的环境权研究会认为,环境权是"支配环境和享受良好环境的权利"。对于过分污染环境,影响居民舒适的生活或者造成妨害的,可以基于这项权利请求排除妨害以及采取预防措施。与此同时,公众负有在一定忍受限度范围内忍受公害的义务。因此,可将环境权理解为私权的一部分,即以环

[①] Joseph L. Sax. Defending the Environment: A Strategy for Citizen Action. Copy right 1970 by Joseph L. Sax.

境为直接支配对象的支配权。①

我国规定公众"环境权益"的环境保护法律，首见于2002年《环境影响评价法》。该法第十一条规定："专项规划的编制机关对可能造成不良环境影响并直接涉及公众环境权益的规划，应当在该规划草案报送审批前，举行论证会、听证会，或者采取其他形式，征求有关单位、专家和公众对环境影响报告书草案的意见。"这为环境权益理论研究和司法实践奠定了法律基础。

此外，国务院在2009年和2012年发布的《国家人权行动计划》中均将"环境权利"作为人权的重要组成部分纳入中国公民的经济、社会和文化权利体系之中。②《国家人权行动计划（2012—2015年）》规定，政府将通过加强环境保护等措施，着力解决重金属、饮用水源、大气、土壤、海洋污染等关系民生的突出环境问题以保障公众环境权利的实现。

专栏 3-2

人 权

法律意义上的人权指的是宪法和法律所保障的基本权利，是那些对于公民不可或缺、不可替代、不可转让的、稳定的、具有母体性的共同权利。人权是人的利益的度量分界，是人关于公共权力评价的道德标准，是人和人和谐相处的共同尺度。从人权的实际状态看，人权可以区分为应有的人权、法定的人权和实有的人权。从人权和国家的关系看，人权被区分为两类：第一类人权被认为先于国家和高于国家；第二类被认为后于国家和基于国家，与政治共同体紧密相连。

---

① 参见〔日〕大塚直.环境法（第三版）（日文）.有斐阁，2010：57.
② 在2012年6月国务院第二次发布的《国家人权行动计划（2012—2015年）》中，"经济、社会和文化权利"包括七项，它们分别是：工作权利、基本生活水准权利、社会保障权利、健康权利、受教育权利、文化权利、环境权利。

> 在我国,"国家尊重和保障人权"这一纲领性人权原则入宪,是我国人权事业发展的里程碑,标志着我国人权观念和人权法定化实现了根本性转变。
>
> 参考文献:张文显.法理学(第四版).高等教育出版社、北京大学出版社,2013.

2014年修订的《环境保护法》第五十三条明确规定,"公民、法人和其他组织依法享有获取环境信息、参与和监督环境保护的权利。"这是我国首次在法律中对公众环境权利的明文规定。但是,从内容看该条只是规定了公众的程序环境权利——知情权、参与权和监督权,并未涉及实体性环境权利。

值得注意的是,我国一些地方性环境法规明文规定了公众的实体性环境权利,典型的立法例如2009年修订的《深圳经济特区环境保护条例》第六十条的规定:"单位和个人享有在良好环境中生活、获取环境信息、参与环境监督管理以及得到环境损害赔偿的权利。"这些地方环境立法虽然效力与层级较低,但毕竟已进入立法和实施层面,由于其在某种程度上具有该地区"环境宪法"的作用,同时也表明环境权入法并非不可逾越的鸿沟。

(二) 公众环境权益的内容

公众环境权益可以分为两类,一是实体性环境权益,即良好环境享有权;二是程序性环境权益,即为了维系、保持、保护良好的环境而所需的环境信息知情权、参与权和救济请求权。

1. 实体性环境权益

良好环境享有权是每个公民(自然人)的生存本能,既包括对清洁环境要素的生理享受,也包括对优美景观、原生自然状况的精神和心理享受。良好环境享有权的主要内容包括三个方面:一是接近并享受良好环境的自由权;二是在他人行为损害了环境及其生态功能时有权要求其停止侵害、排除妨害的排除干预权;三是在环境破坏发生时或者基于提高环境质量的需要而要求他人采取措施恢复或者提高环境质量的环境改善请求权。环境是否良好,要根据环境质量标准来判断。

与享有良好环境权的公众对应的义务主体主要包括两类：一是国家；二是私个体，主要是开发性环境利用权人。国家作为义务主体的主要义务包括：第一，尊重义务，即国家自身不得损害和破坏环境；第二，保护义务，即国家要对其他环境利用人因利用环境容量或者自然资源可能造成的对环境质量利用的侵害而采取措施，这些措施包括但不限于禁止或者限制开发性环境利用；第三，履行义务，即国家在现有经济和技术水平条件下要对已经破坏了的环境（主要是由自然原因造成的）进行治理，使其恢复良好状态。

其他环境利用权人作为义务主体负担的主要义务包括：第一，合理利用环境容量或自然资源的义务，所谓合理利用，其判断标准主要是指遵守了国家的环境管制措施；第二，因利用环境造成环境污染或破坏时的恢复原状义务。

2. 程序性环境权益

生态效益的物质载体——良好环境的存在是实体性环境权益得以实现的前提。然而，这往往需要对开发性环境利用行为的必要限制与国家环境保护义务的履行。为了监督和督促国家环境保护义务的履行，从 20 世纪 90 年代开始程序性环境权益的得到了越来越多的重视。1998 年联合国欧洲经济委员会还通过了《奥胡斯公约》，专门对程序性环境权益进行规定。

从法律性质看，程序性环境权益与实体性环境权益存在区别。尽管程序性权利有其内在的、独立的价值，但是他们是实现实体性环境权益的程序工具却是客观事实。从内容上看，与环境相关的程序性权利主要是环境信息知情权、环境事务参与权和环境侵害救济请求权。

环境信息知情权，也称环境知情权或环境信息权，主要是指要求公开环境信息的权利。环境信息知情权的主体不限于自然人，而是任何人，具有无限性。[1] 环境信息知情权的客体就是环境信息或环境资讯。从信息内容看，主要是与环境状况相关的各类信息。如环境政策法规信息、环境管理机构信息、环境状态信息、环境科学信息和环境生活信息等。[2] 从信息拥有者看，主要限于政府掌握的环境信息。环境知情权的权能就是对环境信息的知情，这种知情可以

---

[1] 张明杰. 开放的政府——政府信息公开法律制度研究. 中国政法大学出版社,2003:123—128.
[2] 高家伟. 欧洲环境法. 工商出版社,2000:131.

表现为要求义务人通过报刊向社会公开环境信息,也可以表现为通过特定途径向其个人提供环境信息。

环境事务参与权,也称环境参与权或环境决策参与权,是指公众参与政府环境事务的决策过程,发表意见且意见被慎重考虑的权利。环境事务参与权的主要意义在于,通过开放决策过程将本能性环境利用权主体纳入决策程序之中,一方面兼听则明避免决策失误,另一方面也是其履行保障实体性环境权益义务的方式之一。环境事务参与权的主体主要是作为个体的公众和作为集合体环保组织。但是对于具体的环境事务而言,拟参与者往往要表明其与该事务的利害关系,如是拟建项目周边的居民,这一点是和环境信息知情权有所区别的。环境事务参与权的内容表现为以下几个方面:第一,有权通过参加听证会、论证会等形式参与到环境决策程序之中,决策机关要提供适当的参与途径;第二,有权在参与过程中就拟决环境事务发表意见,决策机关要提供发表意见的途径;第三,公众有权要求所发表之意见被慎重考虑,与之相对应,决策机关应当说明不采纳公众意见的理由。

环境侵害救济请求权,也称环境救济权,即良好环境享有权人依法享受通过法定程序阻止环境违法行为,维护环境利益的权利。环境救济权的主体与实体性环境权益的主体范围一致。环境救济权根据救济方式的不同,可以分为非规范性的申诉、控告、检举权和规范性的行政复议权、起诉权。环境救济权的内容主要是要求国家提供救济的可能性和具体途径,是一种程序上的要求,并具有要求国家满足所有救济请求的实体内容。

(三) 环境公益诉讼

环境公益诉权是环境侵害救济请求权的重要内容,也是在环境法特有的救济请求权。环境公益诉讼并非独立的诉讼领域,而只是一种与原告资格认定相关的诉讼方式和手段。这种诉讼既可以在行政诉讼中采用,亦可以适用于民事诉讼程序。如被诉的对象是对环境公益造成侵害或有侵害之虞的行政机关或者其他公权力机构,即为适用行政诉讼的环境行政公益诉讼;如被诉对象是企业、公司、其他组织或个人,即为适用民事诉讼的环境民事公益诉讼。

2012年,我国修改后的《民事诉讼法》第五十五条规定,"对污染环境、侵害众多消费者合法权益等损害社会公共利益的行为,法律规定的机关和有关组织可以向人民法院提起诉讼",这为环境公益诉讼提供了明确的法律依据。但是,该规定只将环境民事公益诉讼的原告资格赋予了法律规定的机关和有关组织,公民个人尚不是提起环境民事公益诉讼的适格原告。

从我国的政府体制和司法实践看,能够提起环境公益诉讼的"机关"主要包括检察机关和行使环境保护监督管理权的行政机关;能够提起环境公益诉讼的"有关组织"主要是指以环境保护为宗旨的非政府组织,既包括社会团体,也包括民办非企业单位。

上述机关和组织要提起环境公益诉讼还需有"法律规定"作为依据。目前,我国仅有《海洋环境保护法》第九十条第二款明确规定:对破坏海洋生态、海洋水产资源、海洋保护区,给国家造成重大损失的,由行使海洋环境监督管理权的部门代表国家对责任者提出损害赔偿要求。

2014年修订的《环境保护法》则授权依法在设区的市级以上人民政府民政部门登记、专门从事环境保护公益活动连续五年以上且无违法记录的社会组织,对污染环境、破坏生态,损害社会公共利益的行为可以向人民法院提起诉讼。符合法律规定的社会组织向人民法院提起诉讼,人民法院应当依法受理。但是,提起诉讼的社会组织不得通过诉讼牟取经济利益。

2015年1月,最高人民法院发布了《关于审理环境民事公益诉讼案件适用法律若干问题的解释》,对环境民事公益诉讼的法律适用问题进行了具体规定。

有资格提起环境民事公益诉讼的社会组织包括依照法律、法规的规定,在设区的市级(含自治州、盟、地区,不设区的地级市,直辖市的区)以上人民政府民政部门登记的社会团体、民办非企业单位以及基金会等社会组织。社会组织提起环境公益诉讼需满足三个条件:第一,社会组织章程确定的宗旨和主要业务范围是维护社会公共利益,且从事环境保护公益活动;第二,社会组织提起的诉讼所涉及的社会公共利益,应与其宗旨和业务范围具有关联性;第三,社会组织在提起诉讼前五年内未因从事业务活动违反法律、法规的规定受过行政、刑事处罚的,可以认定为《环境保护法》第五十八条规定的"无违法记录"。

第一审环境民事公益诉讼案件原则上由污染环境、破坏生态行为发生地、损害结果地或者被告住所地的中级以上人民法院管辖。人民法院受理环境民事公益诉讼后,应当在立案之日起五日内将起诉状副本发送被告,并公告案件受理情况。有权提起诉讼的其他机关和社会组织在公告之日起三十日内申请参加诉讼,经审查符合法定条件的,人民法院应当将其列为共同原告;逾期申请的,不予准许。检察机关、负有环境保护监督管理职责的部门及其他机关、社会组织、企业事业单位依据《民事诉讼法》第十五条的规定,可以通过提供法律咨询、提交书面意见、协助调查取证等方式支持社会组织依法提起环境民事公益诉讼。

在诉讼证明方面,环境民事公益诉讼也有一些特殊规定。一方面,原告请求被告提供其排放的主要污染物名称、排放方式、排放浓度和总量、超标排放情况以及防治污染设施的建设和运行情况等环境信息,法律、法规、规章规定被告应当持有或者有证据证明被告持有而拒不提供,如果原告主张相关事实不利于被告的,人民法院可以推定该主张成立。另一方面,对于审理环境民事公益诉讼案件需要的证据,人民法院认为必要的,应当调查收集。对于应当由原告承担举证责任且为维护社会公共利益所必要的专门性问题,人民法院可以委托具备资格的鉴定人进行鉴定。此外,原告在诉讼过程中承认的对己方不利的事实和认可的证据,人民法院认为损害社会公共利益的,应当不予确认。

环境民事公益诉讼中原告可以提出的诉讼请求包括停止侵害、排除妨碍、消除危险、恢复原状、赔偿损失、赔礼道歉等。

原告为防止生态环境损害的发生和扩大,请求被告停止侵害、排除妨碍、消除危险的,人民法院可以依法予以支持;原告为停止侵害、排除妨碍、消除危险采取合理预防、处置措施而发生的费用,请求被告承担的,人民法院可以依法予以支持。原告请求恢复原状的,人民法院可以依法判决被告将生态环境修复到损害发生之前的状态和功能。无法完全修复的,可以准许采用替代性修复方式。人民法院可以在判决被告修复生态环境的同时,确定被告不履行修复义务时应承担的生态环境修复费用;也可以直接判决被告承担生态环境修复费用。生态环境修复费用包括制定、实施修复方案的费用和监测、监管等费用。原告请求被告赔偿生态环境受到损害至恢复原状期间服务功能损失的,人民法院可以依法予以支持。原告请求被告承担检验、鉴定费用,合理的律师费以及为诉讼支出的其他合理费用的,人民法院可以依法予以支持。

生态环境修复费用难以确定或者确定具体数额所需鉴定费用明显过高的,人民法院可以结合污染环境、破坏生态的范围和程度、生态环境的稀缺性、生态环境恢复的难易程度、防治污染设备的运行成本、被告因侵害行为所获得的利益以及过错程度等因素,并可以参考负有环境保护监督管理职责的部门的意见、专家意见等,予以合理确定。

人民法院判决被告承担的生态环境修复费用、生态环境受到损害至恢复原状期间服务功能损失等款项,应当用于修复被损害的生态环境。其他环境民事公益诉讼中败诉原告所需承担的调查取证、专家咨询、检验、鉴定等必要费用,可以酌情从上述款项中支付。

环境民事公益诉讼中,原被告双方可以调解或和解。但是调解协议或者和解协议应由人民法院公告不少于三十日,公告期满后,人民法院审查认为调解协议或者和解协议的内容不损害社会公共利益的,应当出具调解书。调解书应当写明诉讼请求、案件的基本事实和协议内容,并应当公开。

环境民事公益诉讼案件的裁判生效后,有权提起诉讼的其他机关和社会组织就同一污染环境、破坏生态行为另行起诉,有下列情形之一的,人民法院应予受理:前案原告的起诉被裁定驳回的;前案原告申请撤诉被裁定准许的,但负有环境保护监督管理职责的部门依法履行监管职责而使原告诉讼请求全部实现,原告申请撤诉的除外。

环境民事公益诉讼案件的裁判生效后,有证据证明存在前案审理时未发现的损害,有权提起诉讼的机关和社会组织另行起诉的,人民法院应予受理。

鉴于环境民事公益诉讼中原告的目的是维护社会公共利益,因此在诉讼费缴纳方面对原告有特殊规定。原告交纳诉讼费用确有困难,依法申请缓交的,人民法院应予准许。败诉或者部分败诉的原告申请减交或者免交诉讼费用的,人民法院应当依照《诉讼费用交纳办法》的规定,视原告的经济状况和案件的审理情况决定是否准许。

2015 年 7 月全国人大常委会作出《关于授权最高人民检察院在部分地区开

展公益诉讼试点工作的决定》,其中就包括试点由检察机关提起环境公益诉讼。

案例 3-2

> A是一家高尔夫球场投资公司,拟在一个国有山林中投资兴建一个大型高尔夫球场。经过对该公司提交的环境影响报告书的审查,环保部门决定批准该公司兴建高尔夫球场。B是一个以保护鸟类为宗旨设立的民间团体,B认为高尔夫球场的兴建将会改变该森林地域的原生环境并影响各种鸟类的生存。于是B便以环保部门的决定侵害了B对鸟类的利用利益为由向法院提起行政诉讼,要求法院撤销环保部门的决定。
>
> 讨论:B是适格的原告吗?

需要指出的是,公众除了享有环境权益外,还负有环境保护义务。《环境保护法》第六条规定:"一切单位和个人都有保护环境的义务。"这种义务一方面是一种道德层面的、一般性环境保护义务,另一方面是忍受一定限度环境污染或自然破坏的特别义务。

向环境排放一定数量的污染物或开发一定数量的自然资源,均会造成部分地域环境质量或者功能的破坏,并导致不同环境利用行为人之间产生利益冲突。对此种利益冲突的协调机制是:一方面通过行政许可限制开发利用行为人对环境和资源的利用,另一方面则要求公民对开发利用行为予以容忍。只要排污行为或者开发行为不超过排放(控制)标准或者行政许可的限度和范围,行为的影响未对公民构成可测定(计量)、可预判和可证实的妨害或者潜在风险的威胁,公民就有义务在行政许可的限度内对排污行为或者开发行为予以忍受。当环境污染和自然破坏的干扰和妨害超过了常人的忍受限度时就属于权利滥用的行为,受害人可以依法提出消除危险和排除妨害的请求。

当然,还存在着需要根据科技发展而适时修改环境标准的问题。如果科技发展已经明确某种污染物即使达标排放也可能因"小剂量、长时期"的接触而导致人体健康受害的话,政府就有义务适时修改污染物的排放标准或者废止原来的标准。因此,公民有权要求政府适时修改环境标准。

污染容忍义务

A投资建设的高安医疗垃圾焚烧场于2005年开始运营,垃圾场在处理垃圾时产生大量有毒、恶臭、有害气体。B于2007年入住距离垃圾场2.5千米的某小区。2007年,B被确诊患上了支气管炎。为此,B起诉要求A停止空气污染,并赔偿医疗费、精神抚慰金、空气污染赔偿金等共十八万余元。

法院审理后认为,垃圾场建设在先,且属于公益性基础设施,B对于垃圾场的存在应当负一定的容忍义务。因此,法院判决驳回B的诉讼请求。

讨论:你如何评价法院的判决?

第三节 企业及其开发利用环境的权利和义务

一、企业开发利用环境的一般权利与义务

从环境利用行为的角度看,开发利用环境资源的企业是环境和自然资源的主动利用者。开发利用环境行为的特征在于单向性和破坏性,即利用环境容量向环境排放污染物或者为索取环境要素的经济价值而开发利用自然资源。由于开发利用环境行为的后果均对环境保护不利,所以开发利用环境资源的企业在环境法中主要处于受制的被动地位。

我国实行社会主义公有制,重要自然资源属于国家所有。因此,企业开发利用自然资源,首先要取得由政府特许的自然资源开发利用权或者向环境排放污染物的权利,然后按照自然资源规划或者环境保护规划实施开发和利用环境的行为。与此同时,企业还必须接受国家对其利用行为开展的宏观调控和管理

监督。当环境利用行为触犯国家和地方环境保护法律法规时,还必须接受依法对它们实行的行政与刑事制裁。当向环境排放污染物造成环境侵害或者开发自然资源造成生态破坏时,还应当依法承担相应的民事责任。

(一)开发利用自然资源的权利与义务

地球上的自然资源一直在为人类社会的繁衍和进步提供非凡的经济价值,自然资源的所有权人以及依法对自然资源取得开发、使用和经营管理权者有开发和利用自然资源并获取相应利益的权利。我国《物权法》明确规定,依法取得的海域使用权、探矿权、采矿权、取水权和使用水域、滩涂从事养殖、捕捞的权利受法律保护。

专栏 3-3

物　权

物权是指权利人对特定的物享有直接支配和排他的权利,包括所有权、用益物权和担保物权。物权具有优先的效力,即同一标的物上有数个相互矛盾、冲突的物权时,设立在先的物权优先;而同一标的物上物权与债权并存时,物权优先于债权。权利保存时,具有较强。物权的创设应当遵循物权法定原则,即物权的种类不得自由创设,物权的内容不得自由创设。

物权的变动必须符合公示原则和公信原则。公示原则要求物权的产生、变更、消灭必须以一定的可以从外部查知的方式表现出来。不动产物权的公示方法是登记,动产物权的公示方法则为交付。公信原则包括两方面内容:一是记载于登记簿的人推定为不动产权利人,动产的占有人推定为动产的权利人,除非有相反的证据证明;二是凡善意信赖公示的表象而为一定的行为,法律承认此行为所产生的物权变动效力。

我国《物权法》规定的物权种类包括所有权、用益物权(建设用地使用权、宅基地使用权、农地承包经营权、海域使用权、采矿权等)和担保物权(抵押权、留置权、质权等)。

参考文献:魏振瀛.民法(第五版).北京大学出版社、高等教育出版社,2013.

自然资源利用权的首要权能是利用自然资源从事种植业、渔业、畜牧业或者其他生产活动并获取收益,或者通过"采掘"的方式将自然资源变为资源产品,并取得其所有权;自然资源利用权的行使受使用目的、开采方式、强度、时间、地点、种类和数量的限制,这些限制同时也是对自然资源利用权使用权能边界的划定。

对自然资源的开发利用和恢复更新应当符合自然的规律,这样才能使自然资源可持续地为人类所利用。另外,自然资源不仅作为物或者财富为人类社会发展提供经济支撑,而且作为环境要素,它们还是地球生态系统平衡和人类生存繁衍的条件和基础。从这个意义上讲,开发利用自然资源的权利还应当受到环境保护法律的限制。例如,开发利用者有义务合理开发利用自然资源、承担对自然资源的养护责任、适当考虑自然资源的开发利用造成对环境的不良影响,并负有遵守法律规定的其他义务性规范。

(二)利用环境容量排污的权利与义务

利用环境容量排污的权利又称排污权,它是行政机关依法赋予排污者依照法律规定的污染物排放(控制)标准或总量控制指标向环境排放污染物的权利。

环境容量利用权是以环境容量市场化为背景的一项新型财产权利,是对环境生态功能的商品化、经济价值化。其首要权能就是利用环境容量排放污染物,但其具体范围则是通过排放污染物的时间、地点、方式与污染物种类、浓度、数量等数值确定的,是一种被指定内容的权利。环境容量利用权的制度价值定位应该是"利用",而非支配和控制,权利内容中是否包含对客体的占有权能对权利行使的实际效果基本不发生影响。环境容量利用权的另一项权能是收益权能,主要表现为权利人通过环境容量利用权交易获取经济收益。

利用环境容量排污者有义务遵守行政机关依法许可的排污范围、排污方法、排污途径以及按照排污标准所限定的种类、浓度和数量等排放污染物,并依法履行环境影响评价和"三同时"、排污申报登记、缴纳排污费、接受现场检查等的法定义务并负有遵守法律规定的其他义务性规范。

当造成环境污染侵害时,即使主观上无过错或排污行为符合行政法规和排放标准,也要依法承担消除危险、排除妨害或赔偿损失的侵权责任。

二、企业的环境社会责任

企业环境社会责任,是指从事开发利用环境行为的企业作为一类社会群体对社会以及其他公众承担的除强制性法律义务外的环境保护义务。这种责任并非来源于法律的强制性规范,而是源于开发利用环境的企业用以维系和调整与公众之间和谐关系的一种道义责任。企业主动承担环境社会责任的动机主要还是获取更多的经济收益。因为,从履行环境社会责任的长远效果看,它可以提升企业的国际影响而有利于国际贸易;可以迎合消费者高涨的"绿色消费"意识,促进产品的销售;可以节约能源、资源采购成本。企业资源履行环境社会责任还需要一定的社会、法治环境,一方面环境立法确立了一系列明确、具体且公平的环境行为模式,一方面政府及其主管部门严格和平等地执行了法律。

案例 3-4

> A是一家国内知名的服装生产企业,B是一家代工厂,其主要业务是为A提供产品配件。为了降低生产成本以持续获得A的订单,B在生产过程中一直超标排污,导致严重的环境污染。B超标排污的事情被媒体曝光之后,公众认为A应当对B的行为承担责任。A则认为,B是独立的法人,其环境违法行为与自己无关。
>
> 讨论:A是否应当对B的违法行为承担责任?

企业履行环境社会责任的方式主要包括:

第一,通过环境质量体系认证或绿色标签认定,鼓励企业在守法经营的基础上履行更高的环境保护义务。例如,企业可以主动要求通过国际标准化组织制定的ISO14000环境标准系列的认证,以标榜自己的生产过程与产品符合环境友好的社会理念,同时实现自由贸易与环境保护的统一。

第二,推行清洁生产。目前有关清洁生产的法律规范主要是鼓励性规范,企业推行清洁生产是自利性和利他性的良好结合,既可以提高企业自身的经济效益,同时也切实地履行了自身的环境社会责任。

第三,主动对外宣示企业环境保护守则。例如,在生产链上实行"绿色供应",即向上游供应企业提供"绿色供应标准书",规定产品、材料、部件的各种标准,优先选取具有"ISO14000"认证资格或推行"环境管理体系构建"的企业作为供应商,采购对环境影响小的部件、材料、原料。

第四节 政府及其环境管理职权与职责

一、政府环境管理职权与职责概述

从环境保护的规范对象看,只要有可能造成环境污染或自然破坏的行为都要加以规范,因此环境保护不限于对企业行为的直接控制或者间接诱导,还需要政府通过制定相应的环境政策来落实,通过设立相应的环境保护管理机关来主管和协调。[①]

为使环境行政权力得以有效运行,20世纪70年代以后西方国家除大量制定防治环境污染和生态破坏的法律外,还设立了高级别的专门环境行政机关。与其他关联行政机关的职能所不同的是,专门环境行政机关的宗旨和职能是专门针对环境问题采取各种对策。如1970年美国成立的联邦环保署、1971年日本成立的环境厅(现为环境省)等。

目前,大多数国家环境行政机构设置,采取了以专门环境行政为中心、以关联行政机关的个别环境行政为辅佐的协同模式。

二、中国的环境保护行政管理体制

由于环境保护所涉及的行业、事项和部门较多,因此我国的环境保护行政实行环保部门统一监督管理与其他相关部门分工负责管理的体制。依照《环境保护法》的规定,国务院环境保护主管部门,对全国环境保护工作实施统一监督管理;县级以上地方人民政府环境保护主管部门,对本行政区域环境保护工作

---

① 陈慈阳.环境法总论.台湾元照出版有限公司,2000:251.

实施统一监督管理。县级以上人民政府有关部门和军队环境保护部门,依照有关法律的规定对资源保护和污染防治等环境保护工作实施监督管理。

在中央层面,依照中国环境保护法律和国务院机构改革方案对国务院环境保护行政体制与职责的规定,除了少数由法律直接授权国务院管理的环境保护事务外,行使环境保护行政职权的专门行政机关大体分为两类:一类是国务院环保部门(即环境保护部),对环境保护实施统一的监督管理;另一类是国务院与环境保护有关的主管部门,它们在各自职权范围内对环境保护实施分工负责的监督管理。如国家海洋局、农业部、水利部等。

(一)专门对环境保护实施统一监督管理的机关

根据《环境保护法》的规定,国务院环保部门对全国的环境保护工作实施统一的监督管理;县级以上地方人民政府环保部门对本辖区的环境保护工作实施统一的监督管理。

国务院环保部门经历了从临时到常设、从内设机构到独立机构的发展历程。1974年,国务院成立了由20多个有关部、委组成的环境保护领导小组,其日常工作由下属的领导小组办公室负责。1982年,我国成立了城乡建设环境保护部,内设环保局,同时撤销了国务院环境保护领导小组。1984年,城乡建设环境保护部内设的环保局改为部委归口管理的国家环境保护局(正局级);同年,我国成立了国务院环境保护委员会,领导和组织协调全国的环境保护工作,办事机构设在国家环境保护局。1988年,在机构改革的时候,国家环境保护局由正局级单位升格为副部级单位。1998年,国家环境保护局升格为国务院直属的国家环境保护总局(正部级),同时撤销了国务院环境保护委员会。2008年,国家环境保护总局进一步升格为环境保护部,成为了国务院的组成部门之一。

从国务院环保部门的职权看,统一的监督管理一般包括两方面的内容:一是对全国环境保护监督管理工作进行统一规划、部署与协调;二是对本部门、本系统以及国务院其他相关行政主管部门各自在职权范围内行使的环境保护监督管理行为进行统一指导。

1998年设立国家环保总局时,国务院"三定"方案明确其职能定位为执法监督,职能领域包括污染防治、生态保护、核安全监管。2008年,环境保护部组建之后,环境保护部的主要职责是,拟定并组织实施环境保护规划、政策和标准,组织编制环境功能区划,监督管理环境污染防治,协调解决重大环境问题等。与原来相比,在环境保护监督执法职责之外,环境保护部在环境保护方面的综合管理、宏观协调、公共服务职能都得到了强化。

(二)其他对环境保护实施分工负责监督管理的机关

根据中国环境保护法律的规定,中央和地方政府设置的其他行政机关也依法在职权范围内享有一定的环境保护监督管理权。按照环境问题来源和政府机构职权等的不同,可以将它们分为环境污染防治分工负责机关和自然环境保护分工负责机关两大类。

第一类,环境污染防治分工负责机关。依照环境污染防治法律的规定,依法享有分工负责管理职权的机关包括海洋行政主管部门(国家海洋局)、港务监督机关(归口交通部)、渔政渔港监督机关(归口农业部)、军队环保部门(全军环境保护局)以及公安、交通、民航管理部门。

第二类,自然环境保护分工负责机关。依照自然资源管理法律的规定,依法享有分工负责管理职权的机关包括土地管理机关(归口国土资源部)、矿产资源管理机关(归口国土资源部)、林业行政主管部门(国家林业局)、农业行政主管部门、水利行政主管部门等。

另外,政府设置的宏观调控、专业经济管理机构的职权中也有许多涉及环境保护工作。例如,国家发展和改革委员会负责研究提出包括环境保护规划在内的国民经济规划和社会发展规划,资源开发、生产力布局和生态环境建设规划,安排管理国家拨款建设项目和国家重大建设项目等,对社会事业等与整个国民规划和社会发展进行平衡,推进可持续发展战略的实施,协调环境保护产业政策和发展规划等事项。住房和城乡建设部负责城市规划、村镇规划与建设,指导园林、市容和环卫工作以及城市规划区的绿化工作,负责对国家重点风景名胜区的保护监督,指导城市规划区内地下水的开发利用与保护,指导城市市容环境治理等工作等事项。

三、政府及其主管部门行使环境保护职能的手段

(一)行使环境保护行政管理权

从环境保护法律实践看,我国环境保护行政管理权主要包括环保规章制定

权、开发利用环境决策权、开发利用环境监督管理权、行政处罚权等。

1. 规章制定权

规章制定权是由法律授权的环保部门和其他行使环境保护监督管理权的机关,在本部门的权限范围内制定执行环境保护法律、行政法规或国务院的决定、命令而制定的规范性文件。

我国的环保法律一直贯彻着"宜粗不宜细"原则,法律条文往往比较抽象、原则。因此,通过制定规章,细化环保法律的规定就成为环保行政机关行使环境管理权的重要方式。

2. 开发利用环境决策权

开发利用环境的决策权,即由国家环境法律法规授权的政府及其主管部门,就开发利用与保护环境制定策略、编制规划以及发布命令并组织实施的行政权力。

开发利用决策权一方面表现为各类涉及环境资源开发利用的规划的编制、执行权;另一方面表现为开发利用环境及其相关行为的许可权(也称审批权),即由国家环境保护法律法规授权的政府及其主管部门,赋予申请人实施开发利用环境的权利或者资格的行政权力。许可权既包括对使用(占用)环境容量和开发利用自然资源的特许与专营,也包括对与环境保护有关行为的登记(备案)、认可和核准,还包括对利用自然环境及其功能行为的许可。

行 政 许 可

行政许可是指在法律规范一般禁止的情况下,行政主体根据行政相对人的申请,经依法审查,通过颁发许可证或者执照等形式,依法作出准予或不准予特定的行政相对人从事特定活动的行政行为。行政许可是有限设禁和解禁的行政行为,是授益性行政行为、要式行政行为。

> 行政许可是国家行政管理的主要手段之一,通过行政许可能够将所有危及社会公共安全、经济秩序及公民权益的活动纳入国家统一管理之中。行政许可既能使国家处于超然的地位,进行宏观调控,又能发挥被管理者的主观能动性,是一种刚柔相济的行政权行使方式。
>
> 我国《行政许可法》规定的行政许可种类包括一般许可、特许、认可、核准和登记五类。一般许可指只要符合法定条件的申请人就能够获得从事某项活动的权利或资格,对申请人并无特殊限制的许可,如驾驶许可、营业许可等。特许指直接为相对人设定权利能力、行为能力、特定的权利或总括性法律关系的行为,也称设权行为,主要适用于有限自然资源、公共资源的配置等。认可是由行政机关对申请人是否具备特定技能的认定,主要适用于为公众提供服务、直接关系公共利益并要求具备特殊信誉、条件或技能的资格、资质的事项。核准是由行政机关对某些事项是否达到特定技术标准、经济技术规范的判断、确定,主要适用于关系公共安全的特定产品、物品的检验、检疫事项。登记是由行政机关确立个人、企业或其他组织的特定主体资格。
>
> 参考文献:姜明安.行政法与行政诉讼法(第五版).北京大学出版社、高等教育出版社,2011

3. 开发利用环境的监督管理权

监督管理权是指国家环境法律法规授权的政府及其主管部门或行政执法机构,以保证环境开发利用行为符合法定标准和要求为目标,而采取的公权力手段,主要包括现场检查、环境监测、行政强制措施等。

环境监测是指政府监测机构或依法接受委托的社会检测机构及其工作人员,按照环境标准和技术规范的要求,运用物理、化学、生物或遥感等技术手段对影响环境质量因素的代表值进行测定,并评价环境质量状况、分析环境影响趋势的活动。环境监测一般包括环境质量监测、污染源监测与应急监测等三大类。

目前,政府行使开发利用环境监督管理权的主要机构包括环境监察机构、中国海监机构、森林资源监督机构、渔政监督机构、土地监督机构、矿产资源监督机构、水利稽查与水务稽查机构、海事监督机构、草原监理机构、自然保护区与风景名胜区管理机构、国家濒危物种进出口管理办公室(林业部门负责陆生和水生野生生物管理的机构)等。通常情况下,这些执法机构也同时行使其主管部门的环境监测职能。

根据《环境保护法》第二十四条的规定,县级以上人民政府环境保护主管部门及其委托的环境监察机构和其他负有环境保护监督管理职责的部门,有权对排放污染物的企业事业单位和其他生产经营者进行现场检查。被检查者应当如实反映情况,提供必要的资料。实施现场检查的部门、机构及其工作人员应当为被检查者保守商业秘密。

行政强制包括行政强制措施和行政强制执行两类。

行政强制措施的种类包括限制公民人身自由,查封场所、设施或者财物,扣押财物,冻结存款、汇款等。根据《环境保护法》第25条的规定,企业事业单位和其他生产经营者违反法律法规规定排放污染物,造成或者可能造成严重污染的,县级以上人民政府环境保护主管部门和其他负有环境保护监督管理职责的部门,可以查封、扣押造成污染物排放的设施、设备。环保部还专门制定了《环境保护主管部门实施查封、扣押办法》,对查封、扣押的适用对象、时限、条件、程序等作了具体规定。2015年修订的《大气污染防治法》则将查封、扣押的对象扩大到"物品",并将"证据可能灭失或被隐匿"规定为查封、扣押的适用条件。

行政强制执行的具体方式包括加处罚款或者滞纳金,划拨存款、汇款,拍卖或者依法处理查封、扣押的场所、设施或者财物,排除妨碍、恢复原状,代履行等。

行政机关依法作出要求当事人履行排除妨碍、恢复原状等义务的行政决定,当事人逾期不履行且经催告仍不履行,其后果已经或者将造成环境污染或者破坏自然资源的,行政机关可以代履行,或者委托没有利害关系的第三人代履行。此外,我国环境保护法律还规定,对既存的环境违法现象(如在临时占用的草原上修建永久性建筑物、构筑物的)可以依法采取强制执行(拆除)措施。

此外,在我国的环保管理实践中,还存在着限期治理制度。1979年颁布的《环境保护法(试行)》第一次从法律上确定了限期治理制度。1989年颁布的《环境保护法》则对限期治理的对象、范围、内容、权限以及法律责任作出了规定。此后我国颁布的各部污染防治法律均规定了限期治理制度。2000年修改的《大气污染防治法》将限期治理规定纳入行政法律责任的范畴,限期治理上升为一种具有惩罚性质的责任形式。

但是,从历史背景和法律性质看,限期治理是行政机关设定一定期限和目标并由排污单位进行治理的一种以时间限制为特征的行政强制措施。

限期治理并不是一种行政处罚方式,而是改正违法行为、消除违法状态的一种具体方式。因此,在2014年修订的《环境保护法》并没有沿用"限期治理"的表述,而是规定:企业事业单位和其他生产经营者超过污染物排放标准或者超过重点污染物排放总量控制指标排放污染物的,县级以上人民政府环境保护主管部门可以责令其采取限制生产、停产整治等措施;情节严重的,报经有批准权的人民政府批准,责令停业、关闭。环保部专门制定了《环境保护主管部门实施限制生产、停产整治办法》,对限产、停产的适用对象、条件和程序作了具体规定。

4. 行政处罚权

行政处罚权是指对公民、法人或者其他组织违反行政管理秩序的行为,由行政机关按照法律、法规或者规章的规定对行为人给予行政制裁的权力。环境保护行政处罚的种类包括警告、罚款、没收违法所得、责令停止生产或者使用、吊销许可证或者其他具有许可性质的证书以及环境保护法律、法规规定的其他种类的行政处罚。

行政处罚

行政处罚是指行政主体依法对行政相对人违反行政法律规范尚未构成犯罪的行为,给予人身的、财产的、名誉的以及其他形式的法律制裁的行政行为。行政处罚应当遵守行政处罚法定原则,即处罚设定权法定,处罚主体及其职权法定,被处罚行为法定,处罚种类、内容和程序法定。

我国《行政处罚法》规定的行政处罚包括人身罚、财产罚、行为罚和申诫罚四类:人身罚是限制或剥夺违法者人身自由的行政处罚,包括行政拘留、驱逐出境等;财产罚是强迫违法者缴纳一定数额的金钱或者一定数量的物品,或者限制、剥夺其某种财产权的行政处罚,包括罚款、没收等;行为罚,也称能力罚,是限制或剥夺违法者某些特定行为能力和资格的行政处罚,包括责令停产停业、暂扣或吊销许可证或执照等;申诫罚,也称精神罚或声誉罚,是向违法者发出警戒,申明其有违法行为,通过对其名誉、荣誉、信誉等施加影响,引起其精神上的警惕,使其不再违法的行政处罚,包括警告、通报批评等。

参考文献:姜明安.行政法与行政诉讼法(第五版).北京大学出版社、高等教育出版社,2011.

当事人不服行政处罚申请行政复议或者提起行政诉讼的,不停止行政处罚决定的执行。当事人逾期不申请行政复议、不提起行政诉讼,又不履行处罚决定的,由作出处罚决定的环保部门申请人民法院强制执行。

(二) 代表国家对环境损害行使民事索赔权

基于我国的社会主义公有制,我国的重要自然资源都属于国家所有,由国务院代表国家行使所有权。按照责权相一致的原理,既然我国法律法规将环境保护和监督管理的行政职能授权国务院各职能部门行使,那么当这些职能部门管理的国家环境与资源因环境污染和生态破坏造成重大损失时,它们理所当然地应当享有代表国家行使民事索赔的权利。

行使环保职权的行政机关代表国家行使环境损害索赔权,也得到了我国环境立法的确认。《海洋环境保护法》第九十条第二款就明确规定:"对破坏海洋生态、海洋水产资源、海洋保护区,给国家造成重大损失的,由依照本法规定行使海洋环境监督管理权的部门代表国家对责任者提出损害赔偿要求。"

此外,最高人民法院在《关于为加快经济发展方式转变提供司法保障和服务的若干意见》(2010年6月)中有关"依法受理环境保护行政部门代表国家提起的环境污染损害赔偿纠纷案件"的规定也表明,我国最高司法机关也认同行使国家环境保护职权的部门享有代表国家行使民事索赔的权利。

此外,我国2012年修订的《民事诉讼法》第五十五条也规定,对污染环境、侵害众多消费者合法权益等损害社会公共利益的行为,法律规定的机关和有关组织可以向人民法院提起诉讼。这也为行政机关代表国家提起环境损害索赔诉讼提供了法律依据。

案例 3-5

> 2009年9月以来,昆明某公司在排污管网及污水防治设施未建成时允许养殖户进入生态畜牧小区从事生猪养殖,造成村民饮用水源污染。2010年8月12日,昆明市环保局向昆明市中级人民法院提起诉讼,要求被告立即停止对环境的污染,赔偿全部治理费用和鉴定费用432万元。昆明中院一审判决被告支付为治理污染发生的费用417.21万元,并赔偿因此次诉讼产生的环境污染评估费13万余元。
>
> **讨论:**由环保部门提起环境公益诉讼的做法是否合理?

第四章　环境法的基本原则

学习目标

了解环境法基本原则的概念;理解预防原则、协调发展原则、受益者负担原则、公众参与原则的内涵和实施手段。

环境法的基本原则,是指环境法在创制和施行中必须遵循的具有拘束力的基础性和根本性准则。环境法基本原则既是环境法基本理念在环境法上的具体体现,又是环境法的本质、技术原理与国家环境政策在环境法上的具体反映。环境法基本原则既可以直接明文确立于立法之中(如我国环境保护法对协调发展原则的规定),又可以间接通过一个或几个具体法律条文分别表现(如我国环境保护法对预防原则的规定)。

比较各国的环境立法,环境保护单行法的立法一般都不对基本原则作明文宣示,而是通过对具体环境法律制度的规定,比较隐晦地表现出基本原则的指导性以及对基本原则的从属性。对环境法基本原则规定得比较明确的,一般是环境基本法或者环境法典之总则部分。

综观各国环境法所确立的基本原则,可以按其代表和体现的基本理念将它们分为社会发展指南、环境责任分配、正当决策程序三类,具体主要包括高度保护原则、谨慎预防原则(或环境关怀原则)、危险防御原则、跨国界的环境保护原则、污染者负担原则或原因者主义原则(或共同负担原则和集体负担原则)、环境利益与责任衡平原则、禁止现存环境受更恶劣破坏原则、最佳可得技术原则、

协同合作原则、公众参与原则等。①

我国学者则分别从环境管理准则、环境法律规定或体现、环境法指导准则在我国环境立法上的具体表现,对环境法基本原则作了不同的学理解释。② 我国2014年修订的《环境保护法》第五条,将我国环境保护的原则确定为"保护优先、预防为主、综合治理、公众参与、损害担责",这是确立我国环境法基本原则的基础和立法依据。

本书在综合参考国内学术观点的基础上,结合西方国家学者对环境法基本原则的归纳和我国环境立法的具体规定,将我国环境法的基本原则归纳为预防原则、协调发展原则、受益者负担原则以及公众参与原则。

法 律 原 则

法律原则是法律的基础性真理、原理,或是为其他法律要素提供基础或本源的综合性原理或出发点。法律原则的作用是法律规则所不能替代的,它的功能主要表现在三个方面:第一,为法律规则和概念提供基础或出发点,对法律的制定具有指导意义,对理解法律规则也有指导意义。第二,直接作为审判的依据。许多法律原则可直接作为断案依据,这些原则的作用与规则无异。第三,法律原则可以作为疑难案件的断案依据,以纠正严格执行实在法可能带来的不公。当某一案件的特殊事实导致适用原有规则不公正时,法律原则则可作为断案依据。

参考文献:张文显.法理学(第四版).高等教育出版社、北京大学出版社,2013.

---

① 〔日〕大塚直著.环境法.有斐阁,2002:47.
陈慈阳著.环境法总论.台湾元照出版有限公司,2000:217.
② 与之相对应的三种代表性学说分别是环境管理准则说、环境法律规定或体现说、环境法指导准则说。参见:蔡守秋主编.环境资源法学.人民法院出版社、中国人民公安大学出版社,2003:113—120.

第四章 环境法的基本原则

第一节 预防原则

一、预防原则的含义

环境法上的预防原则,是指对开发和利用环境行为所产生的环境质量下降或者环境破坏等应当事前采取预测、分析和防范措施,以避免、消除由此可能带来的环境损害。

我国的环境政策和立法一般将预防原则表述为预防为主和防治结合原则,其含义除了强调将环境保护的重点放在事前防止环境污染和自然破坏之上,同时也强调要积极治理和恢复现有的环境污染和自然破坏,以保护生态系统的安全和人类的健康及其财产安全。

案例 4-1

> 现行大气污染物排放标准控制的污染物不包括 A 物质。但是,最近科学家证实 A 物质是一种强致癌物。为此,环保部门立即发出命令:禁止向大气排放 A 物质。
>
> **讨论**:在对现行有效的大气污染物排放标准修订之前,环保部门是否有权禁止企业向大气排放 A 物质?

预防包含两层含义:一是运用已有的知识和经验,对开发和利用环境行为可能带来的环境危害事前采取措施以避免危害的实际产生;二是在科学不确定的条件下,基于现实的科学知识去评价环境风险,即对开发和利用环境行为可能带来的尚未明确或者无法具体确定的环境危害进行事前预测、分析和评价,从而降低或消除开发决策的环境风险。

上述"可能的环境危害"与传统行政法有关警察法或秩序法所谓"危险"的概念相似,但又有所区别。"危险"一般指运用通常的知识或者经验,就足以判断决策对象具有较高的造成公众环境权益等具体危害可能性的状态。而"风险"则是指运用现有的科学知识可以得知决策的对象存在着某些具体危险,但又无法肯定针对该危险所采取的对策措施能够避免该危险及其可能造成危害的状态。

针对不确定性对环境决策的困扰,1987年OECD提出了更为严格的谨慎原则或称谨慎预防原则,要求"任何可能影响环境的决策和行动都应在其最早阶段充分考虑到有关的环境要求""遇有严重或不可逆转损害的威胁时,不得以缺乏科学充分确定证据为理由,延迟采取成本效益的措施防止环境恶化"(《里约环境与发展宣言》原则15)。与传统的预防原则相比,谨慎原则要求在科学的不确定条件下,认真对待可能的环境损害和风险,即使在科学不确定的条件下也必须达成一定措施,尤其是不作为的措施。

目前谨慎原则已被许多国家的环境立法和国际组织的活动采纳,大大扩展了预防原则的适用范围,提高了环境保护的严格程度。

二、预防原则的贯彻实施

(一)对环境开发利用活动实行环境影响评价

预防原则的适用主要表现在实际进行环境开发利用活动之前,即环境开发利用决策阶段。在决策阶段,通过预防原则及其相应法律制度和规范的适用,可以过滤掉高危险或风险的环境开发利用活动,从而实现预防的目标。因此,在从事环境开发利用活动之前,预测其环境影响,并根据环境影响大小决定是否进行开发利用活动,即环境影响评价,就成为预防原则实施的首要方法。

环境影响评价的预评价、事前评价,与预防的理念高度契合,已经成为各国实施预防原则的最直接、最重要的制度保障。同时,为了保障环境影响评价的有效性,中国还确立了建设项目环境保护管理的"三同时"制度,从而构成了一套完整的实施预防原则的制度体系。

此外,随着谨慎原则的提出,不确定风险也成为了环境影响评价的重要内容。因此,对危险性的预防比对危险的预防更为重要,因为危险性比具体的危险出现在时间和空间上更有距离,即危险性属于德国学者所谓的"危险尚未逼近"的状态。① 由于预防的本意在于防患于未然,因此增强决策者和管理者的风险防范意识是非常重要的。例如,对于大型建设项目、改造自然项目(如在河川筑坝、发展核电、兴建大型工业、农业、水利、交通等项目)以及对外来物种的有意引进等行为,更应将可能造成的长久不良环境影响放在首位考虑。

(二) 科学制定、严格执行环境标准

在某种程度上,环境法律制度和规范是以标准管制原则为基础制定和实施的。通过科学设定环境标准数值,可以确立合理的环境保护目标;通过严格执行环境标准,就可以将环境开发利用活动的环境风险控制在合理范围之内,从而起到预防的作用。

例如,以环境质量标准为依据确定某地域(水域)保持良好环境质量的基础数值,在此基础上以该地域(水域)的环境容量或者污染物排放标准的最大限度为限,通过量化指标,将排放进入环境的污染物的种类、数量和浓度控制在一定的水平之内。所有的环境开发利用活动,从设计、施工到正式投产,都必须将符合事先确定的排放标准作为基本目标。

(三) 合理规划、有计划地开发利用环境和自然资源

为执行预防原则,就必须有计划地开发利用环境和资源,为此各国在环境立法上专门确立了环境保护规划制度,要求政府行政主管部门和相关企事业单位对工业发展与环境保护事前作出合理的计划和安排,对自然资源的开发利用应当与生态保护相结合并有计划地实施。

另外,中国的环境政策与法律还确立有"全面规划与合理布局"的环境保护措施。其中,全面规划就是对工业和农业、城市和乡村、生产和生活、经济发展与环境保护各方面的关系作统筹考虑,进而制定国土利用规划、区域规划、城市规划和环境规划,使各项事业得以协调发展;合理布局主要是指在工业及其发展过程中,要对工业布局的合理性作出专门论证,并且对老工业不合理的布局予以改变,使得工作布局不会对周围环境和人民生活环境造成污染和破坏的不良影响。

---

① 陈慈阳著.环境法总论.台湾元照出版有限公司,2000:223—224.

第二节 协调发展原则

一、协调发展原则的含义

协调发展原则,是指为了实现社会、经济的可持续发展,必须在各类发展决策中将环境、经济、社会三方面的共同发展相协调一致,而不至于顾此失彼。在一些教科书中,协调发展原则也被表述为环境利益衡平原则、可持续发展原则、环境与决策一体化原则、环境的可持续利用原则等。

协调发展原则的实质是以生态和经济理念为基础,要求对发展所涉及的各项利益都应当均衡地加以考虑,以衡平与人类发展相关的经济、社会和环境这三大利益的关系。因此,协调发展原则也是法理上利益衡平原则的体现,即各类开发决策应当考量所涉及的各种利益及其所处的状态。

为了使世界各国将环境的价值与经济和社会发展的价值相匹配,从20世纪70年代开始各国在大量环境立法中均将协调发展作为一项重要的原则,并通过一系列具体的法律制度予以保障实施。20世纪80年代,国际社会提出可持续发展战略更是将环境保护视为实现人类社会、经济可持续发展的基础和条件。

可持续发展战略的实施,要求满足全体人民的基本需要和给全体人民机会以满足他们要求较好生活的愿望;要求促进和鼓励在生态可能范围内的消费标准和合理的、所有人均可向往的标准;要求应当从提高生产潜力和确保人人都有平等的机会两方面满足人民需要;要求应当尽可能地降低非再生资源的耗竭速率以减少对将来选择的妨害;要求保护动植物物种;要求将大气质量、水和其他自然因素的不良影响减少到最低限度以保持生态系统的完整性。①

在1992年联合国环境与发展大会通过的《里约环境与发展宣言》中,对可持续发展作出了进一步的阐述:"人类应享有与自然和谐的方式过健康而富有成果的生活的权利,并公平地满足今世后代在发展和环境方面的需要。"自联合

---

① 世界环境与发展委员会著.我们共同的未来.王之佳等译.台湾地球日出版社,1992:53—56.

国环境与发展大会之后,可持续发展的思想逐步被国际社会普遍接受,并融入重要的国际环境法律文件之中。例如,在《生物多样性公约》《气候变化框架公约》中都规定,为了世代人类的利益应当可持续地利用自然资源,促进经济社会的可持续发展。由于其在国际环境法领域具有普遍指导意义,体现了国际环境法的特点,可持续发展原则已成为对国际环境法有重要影响的基本原则。

由此可以看出,可持续发展的基础依然在于协调,即协调处理好资源的开发、投资的方向、技术开发方向以及国家机构的变化关系等,以增强目前和将来满足人类的需要和愿望的潜力。可以说,协调发展原则非常概括地阐明了环境与经济和社会发展的相互关系,而可持续发展理论又为这项原则作了一个非常完美的解释。

值得注意的是,中国 2014 年修订的《环境保护法》首次明确将"保护优先"确立为环境保护的原则。保护优先意味着当环境保护和经济发展发生矛盾时,应当环境保护优先。本书认为,从本质内涵上看,保护优先是对协调发展原则的深化和具体化。协调发展只是消极地表达了一种客观的、中立的态度:经济发展不应忽视环境影响,而应当与环境保护相协调;而保护优先则进一步明确了经济发展与环境保护发生矛盾时的协调准则:环境保护优先。

案例 4-2

A 县有一大片湿地,有多种珍稀生物栖息于此,生态环境十分优越,具有很好的旅游资源和野生生物资源开发前景。但是,为招商引资促进本地经济发展,县政府决定将该湿地填埋后建设工业园区,以图通过发展工业来提高本地财政收入并增加就业机会。

讨论:县政府的决定是否属于最好的选择?

二、协调发展原则的贯彻实施

(一) 建立环境与发展综合决策机制

环境与发展综合决策机制要求,在经济发展决策过程中要考虑环境因素,既包括经济发展的环境制约因素,也包括经济发展可能产生的环境影响。根据中国的经济体制和决策机制,环境与发展综合决策机制主要包括两方面的内容:

第一,将环境保护纳入国民经济和社会发展规划。早在20世纪70年代初,中国就在国家计划工作提出了"要把防治污染,保护环境列入国民经济计划中去"[①]的国家在发展经济的进程中协调环境保护的政策。为了贯彻和落实协调发展原则,在中国各类污染防治法律和自然资源保护法律中,都对将环境和资源保护纳入国民经济经济和社会发展计划作了明确规定。目前,环境保护计划制度也是中国环境法的一项基本制度。

第二,实施战略环评。鉴于仅将协调发展原则简单地在法律的总则部分予以抽象地表述而存在着规定较为原则、不易施行的问题,中国还在2002年制定的《环境影响评价法》中,专门就各级政府编制的发展规划以及其他有关建设项目的审批程序规定了评价、分析和利益平衡机制,要求在编制的各类规划草案中专门设立环境保护篇章或者说明,否则不予批准。2014年修订的《环境保护法》第十四条还要求国务院有关部门和省、自治区、直辖市人民政府组织制定经济、技术政策,应当充分考虑对环境的影响,听取有关方面和专家的意见。

(二) 建立循环经济型社会

所谓循环经济型社会,是指在经济、社会发展过程中,对环境和资源的保护从开发到生产、流通、消费、废弃再到回收实行全过程的监控管理,通过再生、循环利用使经济和社会的发展朝向顺应生态规律要求的方向发展。

循环经济型社会的建立,可以较好地解决经济发展与环境保护之间的矛盾。建立循环经济型社会的要求,是将环境控制的重点从"末端"对污染物的控制转向"源头"和"全程"对可能产生的所有废弃物实行减废管理,以减少上述各

---

① 曲格平著.中国环境问题及对策.中国环境科学出版社,1984:110.

个环节中产生的废弃物进入环境,同时再生利用各类回收的资源和能源,最终减少环境污染和生态破坏。因此建立循环经济型社会是协调发展原则得以实现的最佳制度选择。

20世纪90年代以后,各国的环境立法都在朝向建立循环经济法律制度的方向发展,如制定循环经济型社会促进法、容器包装物回收利用法以及资源回收利用法等。中国目前也分别制定有节约能源法、清洁生产促进法以及固体废物污染环境防治法等相关法律。2008年,中国还专门颁布实施了《循环经济促进法》。

(三)建立体现环境保护需求的政绩考核制度

环境保护是典型的公共事务,主要依照政府及其行政部门的行政执法来实现,因此应当在政府的政绩考核指标体系中增加环保指标,从而提高政府从事环境保护行为的动力。中国新修订的《环境保护法》第二十六条明确规定:国家实行环境保护目标责任制和考核评价制度。县级以上人民政府应当将环境保护目标完成情况纳入对本级人民政府负有环境保护监督管理职责的部门及其负责人和下级人民政府及其负责人的考核内容,作为对其考核评价的重要依据。考核结果应当向社会公开。

考虑到作为发展中国家,经济发展依然是中国面临的首要任务,经济指标不可避免地会占据政绩考核的核心地位。因此,应当改良现有的经济考核指标,新的发展指标来定义发展的含义,将环境、经济和社会的发展相结合,要求用较之于传统GDP方法更为科学的指标衡量发展。这种指标被形象地称为绿色GDP指标。

与传统GDP的计算方法相比较,绿色GDP的计算方法是在传统GDP的基础上减去自然部分的虚数和人文部分的虚数,这样才能真正反映发展的内在质量和水平。然而,由于环境成本核算方面还存在技术难题,绿色GDP核算都处于研究探索阶段,尚未形成科学、合理的评价指标体系。目前,中国也正在研究将绿色GDP的方法运用于整个国民经济核算体系之中。2006年9月,国家环保总局和国家统计局曾联合公布了《2004年度绿色GDP核算报告》,据该报告显示 2004 年全国因环境污染造成的经济损失为 5118 亿元,占当年 GDP 的 3.05%。

第三节 受益者负担原则

一、受益者负担原则的含义

污染者负担原则是根据西方经济学家有关"外部性理论"而在环境法上确立的具有直接适用价值的原则。

在自由的市场经济条件下,环境的无形价值经常被人们忽视,由于难以区分和界定环境(如大气质量)的所有权,因此不可能存在体现环境价值的市场,从而使市场这只"看不见的手"在环境利益上失灵。因环境的开放性导致工业企业将大量污染物排入环境中,使环境质量下降,从而影响到社会每一个体的生活。为了处理环境污染问题,传统的做法是由国家出资治理污染、由公民承担环境污染的危害,即由全体公民和社会来承担治理污染的费用,形成了"企业赚钱污染环境,政府出资治理环境"的极不公平现象。

为此,经济学家认为,要转变这种不公平的现象,就必须采取措施使这种治理环境的费用(外部费用)由生产者或消费者来承担,也即使外部费用内部化。具体做法就是,企业应当为排污损害环境而付出一定的费用用以治理环境,这就是污染者负担原则的本意。

关于污染者负担费用的范围包括哪些,在国际社会特别是各国的认识是不一致的。主要分歧是该原则能否适用于其他资源行政主管部门以及能否适用于污染损害赔偿。就拿最早提出"污染者负担原则"的 OECD 来说,他们认为该原则不仅针对污染,也包括"鼓励合理利用稀缺环境资源的管理措施",但它绝对"不是污染损害的赔偿原则"。[①] 而在日本,环境法却将该原则广泛适用于污

---

① Per Kageson. *The Polluter Pays Principle*, *On the General Principles of Environment Protection*. (A report from the Swedish Environmental Advisory Council), 1994:69, pp. 71—79.

染防治、环境复原和被害者救济这三个方面。[①]

这两种不同的做法都有其合理的主张,前者认为把全部环境费用都加在生产者身上,会造成污染者负担过重,而且与国家民事法律的规定相冲突。后者则认为污染者应当支付其污染活动造成的全部环境费用。为此,世界银行归纳总结道:对该原则可以用两种不同的方法来解释:一种是"标准的污染者付费的原则",即要求排污者只对控制污染和消除污染的费用;另一种是"扩展的污染者负担原则",它要求除上列费用之外,还得给予遭受环境污染的居民一定的补偿。[②]

由于污染者负担原则在一定程度上反映了环境污染恢复责任的公平负担,因此也有学者将该项原则表述为"环境责任原则"或者"原因者主义原则"。从法理的角度分析,污染者负担是当环境污染或自然破坏等法律事实尚未出现前,就赋予排污者支付费用义务的行为。这种支付义务仅以行政上的标准和维持一定程度的环境质量状况为限,当排污行为或者实际污染损害超过这种限度时,排污者还应当另行承担相应的法律责任,包括行政处罚、恢复原状与损害赔偿以及刑事处罚等。

随着环境保护的概念从污染防治扩大到自然保护和物质消费领域,污染者负担原则的适用范围也在逐步扩大。从实际支付费用的主体看,因从原材料的加工、生产到流通、消费、废弃以及再生等各个环节都存在着分担费用的现象,污染者的概念范围也由企业扩大到所有的受益者。为此,日本在1993年制定的《环境基本法》过程中,提出了一个更为科学的概念,就是"受益者付费原则",即只要从环境或资源的开发、利用过程中获得实际利益者,都应当就环境与自然资源价值的减少付出应有的补偿费用,而不局限于开发者和污染者。

综上,在学理上用受益者负担原则来表述环境保护成本的分配原则更为恰当,受益者负担原则更能体现环保成本分担的公平性。

[①] 汪劲.日本环境法概论.武汉大学出版社,1994:236.
[②] 世界银行.1992年世界发展报告——发展与环境.中国财政经济出版社,1992:77.

> 新的生活污水排放标准施行之后，A市政府每年用于处理生活污水的费用大大增加。为了减轻财政负担，A市政府决定在自来水价格中增加污水处理的成本，每吨自来水的价格拟由过去的5元提高到6元。
>
> 讨论：A市自来水用户是否应当承担污水处理费？

在中国环保实践中，与污染者负担或受益者负担原则类似的表述是"开发者养护，污染者治理"原则。所谓开发者养护，是指对环境和自然资源进行开发利用的组织或个人，有责任对其进行恢复、整治和养护。强调这一责任的目的是促使自然资源开发对环境和生态系统的影响减少到最低限度，维护自然资源的合理开发、永续利用。所谓污染者治理，是指对环境造成污染的组织或个人，有责任对其污染和被污染的环境进行治理。其目的仍在于明确污染者的责任，促进企业治理污染和保护环境。①

从实体内容看，"开发者养护，污染者治理"也是在解决环保成本分配问题，其本质内涵与"受益者付费原则"一致。

值得注意的是，中国2014年修订的《环境保护法》将"损害担责"确立为环境保护的一项原则。从适用范围看，"损害担责"的适用范围显然比受益者负担更大，除了事前的成本分担之外，也涵盖实际损害发生之后的责任分配问题。然而，从一般法理看，造成环境损害者承担赔偿责任是一般正义原则的普遍要求，并不具有特殊性。在环境法领域，更具特殊性和重要性的是，仅仅是损害实际发生之前的、事前的成本分担。

二、受益者负担原则的贯彻实施

（一）实行排污收费或者污染税制度

按照外部性理论，所有的排污者都应当为其排放的污染物缴纳一定的费

---

① 金瑞林.环境法学.北京大学出版社，2002：90.

用,用以弥补由于排污所带来的环境治理成本。根据缴费方式的不同,大体分为排污费和污染税。两者的本质相同,即向环境排放污染物的单位或个人按照其排放污染物的种类、数量或者浓度而向国家交纳一定的费用,以用于治理和恢复因污染对环境造成的损害。但是具体征收主体和程序有所不同,排污费由环保行政机关征收,污染税则由税务机关征收;排污费适用行政收费的征收程序,污染税则适用税收征缴程序;排污费属于专项收费、专款专用,而污染税则可能纳入政府财政预算支出。

专栏 4-2

税 和 费

税是国家为满足社会公共需要,依据其社会职能,按照法律规定,强制地、无偿地参与社会产品分配的一种形式。行政收费,是指国家行政机关或者依法履行行政职能的其他组织,为满足特别的行政支出,向与特别支出存在特定关系的行政相对人收取货币的行为。

税和费的区别在于:第一,税通常由税务机关、海关和财政机关收取;费通常由其他税务机关和事业单位收取。第二,税收,用于国家的一般支出;收费则是由于特别支出的需要,因而要特别征收,并专款专用。

参考文献:刘剑文.财税法学(第二版).北京大学出版社,2012.

但是,对于排污者而言,在依照规定支付了排污费或税外,还有义务避免其他在生产经营过程或者生活活动中对环境造成更大负荷的行为。若因污染环境造成他人妨害或者损害的,排污者还应当承担相应的民事责任。

(二)实行自然资源补偿费或税制度

对于开发利用自然资源者,不论是对自然资源的开发利用还是单独以享受和利用自然(如进入国家森林公园或者风景名胜区域)为目的,都应当按照受益者负担的原则支付相应的资源恢复费、自然利用费、生态补偿费或相应的税。例如,中国立法规定的资源税、水资源费、森林植被恢复费等。

需要注意的是,这些费用并非从自然资源所有权人(国家)处取得使用权而支付的对价,而是在这些自然资源经济价值之外,专门收取的用于补偿因开发利用自然资源导致自然环境利益损失所产生的治理成本,具有补偿性。

2014年修订的《环境保护法》对生态保护补偿制度进行了原则性规定,即国家加大对生态保护地区的财政转移支付力度。有关地方人民政府应当落实生态保护补偿资金,确保其用于生态保护补偿;国家指导受益地区和生态保护地区人民政府通过协商或者按照市场规则进行生态保护补偿。这是对受益者负担原则的重要发展。

(三)实行废弃物品再生利用和回收制度

从建立循环经济型社会的角度出发,目前世界各国开始在产品的废弃与回收再利用领域实行延伸生产者责任的制度。其具体做法是,将处于消费末端的产品及其废弃物与企业的产品生产环节相连接形成一个循环链,处于该循环链上各个环节的生产者和消费者均应当对进入环境的产品及其废弃物的回收利用承担一定的成本费用,保障各类散在的产品及其容器包装物等在使用消费完毕后不再作为废弃物进入环境。总体上讲,废弃物品再生利用和回收的责任在生产者,同时消费者作为受益者也有义务承担相应的费用。

专栏 4-3

生产者延伸责任

生产者延伸责任(extended producer responsibility,EPR),是指生产者应当承担产品使用完毕后(产品废弃阶段)的回收、循环使用和最终处理的责任。EPR的目标是鼓励生产者通过产品设计和工艺技术的更改,在产品寿命周期的每个阶段,努力防止污染的产生,减少资源的使用。

> EPR 是相对于传统的生产者责任而言的。传统的生产者责任限于产品的设计、制造、流通和使用阶段,对于产品寿命期结束后产品废弃物的管理,则不承担责任。而 EPR 则将产品寿命期结束后对产品废弃物的回收、循环利用和最终处理的责任从政府转移到生产者,使生产者对产品的责任贯穿于产品的寿命期及寿命期结束后的回收和处理阶段。EPR 填补了产品责任体系中消费后产品责任的空白,重新确定了废物回收处理、再循环利用的责任主体。
>
> 参考文献:汪劲.环境法学.北京大学出版社,2006.

第四节　公众参与原则

一、公众参与原则的含义

环境法上的公众参与原则,是指与环境相关的决策活动应当通过一定的程序或途径听取并慎重考虑公众意见,使公众参与到相关决策活动之中。涉及环境的决策具有较强的外部影响,生活在环境中任何主体都有可能受到决策的影响。因此,需要在决策之中引入公众参与,以防止决策的盲目性,使得该项决策不侵害公众的环境权益。

在环境法中确立公众参与的原则,是民主法治理念和提升开发活动效率理念的重要体现,也是环境权理论在环境法上的具体体现。公众作为人类活动的主体,对与维持自身生存休戚相关的环境品质的改善理所当然地享有参与决策的权利。所以在各国环境法基本原则中都确立了公众参与的原则。在中国,1989年《环境保护法》专门规定一切单位和个人有权对污染或破坏环境的单位和个人进行检举、控告以及行政机关应当定期发布环境状况公报的规定。2002年中国制定了《环境影响评价法》,首次在环境立法中规定了较为明确的公众参与条款。在2003年颁布的《行政许可法》中也专门就涉及公众重大影响的行政许可规定了听证制度。2006年中国国家环境保护总局还专门制定了《环境影响评价公众参与暂行办法》,对环评中的公众参与做了具体规定。2014年修订的《环境保护法》也在总则中明确将"公众参与"确立为环境保护的一项原则,并增设了"信息公开和公众参与"一章,将公众参与原则提升到了前所未有的高度。

在法的意义上,公众特指对决策所涉及的特定利益做出反应的,或与决策的结果有法律上的利害关系的一定数量的人群或团体。它不仅包括不特定的公民个人,也包括与特定利益相关的政府机构、企事业单位、社会团体或其他组织。

对于参与有关环境和开发决策的公众范围的界定,各国一般采取的是"受到直接影响"和"存在利害关系"为其标准。判断是否受到直接影响的标准,主要包括受到影响的居民的范围或程度、影响的强度、影响的持久度、影响是否具有可恢复性等,据此确定受到项目影响的公众范围。①

对于不同的项目,当地居民是否参与取决于他们是否受到了直接影响。只有受到开发活动影响或与开发活动及其后果存在着利害关系的个人才能具备参与资格。开发活动当地居民由于会受到开发活动造成的环境影响的波及,或者其经济利益受到损害,或者其身心健康受到影响,或者由于其认为居住环境的舒适性、安全性和美感遭到了开发活动的影响,成为与开发活动有利害关系的人,从而参与到环境决策过程当中。

专家是一类特殊的公众。各类专家具备相关的专业知识、对于政府公布的相关信息也比一般公众理解得透彻。因此,无论是政府还是公众以及开发者都愿意让他们参与到环境决策中来。更为重要的是,出于对其专业的关注和职业道德的考虑,他们对于参与也更有热情、更能积极地参与到决策之中,从而提高整个决策的质量和决策的正确性。

二、公众参与原则的贯彻实施

(一)确立公众参与的权利及其保障机制

从西方国家公众参与的立法与实践看,公众在参与环境与开发决策活动中主要享有如下三个基本权利:被告知相关信息的权利;被咨询相关意见的权利

---

① Word Bank. *Public Involvement in Environmental Assessment : Requirements, Opportunities and Issues*. Environmental Assessment Sourcebook Update, October 1993.

以及其意见被慎重考虑的权利。①

为实现上述权利,就必须通过法律明确上述公众参与的权利以及相对方的义务。中国《环境保护法》第53条明确规定:公民、法人和其他组织依法享有获取环境信息、参与和监督环境保护的权利。为了保障公众参与权利的实现,也需要明确政府及开发利用环境行为者的相应义务。政府以及申请开发建设活动的单位有义务向公众提供各类与决策活动相关的情报资料;有义务对外设立专门的窗口听取公众的意见并接受公众的咨询;有义务认真考虑公众的意见和建议并在有关决定文书中载明公众意见被采纳或者未采纳的理由说明。

从法律保障的角度出发,还应当确立公众参与权利的保障机制,才能使公众参与原则落到实处。当环境决策机关剥夺了公众参与的权利,或公众的意见没有得到慎重考虑而对决策产生异议,或公众对于环境决策机关最终的决议表示反对时,公众可以请求上级行政机关或者法院对决策机关的行为进行审查,寻求行政或司法救济。

案例 4-4

A化工厂在筹建过程中,遭到当地小部分居民的强烈反对。这些居民发现A化工厂的环境影响报告书的公众参与部分,并未对不采纳反对意见的理由进行说明。居民认为,该环评报告书存在程序上的瑕疵,环保部门不应批准。环保部门认为,既然大多数的居民都支持该项目,未对不采纳少数人的反对意见说明理由就是一个微小的瑕疵,对审批结果不产生影响,遂仍然批准了该报告书。

讨论:环保部门批准该环评报告书的做法是否合法?

---

① Luca Del Furia, Jane Wallace-Jones. *The Effectiveness of Provisions And Quality of Practices Concerning Public Participation in EIA in Italy*. Environmental Impact Assessment Review 20(2000), p. 464.

（二）建立环境信息公开制度

健全的环境信息公开制度是政府环境决策科学性和公众参与有效性的重要保障，也是公众环境权益实现的重要保障。没有充分的信息公开为前提的参与将是盲目的参与，甚至成为公众情绪发泄的渠道。从权利的角度看，与政府或建设单位信息公开义务相对应的就是公众的环境信息知情权。

环境信息公开的基本要求至少包括三点：一是尽早公开，即让公众尽早了解相关信息、尽早决定参与决策，这样可以保障参与的有效性；二是有效公开，即确保信息能为更多可能受到影响的公众所获取；三是易于为公众所理解，即减少使用专业性和技术性的术语。

为规范和促进信息公开，2007年中国颁布实施了《政府信息公开条例》和《环境信息公开办法（试行）》。

（三）建立公众参与制度

公众参与必须有明确具体的程序载体才能有效实施，因此必须在环境影响评价、环境许可等环境决策程序中增加公众参与的程序环节，从而将公众参与原则转化为具体的法律规则。

由于大多数涉及广泛影响的环境决策是针对开发行为的，因此各国目前都制定有专门的环境影响评价制度，以对政策、计划和规划的编制以及拟建项目实行环境影响评价。在环境影响评价的决策程序中，应当建立广泛有效的公众参与机制和明确具体的程序，诸如参与的时机和方式等，以便公众得以有效地参与环境决策。

在中国，除了《环境影响评价法》设有公众参与的条款规定外，对于授权性的许可行为，公众还可以根据《行政许可法》的规定参与有关许可的决策过程。2015年，为配合新《环境保护法》的实施，环保部专门制定了《环境保护公众参与办法》，对公众参与监督环境保护事务的方式、范围和程序进行具体规范。

（四）鼓励环保团体参与环境决策

尽管环境与每一个人都有关系，但是基于利益多元化、专业知识欠缺以及"搭便车"等因素的存在，使得一般公众甚至是受到直接影响的当地居民，参与环境决策的意愿并不高。为了更好地发挥公众参与的功效，避免流于形式，各国的普遍做法是运用代表人制度,即发挥各类非政府的环境组织或者其他团体的作用,由他们作为公众利益的代表参与到环境决策之中。

环保团体一般是以环境保护为目的设立的,其成员本身多为各类专业人士,因此他们不会像一般居民那样会被复杂的专业术语所迷惑,他们的参与可以更有效地促进环境决策的正当化。另外,为了避免各个环境团体基于其自身目的的限制而导致参与时决策出现偏颇,应当加强各公共团体之间的合作。他们之间的合作将是最有效的参与方式,可以使公众的呼声得到加强,清晰地表达公众的立场,并且将不同的公共环境利益进行全面权衡以得出最合理的决策。

第五章　环境法的基本制度

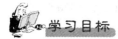学习目标

　　了解环境法基本制度的含义、作用和意义；掌握环境标准制度、环境保护规划制度、环境影响评价制度、"三同时"制度、排污许可制度、排污收费制度、突发环境事件应急制度、环境信息公开制度的基本内容与相关法律规定。

　　制度一般指法则、执行机制和机构的总称。环境法的基本制度，也称环境保护的基本法律制度，是指按照环境法基本理念和基本原则确立的、通过环境立法具体表现的、普遍适用于环境保护各个领域的，对环境法律关系的参加者直接具有约束力并由环境保护行政主管部门监督实施的同类环境保护法律规范的总称。

　　在总结了30多年来环境保护实践的基础上，结合对外国环境立法成功经验的借鉴，中国通过对环境立法的"立、改、废"逐步确立和形成了主要由环境标准制度、环境保护规划制度、环境影响评价制度、"三同时"制度、排污申报登记与排污许可制度、排污收费制度、限期治理制度、突发环境事件应急制度、环境信息公开制度等构成的制度体系。

第一节　环境标准制度

一、环境标准制度概述

　　环境标准是指为了保护人群健康、保护社会财富和维护生态平衡，就环境

质量以及污染物的排放、环境监测方法以及其他需要的事项,按照法律规定程序制定的各种技术指标与规范的总称。环境标准所涉及的范围非常广,各级、各类环境标准之间互相联系、互相配合、互相衔接、互为补充、互为条件、协调发展,构成了一个严密完整的环境标准体系。

环境标准分为国家环境标准和地方环境标准两级。国家环境标准包括国家环境质量标准、国家污染物排放标准(或控制标准)、国家环境监测方法标准、国家环境标准样品标准和国家环境基础标准。地方环境标准包括地方环境质量标准和地方污染物排放标准(或控制标准)。此外,对于需要在全国环境保护工作范围内统一的技术要求而又没有国家环境标准的,可以制定环境保护部标准。实践中还有一些大型企业集团或者特殊领域的企业制定了适用于本企业的环境标准。

二、国家环境标准的体系与内容

(一)国家环境标准概述

国家环境标准包括国家环境质量标准、国家污染物排放(控制)标准以及国家环境监测方法标准、国家环境标准样品标准、国家环境基础标准等五类。

(二)环境质量标准

环境质量标准,是为保护自然环境、人体健康和社会物质财富,限制环境中的有害物质和因素所作的控制规定。例如,《环境空气质量标准》《海水水质标准》《地面水环境质量标准》《土壤环境质量标准》《景观娱乐用水水质标准》等。

依照《环境保护法》的规定,国务院环境保护行政主管部门制定国家环境质量标准。

国家环境质量标准是环境标准体系的核心,是国家环境政策目标的综合反映和体现,是国家实行环境保护规划、控制污染以及分级、分类管理环境和科学评价环境质量的基础,是制定污染物排放标准的主要科学依据。

(三)污染物排放(控制)标准

污染物排放(控制)标准,是为实现环境质量标准,结合技术经济条件和环境特点,限制排入环境中的污染物或对环境造成危害的其他因素所做的控制规定。例如,《污水综合排放标准》《恶臭污染物排放标准》《大气污染物综合排放标准》《船舶污染物排放标准》等。

依照《环境保护法》的规定,国务院环境保护行政主管部门根据国家环境质量标准和国家经济、技术条件,制定国家污染物排放标准。

(四)环境监测方法标准、环境标准样品标准和环境基础标准

环境监测方法标准是为监测环境质量和污染物排放,规范采样、分析测试、数据处理等技术而制定的技术规范;环境标准样品标准是为保证环境监测数据的准确、可靠,对用于量值传递或质量控制的材料、实物样品而制定的技术规范;环境基础标准是对环境保护工作中,需要统一的技术术语、符号、代号(代码)、图形、指南、导则及信息编码等所做的规定。

鉴于有关环境监测方法、技术规范和相关数据需要在全国范围内统一,因此上述三类环境标准只有国家标准没有地方标准。这类环境标准由国务院环境保护行政主管部门制定,属于指导环境监测和实施环境监督的技术规范,不具有直接的法拘束力。

三、地方环境标准体系与内容

地方环境标准只包括地方环境质量标准和地方污染物排放(控制)标准两类。

依照《环境保护法》的规定,省、自治区、直辖市人民政府对国家环境质量标准或污染物排放标准中未作规定的项目,可以制定地方环境质量标准;对国家环境质量标准和污染物排放标准中已作规定的项目,可以制定严于国家标准的地方标准。地方环境质量标准或污染物排放标准应当报国务院环境保护行政主管部门备案。

依照《地方环境质量标准和污染物排放标准备案管理办法》(2004年)的规定,所谓"严于国家污染物排放标准",是指对于同类行业污染源或产品污染源,在相同的环境功能区域内,采用相同监测方法,地方污染物排放标准规定的项目限值、控制要求,在其有效期内严于相应时期的国家污染物排放标准。

依照《环境保护法》的规定,有地方环境质量标准和污染物排放标准的应当适用地方环境质量标准和污染物排放标准。

四、环境标准的法律效力

中国的国家标准分为强制性标准和推荐性标准,强制性国家标准的代号用"GB"来表示,推荐性国家标准的代号则用"GB/T"来表示。根据《标准化法实施条例》(1990年)的规定,环境保护的污染物排放标准和质量标准是强制性标准。环境监测方法标准、环境标准样品标准、环境基础标准属于推荐性标准,国家鼓励采用推荐性标准,推荐性标准在被国家法律和强制性标准引用时也具有强制性。

环境质量标准体现环境目标的要求,是评价环境是否受到污染和制订污染物排放标准的依据。由于环境质量标准没有涉及企业行为的具体规定,所以它对企业活动没有直接的法律约束力,其主要约束对象是各级人民政府及其行政主管部门,是对行政工作目标的设定。例如,《环境保护法》第六条规定的"地方各级人民政府应当对本行政区域的环境质量负责",其内涵就是地方人民政府应当将采取措施保障当地环境质量符合质量标准的要求。

中国的环境质量标准通常都针对不同的环境功能区适用不同的标准数值,因此环境质量标准的适用需以环境功能区的确定为前提。考虑到环境功能区的划定对该区域公众的环境权益有较大影响,为避免事后引起纠纷,环保部门在划定环境功能区时可以征求该区域公众的意见。

污染物排放(控制)标准是针对污染物排放而做出的限制,因此对排放污染物的行为具有直接的约束力,一般将污染物排放(控制)标准作为判断排污行为是否违法的客观标准和依据。例如,根据《环境保护法》第六十条的规定,企业事业单位和其他生产经营者超过污染物排放标准排放污染物的,县级以上人民政府环境保护主管部门可以责令其采取限制生产、停产整治等措施;情节严重的,报经有批准权的人民政府批准,责令停业、关闭。

环境监测方法标准、环境标准样品标准和环境基础标准属于指导环境监测和实施环境监督的技术规范。当对认定污染物排放是否超标问题上发生分歧时,可以运用这三类环境标准所规定的技术规范判断监测方法以及测定技术等操作程序和内容是否符合国家环境标准的规定,进而判断存在争议的环境监测结果是否合法。

> 环保部门以超标排污为由决定对A进行行政处罚。A认为,环保部门的监测行为不符合相关环境监测方法标准规定的程序和方法,所得出的监测结果不能作为处罚的依据。环保部门认为,虽然监测过程未完全依照相关环境监测方法标准的规定,但不影响监测结果的准确性,所得出的结论可以作为处罚的依据。
>
> 讨论:违反环境监测方法标准得出的监测结论是否有效?

环境保护部标准属于环境保护行业标准,而不属于国家标准。[①] 由于实践中不存在独立的环境保护行业,因此将此类标准命名为环境保护部标准。目前,环境保护部标准主要局限于环境基础标准和环境影响评价技术规范之中,属于推荐性标准。例如,在环境影响评价工作中适用的《环境影响评价技术导则总纲》。

依照《标准化法》的规定,国家鼓励企业制定严于国家标准或者行业标准的企业标准,在企业内部适用。许多企业以及特殊领域的企业为赢得社会的公信力和当地民众的支持,纷纷制定了更为严格的排放标准。企业排放标准因不属于法定标准,所以不具有法的强制拘束力,由企业自愿选择适用。但是,在特殊情况下,企业环境标准也可能具有强制性。例如,企业与政府或者周边居民签订的环境协议中作为企业义务明确规定的企业环境标准,或者司法机关将某些特殊领域的企业排放标准作为鉴定标准适用的。

---

① 见国家质量技术监督局发布:"关于印发《关于环境标准管理的协调意见》的通知",2001-04-09.

第二节 环境保护规划制度

一、环境保护规划制度概述

环境保护规划,也称环境保护计划,有广义与狭义之分。广义的环境保护规划是指由国民经济和社会发展规划的环境保护篇章、全国主体功能区规划、国家各类生态建设和保护规划、专项环境保护规划等共同组成的以保护环境为目的的规划统一体。狭义的环境保护规划是指各级政府及其环保部门依照法定程序编制的一定时空范围内对城市环境质量控制、污染物排放控制和污染治理、自然生态保护以及其他与环境保护有关事项的总体安排。

由于环境保护规划是环境预测与科学决策的产物,因此它们是实现环境立法目的和指导国家环境保护工作的重要依据。制定和实施环境保护规划的目的在于,保证环境保护作为国民经济和社会发展计划的重要组成部分参与综合平衡,发挥计划的指导作用和宏观调控作用,强化环境管理,推动污染防治和自然保护,改善环境质量,促进环境与国民经济和社会的协调发展。

二、环境保护规划制度的主要内容

根据《环境保护法(试行)》的规定,中国首次将国家环境保护"六五"计划(1981—1985年)作为一个独立的篇章纳入国家国民经济和社会发展计划,为后来的环境保护计划纳入国家计划奠定了基础。1989年《环境保护法》规定国家制定的环境保护规划必须纳入国民经济和社会发展计划。自此以后,国家在制定的各个国民经济和社会发展五年计划中均将环境保护与经济、社会协调发展、综合平衡作为编制规划的重要指导思想,并专门设立了环境保护篇章。

国家国民经济和社会发展五年计划中的生态建设和环境保护重点专项规划,是由国家发展和改革委员会根据国家国民经济和社会发展五年计划纲要中的环境保护篇章制定的,是对纲要重点领域的进一步延伸和细化,是政府组织实施的规划。主体功能区规划是根据不同区域的资源环境承载能力、现有开发密度和发展潜力,统筹谋划未来人口分布、经济布局、国土利用和城镇化格局,确定主体功能定位,明确开发方向,控制开发强度,规范开发秩序,完善开发政策的国土空间开发的战略性、基础性和约束性规划。生态建设和环境保护重点专项规划的规划期与国家国民经济和社会发展五年计划相同,范围一般包括生态建设与保护,环境污染预防与治理,资源保护与合理开发利用,自然灾害预警与预报等。国家国民经济和社会发展五年计划中的生态建设和环境保护重点专项规划,对国务院环境保护行政主管部门制定的行业规划具有重要的指导意义。

除上述国家国民经济和社会发展五年计划中的环境保护篇章以及生态建设和环境保护重点专项规划外,在中国环境保护规划体系中较为重要的是由国务院环保部门编制的适用于全国环境保护领域的国家环境保护计划、县级以上地方人民政府编制的地方环境保护计划以及政府各有关部门编制的环境保护计划等。在中国它们被统称为环境保护计划,是各级政府和各有关部门在计划期内要实现的环境目标和所要采取的防治措施的具体体现。

依照《环境保护计划管理办法》(1994年)的规定,环境保护计划内容包括城市环境质量控制计划、污染排放控制和污染治理计划、自然生态保护计划以及其他有关的计划四类。环境保护计划的计划期与国民经济和社会发展计划期相同,分五年计划和年度计划,实行国家、省、市、县四级管理。其中,国家环境保护计划以宏观指导为主;地方环境保护计划除应包括国家环境保护计划的内容外,还应包括相关的环境治理和建设项目,并根据具体情况适当增加必要的内容和指标。

值得注意的是,2014年修订的《环境保护法》在环境保护规划的编制程序上删除了原来关于"经计划部门综合平衡"的要求,更加强调了环境保护计划的独立性。此外,为了加强规划之间的协调,《环境保护法》要求,环境保护规划的内容应当与主体功能区规划、土地利用总体规划和城乡规划等相衔接。

三、环境保护规划的效力

从法律性质看,环境保护规划属于行政行为之一种,是行政机关设定环境保护行政工作目标及其实现方式的行政行为,一般不对行政机关以外的人具有法的强制力。

因此,中国环境保护规划的具体实施实际上属于各级政府贯彻执行环境保护政策的内部行政行为,同时也是考核各级地方各级领导干部执政业绩的依据之一。地方各级人民政府根据环境保护规划,层层建立环境保护目标责任制以及由企业建立环境保护责任制,将环境保护投资纳入政府或企业的预算,将环境保护项目列入基本建设、技术改造计划之中。同时,通过对重大污染源的管理和治理,结合"三同时"制度、限期治理制度的实施,保障环境保护计划的目标和任务得以实现。这种执行方式的弹性很大,其效果也因政府对计划的执行力度与资金投入状况成正比。

第三节　环境影响评价制度

一、环境影响评价制度概述

环境影响评价是指对规划和建设项目实施后可能造成的环境影响进行分析、预测和评估,提出预防或者减轻不良环境影响的对策和措施,进行跟踪监测的方法与制度。

实行环境影响评价制度的主要意义在于环境影响评价具有科学技术性、前瞻预测性和内容综合性等优点,是环境行政决策的主要科学依据。环境影响评价制度是环境法有关预防原则的具体体现,也是中国环境立法借鉴和吸收西方国家环境管理有关"环境影响评价"制度的产物。

环境影响评价制度首创于美国,由于环境影响评价制度的实施对防止环境受到人类行为的侵害具有科学的预见性,因此这项制度很快便在世界上广为传播,为各国环境立法所确立。

中国在1979年《环境保护法(试行)》中对建设项目实施环境影响评价做出了规定。1989年修改颁布的《环境保护法》规定"建设污染环境的项目,必须遵守国家有关建设项目环境保护管理的规定"。此外,在中国颁布的一系列环境污染防治法律,如《水污染防治法》《环境噪声污染防治法》《海洋环境保护法》《大气污染防治法》《固体废物污染环境防治法》中,也毫无例外地对建设项目施行环境影响评价作了重申。1998年中国还专门制定了《建设项目环境保护管理条例》。2002年,全国人大通过了《环境影响评价法》,首次以专门法律的形式规范了环境影响评价制度。2009年国务院颁布了《规划环境影响评价条例》对规划环评的程序进行了具体规定。

此外,环保部还制定了一系列的规范性文件对环评实施中的具体问题进行了规范,其中重要的包括《建设项目环境影响评价政府信息公开指南(试行)》(2013年)、《建设项目环境影响评价岗位证书管理办法》(2009年)、《建设项目环境影响评价文件分级审批规定》(2008修订)、《环境影响评价公众参与暂行办法》(2006年)、《建设项目环境影响评价资质管理办法》(2005年)、《环境保护总局建设项目环境影响评价文件审批程序规定》(2005年)等。

二、环境影响评价的对象

从世界各国环境影响评价立法的规定看,各国因对评价对象认识的不同规定也不一致。大体上,环境影响评价的对象包括两类:一是对政府宏观决策活动(主要是法规、政策、计划等)的环境影响评价,也被称为战略环境影响评价(SEA);二是对具体的开发建设项目的环境影响评价。

根据《环境影响评价法》的规定,中国环境影响评价的对象包括法定应当进行环境影响评价的规划和建设项目两大类。2014年修改的《环境保护法》尽管没有明确将环评的对象扩展到政策,但是在第十四条规定:国务院有关部门和省、自治区、直辖市人民政府组织制定经济、技术政策,应当充分考虑对环境的影响,听取有关方面和专家的意见。在某种程度上,这也可以被视为一种简易的环评程序。

(一)应当进行环境影响评价的规划

应当进行环境影响评价的规划主要包括两类。

第一,综合利用规划。其内容是就国家或地方有关宏观、长远发展提出的具有指导性、预测性、参考性的指标。综合指导规划包括国务院有关部门、设区的市级以上地方人民政府及其有关部门组织编制的土地利用的有关规划,区域、流域、海域的建设、开发利用规划,简称"一地三域"。

第二,专项规划。其内容主要是对有关的指标、要求做出具体的执行安排。专项规划涉及几乎所有的经济活动领域,包括国务院有关部门、设区的市级以上地方人民政府及其有关部门组织编制的工业、农业、畜牧业、林业、能源、水利、交通、城市建设、旅游、自然资源开发的有关专项规划,简称"十专项"。

(二)应当进行环境影响评价的建设项目

《环境影响评价法》并未对建设项目的概念作出立法解释。

按照国家环保总局《关于执行建设项目环境影响评价制度有关问题的通知》(1999年)的解释,建设项目是指按固定资产投资方式进行的一切开发建设活动,包括国有经济、城乡集体经济、联营、股份制、外资、港外台投资、个体经济和其他各种不同经济类型的开发活动。

此外,对环境可能造成影响的饮食娱乐服务性行业,也属应当进行环评的建设项目。

三、环境影响评价的工作程序

(一)筛选评价对象和决定评价范围

筛选评价对象和决定评价范围,是环境影响评价程序的首要环节。这一程序的主要目的是初步判断规划或项目对环境的不同影响,以具体确定需要进一步进行环境影响评价的对象及其评价范围。

1. 对各类规划,按其性质实行不同程度的环境影响评价

对国务院有关部门、设区的市级以上地方人民政府及其有关部门组织编制的土地利用的有关规划,区域、流域、海域的建设、开发利用规划,应当在规划编制过程中同步组织环境影响评价,并编写该规划有关环境影响的篇章或者说明,但不必另外单独编写规划的环境影响报告书。这是因为,综合指导规划涉及的部门较多,且规划的对象和内容不具体,因此法律只要求在规划编制过程中进行环境影响评价并将其结论作为规划的一部分。

对国务院有关部门、设区的市级以上地方人民政府及其有关部门组织编制的工业、农业、畜牧业、林业、能源、水利、交通、城市建设、旅游、自然资源开发的

有关专项规划,应当在该专项规划草案上报审批前组织进行环境影响评价,并向审批该专项规划的机关提出环境影响报告书。但是,《环境影响评价法》同时规定,对于专项规划中的指导性规划按照土地开发利用规划即综合指导规划的规定执行。

2004年7月6日,国家环保总局会同国务院有关部门制定了《编制环境影响篇章或说明的规划的具体范围(试行)》和《编制环境影响报告书的规划的具体范围(试行)》。

2. 对各类建设项目,按其环境影响实行不同程度的环境影响评价

可能造成重大环境影响的,应当编制环境影响报告书,对产生的环境影响进行全面评价;可能造成轻度环境影响的,应当编制环境影响报告表,对产生的环境影响进行分析或者专项评价;对环境影响很小、不需要进行环境影响评价的,应当填报环境影响登记表。

至于何种程度的环境影响属于法律规定的重大、轻度或者很小,则由环保部门根据《建设项目环境保护分类管理目录》(2008年)的规定进行判断并做出决定。

(二) 编制环境影响评价文件

环境影响评价文件是指详细记载和阐述环境影响评价内容的书面文件。

规划的环境影响篇章或者说明的内容包括两部分:一是对规划实施后可能造成的环境影响作出分析、预测和评估,主要包括资源环境承载能力分析、不良环境影响分析和预测以及与相关规划的环境协调性分析;二是提出预防或者减轻不良环境影响的对策和措施,主要包括预防或者减轻不良环境影响的政策、管理或者技术等措施。规划的环境影响报告书的内容,除上述两部分内容之外,还应当报告环境影响评价的结论,主要包括规划草案的环境合理性和可行性,预防或者减轻不良环境影响的对策和措施的合理性和有效性以及规划草案的调整建议。

规划的环境影响评价文件由规划编制机关编制或者组织规划环境影响评价技术机构编制,但规划编制机关应当对环境影响评价文件的质量负责。目前

相关法律并未规定"规划环境影响评价技术机构"的资格,实践中采取了推荐制,即通过有关部门推荐和单位自荐,经过国务院环保部门审核、遴选后公布规划环境影响评价推荐单位名单。

建设项目环境影响报告书的内容包括:建设项目概况;建设项目周围环境现状;建设项目对环境可能造成影响的分析、预测和评估;建设项目环境保护措施及其技术、经济论证;建设项目对环境影响的经济损益分析;对建设项目实施环境监测的建议;环境影响评价的结论七部分。相对报告书,报告表和登记表无论在内容还是格式方面都要简单一些,《环境影响评价法》(简称《环评法》)授权国务院环保部门对环境影响报告表和登记表的内容和格式做出具体规定。

建设项目的环境影响报告书或者环境影响报告表,应当由具有相应环境影响评价资质的机构编制。根据《建设项目环境影响评价资质管理办法》(2005年)的规定,建设项目环境影响评价资质分为甲、乙两个等级。取得甲级评价资质的评价机构可以在资质证书规定的评价范围之内,承担各级环境保护行政主管部门负责审批的建设项目环境影响报告书和环境影响报告表的编制工作。取得乙级评价资质的评价机构可以在资质证书规定的评价范围之内,承担省级以下环境保护行政主管部门负责审批的环境影响报告书或环境影响报告表的编制工作。根据《环评法》的规定,规划的编制机关或者建设单位应当在报批环境影响报告书前举行论证会、听证会或采取其他形式,征求有关单位、专家和公众的意见。2006年2月,国家环保总局颁布了《环境影响评价公众参与暂行办法》,确立了公众参与环境评价实行公开、平等、广泛和便利的四项原则和公众参与建设项目环境影响评价的具体步骤和程序。2014年修订的《环境保护法》还特别强调,建设单位应当在编制时向可能受影响的公众说明情况,充分征求意见;并要求负责审批建设项目环境影响评价文件的部门在收到建设项目环境影响报告书后,除涉及国家秘密和商业秘密的事项外,应当全文公开;发现建设项目未充分征求公众意见的,应当责成建设单位征求公众意见。

> A化工厂发生重大水污染事故，环保部门调查发现A采用落后生产工艺，但B环评机构在编制的环境影响报告书中声称A在生产过程中"无废水外排"。此外，B还在环评报告书中编造附近众多居民"坚决支持"该项目的公众调查结论。
>
> 讨论：B环评机构应当承担何种法律责任？

四、环境影响评价文件的审查与审批

（一）建设项目环境影响评价文件的审批

根据《环境影响评价法》的规定，建设单位应当在建设项目可行性研究阶段报批建设项目环境影响评价文件；按照国家有关规定，不需要进行可行性研究的建设项目，建设单位应当在建设项目开工前报批环境影响评价文件；其中，需要办理营业执照的，建设单位应当在办理营业执照前报批环境影响评价文件。

建设项目环境影响评价文件，由建设单位报有审批权的环保部门审批；建设项目有行业主管部门的，其环境影响报告书或者环境影响报告表应当经行业主管部门预审后，报有审批权的环保部门审批。环保部门应当自收到建设项目环境影响报告书之日起六十日内、收到环境影响报告表之日起三十日内、收到环境影响登记表之日起十五日内，分别作出审批决定并书面通知建设单位。

环保部负责审批下列建设项目的环境影响评价文件：核设施、绝密工程等特殊性质的建设项目；跨省、自治区、直辖市行政区域的建设项目；国务院审批的或者国务院授权有关部门审批的建设项目。其他建设项目环境影响评价文件的审批权限，由各省级人民政府规定。

建设项目环境影响评价文件经批准后，建设项目的性质、规模、地点或者采用的生产工艺发生重大变化的，建设单位应当重新报批建设项目环境影响评价文件。建设项目环境影响评价文件自批准之日起满五年，建设项目方开工建设

的,其环境影响评价文件应当报原审批机关重新审核。

中国实行环评审批前置,即建设项目的环境影响评价文件未经法律规定的审批部门审查或者审查后未予批准的,该项目审批部门不得批准其建设,建设单位不得开工建设。

(二)规划环境影响评价文件的审查

专项规划的环境影响报告书需要在规划审批程序之外进行单独审查。设区的市级以上人民政府审批的专项规划,在审批前由其环保部门召集有关部门代表和专家组成审查小组,对环境影响报告书进行审查。省级以上人民政府有关部门审批的专项规划,在审批前由规划审批机关和同级环保部门共同召集有关部门代表和专家组成审查小组,对环境影响报告书进行审查。

审查小组的专家应当从依法设立的专家库内相关专业的专家名单中随机抽取,且专家人数不得少于审查小组总人数的二分之一。

审查小组的成员应当客观、公正、独立地对环境影响报告书提出书面审查意见,审查意见应当经审查小组四分之三以上成员签字同意。审查意见的种类包括通过或原则通过、对环境影响报告书进行修改并重新审查、不予通过环境影响报告书三种。

规划审批机关在审批专项规划草案时,应当将环境影响报告书结论以及审查意见作为决策的重要依据。规划审批机关对环境影响报告书结论以及审查意见不予采纳的,应当逐项就不予采纳的理由作出书面说明,并存档备查。

此外,为保障规划环评的有效开展,还特别规定专项规划环境影响报告书未经审查,专项规划审批机关不得审批专项规划。

第四节 "三同时"制度

一、"三同时"制度概述

"三同时"制度是指一切新建、改建和扩建的基本建设项目(包括小型建设项目)、技术改造项目、自然开发项目以及可能对环境造成损害的其他工程项目,其中防治污染和其他公害的设施和其他环境保护措施,必须与主体工程同时设计、同时施工、同时投产。一般简称之为"三同时"制度。

"三同时"制度是中国首创的。它是总结中国环境管理的实践经验为中国法律所确认的一项重要的控制新污染的法律制度。"三同时"制度的实行与环境影响评价制度结合起来，是贯彻"预防为主"方针的完整的环境管理制度。

"三同时"制度最早规定于 1973 年的《关于保护和改善环境的若干规定》。1979 年的《环境保护法(试行)》和 1989 年的《环境保护法》在规定环境影响评价制度的同时，重申了"三同时"的规定。1986 年的《建设项目环境保护管理办法》、1998 年的《建设项目环境保护管理条例》对"三同时"制度作了具体规定。此外，我国还颁布了《建设项目环境保护设计规定》《建设项目竣工环境保护验收管理办法》等规章。

二、同时设计

同时设计，是指在对有关建设项目的主体工程进行设计时，设计单位必须按照国家规定的设计程序进行，执行环境影响报告书(表)的编审制度，并且建设项目需要建设的环境保护设施必须与主体工程同时进行设计。

在环境影响报告书(表)获得通过后，建设单位就要开始制作建设项目的初步设计。其中必须有环境保护篇章，内容应当包括：环境保护措施的设计依据；环境影响报告书或环境影响报告表及审批规定的各项要求和措施；防治污染的处理工艺流程、预期效果；对资源开发引起的生态变化所采取的防范措施；绿化设计、监测手段、环境保护投资的概预算等。

建设项目的设计过程主要包括项目建议书、可行性研究(设计任务书)、初步设计、施工图设计四个阶段。因此，有关环境保护要求的"同时设计"，也相应地分散在这四个阶段之中，同时进行。

三、同时施工

同时施工，是指建设项目中有关防治污染和其他公害的设施必须与主体工程同时进行施工。

建设项目在施工过程中,应当保护施工现场周围的环境,防止对自然环境造成不应有的破坏;防止和减轻粉尘、噪声、震动等对周围生活居住区的污染和危害;建设项目竣工后,施工单位应当修整和复原在建设过程中受到破坏的环境。

为保证环境保护设施建设的质量,我国目前正在探索、试点施工期环境监理工作,即具有相应资质的监理企业,接受建设单位的委托,承担其建设项目的环境管理工作,代表建设单位对承建单位的建设行为对环境的影响情况进行全过程监督管理的专业化咨询服务活动。环境监理在时间上是对建设项目从开工建设到竣工验收的整个工程建设期的环境影响进行监理,在空间上包括工程施工区域和工程影响区域的环境监理,监理内容包括主体工程和临时工程的环境保护达标监理、生态保护措施监理及环保设施监理。

2012年,环境保护部发布了《关于进一步推进建设项目环境监理试点工作的通知》。此外,辽宁、江苏等地开展了施工期环境监理试点,辽宁省还颁布了《建设项目环境监理管理办法》。

四、同时投产使用

建设项目的主体工程完工后,其配套建设的环境保护设施必须与主体工程同时投入生产或者运行。

(一)试生产申请

需要进行试生产的,其配套建设的环境保护设施必须与主体工程同时投入试运行。建设项目试生产前,建设单位应向有审批权的环境保护行政主管部门提出试生产申请。试生产申请经环境保护行政主管部门同意后,建设单位方可进行试生产。

对国务院环境保护行政主管部门审批环境影响报告书(表)或环境影响登记表的非核设施建设项目,由建设项目所在地省、自治区、直辖市人民政府环境保护行政主管部门负责受理其试生产申请,并将其审查决定报送国务院环境保护行政主管部门备案。

(二)竣工验收

建设项目竣工后,建设单位应当向有审批权的环境保护行政主管部门,申请该建设项目竣工环境保护验收。

进行试生产的建设项目,建设单位应当自试生产之日起三个月内,向有审批权的环境保护行政主管部门申请该建设项目竣工环境保护验收。对试生产三个月且不具备环境保护验收条件的建设项目,建设单位应当在试生产的三个月内,向有审批权的环境保护行政主管部门提出该建设项目环境保护延期验收申请,说明延期验收的理由及拟进行验收的时间。经批准后建设单位方可继续进行试生产。试生产的期限最长不超过一年。

建设单位申请建设项目竣工环境保护验收,应当提交以下验收材料：

(1) 对编制环境影响报告书的建设项目,提交建设项目竣工环境保护验收申请报告,并附环境保护验收监测报告或调查报告。

(2) 对编制环境影响报告表的建设项目,提交建设项目竣工环境保护验收申请表,并附环境保护验收监测表或调查表。

(3) 对填报环境影响登记表的建设项目,提交建设项目竣工环境保护验收登记卡。

主要因排放污染物对环境产生污染和危害的建设项目,建设单位应提交环境保护验收监测报告(表)。主要对生态环境产生影响的建设项目,建设单位应提交环境保护验收调查报告(表)。环境保护验收监测报告(表)或验收调查报告由建设单位委托经环境保护行政主管部门批准有相应资质的环境监测站、环境放射性监测站或者具有相应资质的环境影响评价单位编制。承担该建设项目环境影响评价工作的单位不得同时承担该建设项目环境保护验收调查报告(表)的编制工作。承担环境保护验收监测或者验收调查工作的单位,对验收监测或验收调查结论负责。

环境保护行政主管部门应自收到建设项目竣工环境保护验收申请之日起30日内,完成验收。环境保护行政主管部门在进行建设项目竣工环境保护验收时,应组织建设项目所在地的环境保护行政主管部门和行业主管部门等成立验收组(或验收委员会)。验收组(或验收委员会)应对建设项目的环境保护设施及其他环境保护措施进行现场检查和审议,提出验收意见。建设项目的建设单位、设计单位、施工单位、环境影响报告书(表)编制单位、环境保护验收监测(调查)报告(表)的编制单位应当参与验收。

对符合验收条件的建设项目,环境保护行政主管部门批准建设项目竣工环境保护验收申请报告、建设项目竣工环境保护验收申请表或建设项目竣工环境保护验收登记卡。对填报建设项目竣工环境保护验收登记卡的建设项目,环境保护行政主管部门经过核查后,可直接在环境保护验收登记卡上签署验收意见,作出批准决定。建设项目竣工环境保护验收申请报告、建设项目竣工环境保护验收申请表或者建设项目竣工环境保护验收登记卡未经批准的建设项目,不得正式投入生产或者使用。

国家对建设项目竣工环境保护验收实行公告制度。环境保护行政主管部门应当定期向社会公告建设项目竣工环境保护验收结果。需要指出的是,2014年修改的《环境保护法》和2015年修改的《大气污染防治法》均删除了有关三同时验收的规定。然而,这并不意味着污染防治设施不再验收,只是表明污染防治设施验收不再是一项独立的行政审批事项,后续可能会整合到排污许可的审批程序之中。

案例 5-3

> 2008年12月某铁路客运专线全线贯通,并于2009年10月经某省环保厅同意投入试运行,但其配套建设的环保设施一直未申请验收。2010年11月,环境保护部向该客运专线运行公司发出"改正违法行为决定书",要求该工程必须在2011年3月底之前通过环保验收,否则将责令该客运专线停止使用。该客运专线运行公司认为,一旦停止使用、中断运输,将给国家社会、经济、国防造成重大损失,旅客出行受阻,影响社会稳定。
>
> 讨论:你认为本案应当如何处理?

需要注意的是,2014年修订的《环境保护法》删除了关于污染防治设施验收的要求。其主要考虑是简化环境保护行政审批事项,将污染防治设施验收作为排污许可的条件,而不再单独作为一项行政审批事项。但是,在单项法律修改之前,各单项法律关于污染防治设施验收的规定依然有效。

第五节 总量控制与排污许可制度

一、总量控制与排污许可制度概述

(一) 总量控制制度

总量控制是相对浓度控制而言的。所谓总量,是指在一定区域环境内,环境可以容纳污染物质以及有毒有害物质的全部数量。它可以通过对环境进行自然科学的基础调查和分析而得出。通常总量是以定量化的数值来表示的。总量控制,就是在对环境可以容纳污染物质以及有毒有害物质的全部数量予以定量化的基础上,对排污者的污染物排放进行定量控制的环境保护制度。在过去较长一段时期内,中国的环境管理和环保执法主要采取污染物排放浓度控制,即浓度达标就视为排污行为合法。但是,由于受到技术经济条件的限制,加之污染富集效应不断加剧,单一的浓度控制手段已经不能够满足环境保护的客观要求。因此,近年来我国开始探索实施污染物排放的总量控制制度。

我国从 20 世纪末期开始探索主要污染物的总量控制制度,1996 年和 2008 年修改的《水污染防治法》、2000 年修改的《大气污染防治法》均对污染物排放总量控制制度做出了规定。2014 年修订的《环境保护法》和 2015 年修订的《大气污染防治法》则在总结经验教训的基础上对总量控制制度进行完善,增加保障总量控制有效实施的环评限批制度。

自"十一五"规划时期开始,主要污染物总量减排指标被列为约束性指标,成为了推动我国环境保护工作的主要动力所在。为进一步规范主要污染物排放总量减排工作,我国陆续颁布了《节能减排统计监测及考核办法》《主要污染物总量减排统计办法》《主要污染物总量减排考核办法》《主要污染物总量减排监测办法》《主要污染物总量减排监察系数核算办法(试行)》《中央财政主要污染物减排专项资金项目管理暂行办法》等规章。

(二)排污许可制度

排污许可,是指凡需要向环境排放各种污染物的单位或个人,都必须在事先向环境保护主管部门办理排污申报登记手续的基础上,经过环境保护主管部门批准,获得的从事排污行为的行政许可。

实行排污许可,便于环保部门了解和掌握企业的排污状况,同时将污染物的排放管理纳入环境行政管理的规范,以利于环境监测以及国家或地方对污染物排放状况的统计分析。

1987年,我国开始在水污染防治领域开展排污许可证试点工作。1988年,原国家环保局发布了《水污染物排放许可证管理暂行办法》(现已废止),对排污申报登记与排放许可证制度及其监督与管理机制作出了规定。20世纪80年代,受当时经济政策的影响,1989年的《环境保护法》以及各单项污染防治法律并未明确规定排污许可制度,而仅规定了排污申报登记制度。原国家环保局还专门制定了《排放污染物申报登记管理规定》(现已废止),对排污申报登记制度的内容做了具体规定。20世纪90年代中后期以来制定或修改的一系列环保立法大都在不同程度上对排污许可证制度进行了规范。2000年修改的《大气污染防治法》规定了主要大气污染物排放许可证,2008年修改的《水污染防治法》规定了废水、污水的排污许可证。2014年修订的《环境保护法》则规定,国家依照法律规定实行排污许可管理制度。实行排污许可管理的企业事业单位和其他生产经营者应当按照排污许可证的要求排放污染物;未取得排污许可证的,不得排放污染物。2015年修订的《大气污染防治法》则对大气排污许可的范围做了扩展。

二、总量控制制度的主要内容

主要污染物排放总量控制指标的分配原则是:在确保实现全国总量控制目标的前提下,综合考虑各地环境质量状况、环境容量、排放基数、经济发展水平和削减能力以及各污染防治专项规划的要求,对东、中、西部地区实行区别对待。

主要污染物总量减排的责任主体是地方各级人民政府。各省、自治区、直辖市人民政府要把主要污染物排放总量控制指标层层分解落实到本地区各级人民政府,并将其纳入本地区经济社会发展规划,加强组织领导,落实项目和资金,严格监督管理,确保实现主要污染物减排目标。市、县人民政府根据本行政区域主要污染物排放总量控制指标的要求,将主要污染物排放总量控制指标分解落实到排污单位。

国务院环境保护主管部门会同发展改革部门、统计部门和监察部门,对各省、自治区、直辖市人民政府上一年度主要污染物总量减排情况进行考核。国务院环境保护主管部门于每年 5 月底前将全国考核结果向国务院报告,经国务院审定后,向社会公告。

主要污染物总量减排考核采用现场核查和重点抽查相结合的方式进行。主要污染物总量减排指标、监测和考核体系建设运行情况较差,或减排工程措施未落实的,或未实现年度主要污染物总量减排计划目标的省、自治区、直辖市认定为未通过年度考核。

未通过年度考核的省、自治区、直辖市人民政府应在 1 个月内向国务院做出书面报告,提出限期整改工作措施,并抄送国务院环境保护主管部门。

考核结果在报经国务院审定后,交由干部主管部门,依照《体现科学发展观要求的地方党政领导班子和领导干部综合考核评价试行办法》的规定,作为对各省、自治区、直辖市人民政府领导班子和领导干部综合考核评价的重要依据,实行问责制和"一票否决"制。

对考核结果为通过的,国务院环境保护主管部门会同发展改革部门、财政部门优先加大对该地区污染治理和环保能力建设的支持力度,并结合全国减排表彰活动进行表彰奖励;对考核结果为未通过的,国务院环境保护主管部门暂停该地区所有新增主要污染物排放建设项目的环评审批,撤消国家授予该地区的环境保护或环境治理方面的荣誉称号,领导干部不得参加年度评奖、授予荣誉称号等。

对未通过且整改不到位或因工作不力造成重大社会影响的,监察部门按照《环境保护违法违纪行为处分暂行规定》追究该地区有关责任人员的责任。

对超过国家重点污染物排放总量控制指标或者未完成国家确定的环境质

量目标的地区,省级以上人民政府环境保护主管部门应当暂停审批其新增重点污染物排放总量的建设项目环境影响评价文件。

三、排污许可制度的内容

(一)排污许可的适用范围

根据《环境保护法》的规定,排污许可的适用对象和范围由"法律"规定。

根据《大气污染防治法》的规定,排放工业废气或者有列入目录的毒有害大气污染物的企业事业单位、集中供热设施的燃煤热源生产运营单位以及其他依法实行排污许可管理的单位,应当取得排污许可证。

根据《水污染防治法》的规定,直接或者间接向水体排放工业废水和医疗污水以及其他按照规定应当取得排污许可证方可排放的废水、污水的企业事业单位,应当取得排污许可证;城镇污水集中处理设施的运营单位,也应当取得排污许可证。

根据《海洋环境保护法》的规定,向海洋倾倒废弃物的,必须向国家海洋行政主管部门提出书面申请,经国家海洋行政主管部门审查批准,发给许可证后,方可倾倒。

未取得排污许可证的,不得排放污染物。排污许可证的持有者,必须按照许可证核定的污染物种类、控制指标和规定的方式排放污染物。

(二)排污许可的申请与批准

根据《行政许可法》(2003年)的规定,排污许可的申报程序应当包括申请与受理、审查与批准两部分。

在中国目前的实践中,排污许可的发放与排污申报登记密切相关。具体而言,排污单位在指定时间内,应向当地环保部门办理申报登记手续,在认真监测、核实排污量的基础上,填报《排污申报登记表》。

当环保部门受理排污申报之后,进入审查环节。由于中国目前并无关于排污许可的统一规范,因此对排污许可申报的审查并无统一规定,大体而言审查内容应当包括建设项目环境影响评价文件是否经环境保护行政主管部门批准或者重新审核同意;是否有经过环境保护行政主管部门验收合格的污染防治设施或措施;是否有维持污染防治设施正常运行的管理制度和技术能力;设施委托运行的,运行单位是否取得环境污染治理设施运营资质证书;是否有应对突发环境事件的应急预案和设施、装备等。此外,在决定是否发放排污许可证时,还要考虑本地区污染物总量控制目标和分配污染物总量削减指标。

经审查认为符合条件,应当发给排污许可证,许可证一般应当载明下列内容:持有人名称、地址、法定代表人;有效期限;发证机关、发证日期和证书编号;污染物排放执行的国家或地方标准;排污口的数量,各排污口的编号、名称、位置,排放污染物的种类、数量、浓度、速率、方式、去向以及时段、季节要求;产生污染物的主要工艺、设备;污染物处理设施种类和能力;污染物排放的监测和报告要求;年度检验记录;有总量控制义务的排污者,其排污许可证中应当规定污染物排放总量控制指标、削减数量及时限等。

获得排污许可证后,排污者应当按规定进行排污申报登记并报环境保护行政主管部门核准,排放污染物的种类、数量、浓度等不得超出排污许可证载明的控制指标,排放地点、方式、去向等符合排污许可证的规定,按规定公布主要污染物排放情况,接受环境保护行政主管部门的现场检查、排污监测和年度检验等。

第六节 排污收费制度

一、排污收费制度概述

排污收费制度是指,直接向环境排放污染物的排污者,应当按照环保部门依法核定的污染物排放的种类和数量,向特定行政主管部门缴纳一定费用的行为规范的总称。

1978年12月,中央批转的原国务院环境保护领导小组《环境保护工作汇报要点》首次提出在中国实行"排放污染物收费制度",1979年的《环境保护法(试行)》则首次在法律中对排污收费制度作了规定:"超过国家规定的标准排放污染物,要按照排放污染物的数量和浓度,根据规定收取排污费。"1982年,在总结22个省、市征收排污费试点经验的基础上,中国颁布了《征收排污费暂行办法》。

鉴于水环境的特殊性,中国 1984 年制定的《水污染防治法》实施了向水体排放污染物"达标排放缴纳排污费和超标排放缴纳超标排污费"的双收费制度。1989 年国务院又发布了《污染源治理专项基金有偿使用暂行办法》,对排污费的使用方法作了进一步的调整。

自 20 世纪末叶以来,中国先后修改了《海洋环境保护法》《大气污染防治法》和《水污染防治法》,废除了超标排污收费制度,确立了"达标排污收费,超标排污违法"的新的排污收费制度。

2002 年,国务院颁布了《排污费征收使用管理条例》以及与之配套的《排污费征收标准管理办法》和《排污费资金收缴使用管理办法》,进一步理顺和强化了排污费征收、使用的管理。

当前我国正在研究推进排污费改税,为此,2014 年修改《环境保护法》规定"依照法律规定征收环境保护税的,不再征收排污费"。与此同时,《环境税法》的起草工作也正在进行中。

二、排污费的征收

(一) 排污费的征收对象

《排污费征收使用管理条例》规定,直接向环境排放污染物的单位和个体工商户(以下简称排污者),应当依照条例的规定缴纳排污费。

排污者向城市污水集中处理设施排放污水、缴纳污水处理费用的,不再缴纳排污费。但是,对向城市污水集中处理设施超标排放污水的企业事业单位和个体经营者,环保部门应对其征收超标排污费。

排污者建成工业固体废物贮存或者处置设施、场所并符合环境保护标准,或者其原有工业固体废物贮存或者处置设施、场所经改造符合环境保护标准的,自建成或者改造完成之日起,不再缴纳排污费。

(二) 排污费的类别

综合现行环境污染防治法律和《排污费征收使用管理条例》对各类排污费的规定,中国征收排污费制度主要包括如下类别:

一是废气排污费,即向大气排放污染物的,按照排放污染物的种类、数量缴纳排污费。

二是海洋石油勘探开发超标排污费,即在海洋石油勘探开发活动中向海洋排放污染物的,按照排放污染物的种类、数量缴纳排污费;对于陆源污水排放的,按照污水排污费的标准征收。

三是污水排污费,向水体排放污染物的,按照排放污染物的种类、数量缴纳排污费;向水体排放污染物超过国家或者地方规定的排放标准的,按照排放污染物的种类、数量加倍缴纳排污费;对城市污水集中处理设施达到国家或地方排放标准排放的水,不征收污水排污费。

四是危险废物排污费,以填埋方式处置危险废物不符合国家有关规定的,按照排放污染物的种类、数量缴纳危险废物排污费。[①]

五是噪声超标排污费,产生环境噪声污染超过国家环境噪声标准的,按照排放噪声的超标声级缴纳排污费。

(三) 污染物排放数量的核定

《排污费征收使用管理条例》对污染物排放种类、数量的核定方法也作出了明确规定。

首先,排污者应当按照国务院环境保护行政主管部门的规定,向县级以上地方人民政府环保部门申报排放污染物的种类、数量,并提供有关资料。

其次,由县级以上地方政府环保部门按照国务院环境保护行政主管部门规定的核定权限,对排污者排放污染物的种类、数量进行核定。其中,对装机容量 30×10^4 千瓦以上的电力企业排放二氧化硫的数量,由省级人民政府环保部门核定。

再次,在核定污染物排放种类、数量时,环保部门具备监测条件的应当按照国务院环境保护行政主管部门规定的监测方法进行核定;不具备监测条件的,按照国务院环境保护行政主管部门规定的物料衡算方法进行核定。当排污者使用国家规定强制检定的污染物排放自动监控仪器对污染物排放进行监测的,

---

[①] 2002年《排污费征收使用管理条例》第十二条之(三)项前半段规定:"依照固体废物污染环境防治法的规定,没有建设工业固体废物贮存或者处置的设施、场所,或者工业固体废物贮存或者处置的设施、场所不符合环境保护标准的,按照排放污染物的种类、数量缴纳排污费。"但是,在2004年修改颁布的《固体废物污染环境防治法》中将固体废物排污费的规定删除了。

其监测数据作为核定污染物排放种类、数量的依据。

最后,污染物排放种类、数量经核定后,由负责污染物排放核定工作的环保部门书面通知排污者。排污者对核定的污染物排放种类、数量有异议的,自接到通知之日起七日内,可以向发出通知的环保部门申请复核;环保部门应当自接到复核申请之日起十日内,作出复核决定。

(四) 排污费的征收程序

《排污费征收使用管理条例》规定,负责污染物排放核定工作的环保部门,根据排污费征收标准和排污者排放的污染物种类、数量,确定排污者应当缴纳的排污费数额,并予以公告。当排污费数额确定后,由负责污染物排放核定工作的环保部门向排污者送达排污费缴纳通知单。

对于跨地域排污单位的排污费,依照国家环保总局的解释,应当由排污口所在地的环保部门征收。[①]

排污者应当自接到排污费缴纳通知单之日起七日内,到指定的商业银行缴纳排污费。商业银行应当按照规定的比例将收到的排污费分别解缴中央国库和地方国库。

(五) 排污费的减免

当排污者因不可抗力遭受重大经济损失的,可以按照国务院环境保护行政主管部门和有关部门共同制定的排污费减缴、免缴办法的要求,申请减半缴纳排污费或者免缴排污费。但是,排污者因未及时采取有效措施,造成环境污染的,不得申请减半缴纳排污费或者免缴排污费。

《排污费征收使用管理条例》的规定,排污者因有特殊困难不能按期缴纳排污费的,自接到排污费缴纳通知单之日起七日内,可以向发出缴费通知单的环保部门申请缓缴排污费;环保部门应当自接到申请之日起七日内,作出书面决定;期满未作出决定的,视为同意。排污费的缓缴期限最长不超过三个月。

批准减缴、免缴、缓缴排污费的排污者名单,应当由受理申请的环保部门会

---

① 参见国家环保总局开发监督司.对《关于排污费征收权属的请示》的复函(环监收[1994]70号),1994-03-16.

同同级财政部门、价格主管部门予以公告,公告应当注明批准减缴、免缴、缓缴排污费的主要理由。

对于排污者未按照规定缴纳排污费的,《排污费征收使用管理条例》规定由县级以上地方人民政府环保部门依据职权责令限期缴纳;逾期拒不缴纳的,处应缴纳排污费数额一倍以上三倍以下的罚款,并报经有批准权的人民政府批准,责令停产停业整顿。

(六)排污费征收稽查

排污费征收稽查是指上级环境保护行政主管部门对下级环境保护行政主管部门排污费征收行为进行监督、检查和处理的活动。设区的市级以上环境保护行政主管部门负责排污费征收稽查工作。设区的市级以上环境保护行政主管部门所属的环境监察机构承担排污费征收稽查具体工作。省级以上环境保护行政主管部门可以委托设区的市级以上的下级环境保护行政主管部门实施排污费征收稽查。各级环境监察机构不得同时对同一排污费征收稽查案件进行稽查。上级环境监察机构正在稽查的案件,下级环境监察机构不得另行组织稽查。下级环境监察机构正在稽查的案件,上级环境监察机构不得直接介入或者接管该稽查案件,但可能影响稽查结果的除外。

实施排污费征收稽查,上级环境保护行政主管部门可以对下级环境保护行政主管部门以及相关排污者进行立案调查。下级环境保护行政主管部门有下列情形之一的,应当予以立案稽查:(一)应当征收而未征收排污费的;(二)核定的排污量与实际的排污量明显不符的;(三)提高或降低排污费征收标准征收排污费的;(四)违反国家有关规定减征、免征或者缓征排污费的;(五)未按国家有关规定的程序征收排污费的;(六)对排污者拒缴、欠缴排污费等违法行为,未依法催缴、未依法实施行政处罚或者未依法申请人民法院强制执行的;(七)不执行收支两条线规定,未将排污费缴入国库的;(八)排污费征收过程中的其他违法、违规行为。对于不按国家规定,由环境保护行政主管部门以外的机构征收排污费,或者干预排污费征收工作的,也应当予以稽查。实施排污费征收稽查,追缴排污费,不受追溯时限限制。

县级以上人民政府环境保护行政主管部门工作人员有下列行为之一的,依法给予行政处分;构成犯罪的,依法追究刑事责任:(一)违反国家规定批准减缴、免缴或者缓缴排污费的;(二)不执行收支两条线规定,未将排污费依法缴入国库的;(三)不履行排污费征收管理职责,情节严重的。

三、排污费的使用

依照《排污费征收使用管理条例》的规定,排污费必须纳入财政预算,列入环境保护专项资金进行管理,主要用于下列项目的拨款补助或者贷款贴息:(一)重点污染源防治;(二)区域性污染防治;(三)污染防治新技术、新工艺的开发、示范和应用;(四)国务院规定的其他污染防治项目。

《排污费征收使用管理条例》还对过去将排污费的一部分作为补贴环保部门自身建设资金的做法进行了改革,要求将征收的排污费一律上缴财政,环境保护执法所需经费列入本部门预算,由本级财政予以保障。

为加强对环境保护专项资金使用和管理的监督,《排污费征收使用管理条例》规定,县级以上地方政府财政部门和环保部门每季度向本级政府、上级财政部门和环保部门报告本行政区域内环境保护专项资金的使用和管理情况。审计机关应当对环境保护专项资金使用和管理进行审计监督。

案例 5-4

> A环保局所在的办公楼空调设备老化,夏季办公楼内异常闷热,影响正常办公。由于日常办公经费有限,经过部门领导集体研究,A环保局决定先用征收来的排污费更换空调设备。
> **讨论**:A环保局的做法是否合法?

第七节 突发环境事件应急制度

一、突发环境事件应急制度概述

突发环境事件的概念是进入 21 世纪以后逐步为国家规范性文件所确立的,过去的惯例是将此类突发性事件统称为"环境污染与破坏事故"。

1987 年原城乡建设环境保护部环保局还专门发布了《报告环境污染与破坏事故的暂行办法》,对环境污染与生态破坏事故报告处理制度的程序和内容作出了规定。1989 年《环境保护法》第三十一条规定,因发生事故或者其他突发性事件,造成或者可能造成污染事故的单位,必须立即采取措施处理,及时通报可能受到污染危害的单位和居民,并向当地环保部门和有关部门报告,接受调查处理。此外,我国制定的单项环境保护法律中,除了《环境噪声污染防治法》之外,都规定了突发环境事件报告及处理制度,2008 年修改的《水污染防治法》更是设专章规定了"水污染事故处置"。2007 年 8 月,我国颁布了《突发事件应对法》,对突发事件的报告和处理制度作了较为详细的规定。

为提高政府保障公共安全和处置突发公共事件的能力,2005 年 1 月国务院发布了《国家突发公共事件总体应急预案》,将环境污染和生态破坏事件纳入事故灾难类突发公共事件的范畴。与此同时,国务院还依据《环境保护法》《海洋环境保护法》《安全生产法》和《国家突发公共事件总体应急预案》及相关的法律、行政法规,制定实施了专项应急预案《国家突发环境事件应急预案》(2005 年制定,2014 年修订)。此外,为进一步规范突发环境事件的信息报告工作,环保部还制定了《突发环境事件信息报告办法》(2011 年)、《突发环境事件调查处理办法》(2014 年)和《突发环境事件应急管理办法》(2015 年)。

二、突发环境事件的分类与分级

突发环境事件是指由于污染物排放或自然灾害、生产安全事故等因素,导致污染物或放射性物质等有毒有害物质进入大气、水体、土壤等环境介质,突然造成或可能造成环境质量下降,危及公众身体健康和财产安全,或造成生态环境破坏,或造成重大社会影响,需要采取紧急措施予以应对的事件,主要包括大气污染、水体污染、土壤污染等突发性环境污染事件和辐射污染事件。

核设施及有关核活动发生的核事故所造成的辐射污染事件、海上溢油事件、船舶污染事件的应对工作按照其他相关应急预案规定执行。重污染天气应对工作按照国务院《大气污染防治行动计划》等有关规定执行。

按照突发事件严重性和紧急程度,《国家突发环境事件应急预案》将突发环境事件分为特别重大环境事件(Ⅰ级)、重大环境事件(Ⅱ级)、较大环境事件(Ⅲ级)和一般环境事件(Ⅳ级)四级。

三、突发环境事件应急制度的运行机制

(一)突发环境事件应急的组织体系

根据《国家突发环境事件应急预案》的规定,环境保护部负责重特大突发环境事件应对的指导协调和环境应急的日常监督管理工作。根据突发环境事件的发展态势及影响,环境保护部或省级人民政府可报请国务院批准,或根据国务院领导同志指示,成立国务院工作组,负责指导、协调、督促有关地区和部门开展突发环境事件应对工作。必要时,成立国家环境应急指挥部,由国务院领导同志担任总指挥,统一领导、组织和指挥应急处置工作;国务院办公厅履行信息汇总和综合协调职责,发挥运转枢纽作用。

县级以上地方人民政府负责本行政区域内的突发环境事件应对工作,明确相应组织指挥机构。跨行政区域的突发环境事件应对工作,由各有关行政区域人民政府共同负责,或由有关行政区域共同的上一级地方人民政府负责。对需要国家层面协调处置的跨省级行政区域突发环境事件,由有关省级人民政府向国务院提出请求,或由有关省级环境保护主管部门向环境保护部提出请求。地方有关部门按照职责分工,密切配合,共同做好突发环境事件应对工作。

负责突发环境事件应急处置的人民政府根据需要成立现场指挥部,负责现场组织指挥工作。参与现场处置的有关单位和人员要服从现场指挥部的统一指挥。

(二)突发环境事件的预警和信息报告

对可以预警的突发环境事件,按照事件发生的可能性大小、紧急程度和可

能造成的危害程度,将预警分为四级,由低到高依次用蓝色、黄色、橙色和红色表示。地方环境保护主管部门研判可能发生突发环境事件时,应当及时向本级人民政府提出预警信息发布建议,同时通报同级相关部门和单位。地方人民政府或其授权的相关部门,及时通过电视、广播、报纸、互联网、手机短信、当面告知等渠道或方式向本行政区域公众发布预警信息,并通报可能影响到的相关地区。发布突发环境事件预警信息的地方人民政府或有关部门,应当根据事态发展情况和采取措施的效果适时调整预警级别;当判断不可能发生突发环境事件或者危险已经消除时,宣布解除预警,适时终止相关措施。

突发环境事件发生后,涉事企业事业单位或其他生产经营者必须采取应对措施,并立即向当地环境保护主管部门和相关部门报告,同时通报可能受到污染危害的单位和居民。因生产安全事故导致突发环境事件的,安全监管等有关部门应当及时通报同级环境保护主管部门。环境保护主管部门通过互联网信息监测、环境污染举报热线等多种渠道,加强对突发环境事件的信息收集,及时掌握突发环境事件发生情况。

事发地环境保护主管部门接到突发环境事件信息报告或监测到相关信息后,应当立即进行核实,对突发环境事件的性质和类别作出初步认定,按照国家规定的时限、程序和要求向上级环境保护主管部门和同级人民政府报告,并通报同级其他相关部门。突发环境事件已经或者可能涉及相邻行政区域的,事发地人民政府或环境保护主管部门应当及时通报相邻行政区域同级人民政府或环境保护主管部门。地方各级人民政府及其环境保护主管部门应当按照有关规定逐级上报,必要时可越级上报。

接到已经发生或者可能发生跨省级行政区域突发环境事件信息时,环境保护部要及时通报相关省级环境保护主管部门。

对以下突发环境事件信息,省级人民政府和环境保护部应当立即向国务院报告:(1)初判为特别重大或重大突发环境事件;(2)可能或已引发大规模群体性事件的突发环境事件;(3)可能造成国际影响的境内突发环境事件;(4)境外因素导致或可能导致我境内突发环境事件;(5)省级人民政府和环境保护部认为有必要报告的其他突发环境事件

(三) 突发环境事件的应急响应机制

根据突发环境事件的严重程度和发展态势,应急响应被设定为Ⅰ级、Ⅱ级、Ⅲ级和Ⅳ级四个等级。初判发生特别重大、重大突发环境事件,分别启动Ⅰ级、Ⅱ级应急响应,由事发地省级人民政府负责应对工作;初判发生较大突发环境事件,启动Ⅲ级应急响应,由事发地设区的市级人民政府负责应对工作;初判发生一般突发环境事件,启动Ⅳ级应急响应,由事发地县级人民政府负责应对工作。

突发环境事件发生后,各有关地方、部门和单位根据工作需要,可以组织采取的应急响应措施包括现场污染处置、转移安置人员、医学救援、应急监测、市场监管和调控、信息发布和舆论引导、维护社会稳定、国际通报和援助等。

根据《突发环境事件应急管理办法》的规定,企业事业单位造成或者可能造成突发环境事件时,应当立即启动突发环境事件应急预案,采取切断或者控制污染源以及其他防止危害扩大的必要措施,及时通报可能受到危害的单位和居民,并向事发地县级以上环境保护主管部门报告,接受调查处理。应急处置期间,企业事业单位应当服从统一指挥,全面、准确地提供本单位与应急处置相关的技术资料,协助维护应急秩序,保护与突发环境事件相关的各项证据。

获知突发环境事件信息后,县级以上地方环境保护主管部门应当立即组织排查污染源,初步查明事件发生的时间、地点、原因、污染物质及数量、周边环境敏感区等情况;并按照《突发环境事件应急监测技术规范》开展应急监测,及时向本级人民政府和上级环境保护主管部门报告监测结果。

应急处置期间,事发地县级以上地方环境保护主管部门应当组织开展事件信息的分析、评估,提出应急处置方案和建议报本级人民政府。

当事件条件已经排除、污染物质已降至规定限值以内、所造成的危害基本消除时,由启动响应的人民政府终止应急响应。

(四) 后期工作处置与责任追究机制

突发环境事件应急响应终止后,要及时组织开展污染损害评估,并将评估结果向社会公布。评估结论作为事件调查处理、损害赔偿、环境修复和生态恢复重建的依据。

突发环境事件发生后,根据有关规定,由环境保护主管部门牵头,可会同监察机关及相关部门,组织开展事件调查,查明事件原因和性质,提出整改防范措施和处理建议。

根据《突发环境事件调查处理办法》的规定,突发环境事件调查应当遵循实事求是、客观公正、权责一致的原则,及时、准确查明事件原因,确认事件性质,认定事件责任,总结事件教训,提出防范和整改措施建议以及处理意见。

环境保护部负责组织重大和特别重大突发环境事件的调查处理;省级环境保护主管部门负责组织较大突发环境事件的调查处理;事发地设区的市级环境保护主管部门视情况组织一般突发环境事件的调查处理。

开展突发环境事件调查,应当制定调查方案,明确职责分工、方法步骤、时间安排等内容。开展突发环境事件调查,应当对突发环境事件现场进行勘查。进行现场勘查、检查或者询问,不得少于两人。突发环境事件发生单位的负责人和有关人员在调查期间应当依法配合调查工作,接受调查组的询问,并如实提供相关文件、资料、数据、记录等。开展突发环境事件调查,应当制作调查案卷,并由组织突发环境事件调查的环境保护主管部门归档保存。

开展突发环境事件调查,应当在查明突发环境事件基本情况后,编写突发环境事件调查报告。特别重大突发环境事件、重大突发环境事件的调查期限为六十日;较大突发环境事件和一般突发环境事件的调查期限为三十日。突发环境事件污染损害评估所需时间不计入调查期限。调查组应当按照前款规定的期限完成调查工作,并向同级人民政府和上一级环境保护主管部门提交调查报告。调查期限从突发环境事件应急状态终止之日起计算。环境保护主管部门应当依法向社会公开突发环境事件的调查结论、环境影响和损失的评估结果等信息。

应急处置工作结束后,县级以上地方环境保护主管部门应当及时总结、评估应急处置工作情况,提出改进措施,并向上级环境保护主管部门报告。

事发地人民政府要及时组织制订补助、补偿、抚慰、抚恤、安置和环境恢复等善后工作方案并组织实施。保险机构要及时开展相关理赔工作。

案例 5-5

因管理不善A公司发生严重的水污染事故。由于是上市公司,为了防止股价波动,A公司决定暂不向政府和公众公布此次事件的信息,而自行采取措施。然而,事故规模超出A公司的预期,A公司见污染事态已经无法控制,只好向当地政府报告。考虑到被污染的河流系当地饮用水源地,为防止引起社会骚动,当地政府仅指示环保部门采取一切措施防止污染扩散,但并未及时向社会公布该消息也未向上级政府和有关部门报告。由于城区停水以及下游大量鱼类死亡,不明真相的公众只能猜测事故原因,一时间谣言四起。迫于压力,A公司和当地政府不得不向社会公布了发生污染事故的事实。

讨论:A公司和当地政府处理污染事故的行为存在哪些违法之处?

第八节　环境信息公开制度

一、环境信息公开制度概述

环境信息包括政府环境信息和企业环境信息。政府环境信息是指,环保部门在履行环境保护职责中制作或者获取的,以一定形式记录、保存的信息。企业环境信息是指,企业以一定形式记录、保存的,与企业经营活动产生的环境影响和企业环境行为有关的信息。

环境信息公开能为公众了解和监督环保工作提供必要条件,对形成政府、企业和公众的良性互动关系有重要的促进作用。但是,受制于我国的政治与文化传统,长期以来我国的环保立法对环境信息公开并无系统规定,仅有一些零散的规定。例如,《环境保护法》(1989年)规定,国务院和省、自治区、直辖市人民政府的环境保护行政主管部门,应当定期发布环境状况公报;《大气污染防治法》规定,大、中城市人民政府环境保护行政主管部门应当定期发布大气环境质量状况公报;《清洁生产促进法》规定,列入污染严重企业名单的企业,应当按照国务院环保部门的规定公布主要污染物的排放情况,接受公众监督等。

为了推进和规范政府环境信息公开工作,我国2007年颁布了《政府信息公开条例》。同年,为推进和规范环保部门以及企业公开环境信息,维护公民、法人和其他组织获取环境信息的权益,推动公众参与环境保护,我国还颁布了《环境信息公开办法(试行)》。2014年修订的《环境保护法》更是设专章对"信息公开与公众参与"进行了规定。

二、政府环境信息公开

根据公开方式的不同,政府环境信息公开可以分为主动公开与依申请公开。

(一) 主动公开政府环境信息

根据《环境保护法》第五十四条的规定:国务院环境保护主管部门统一发布国家环境质量、重点污染源监测信息及其他重大环境信息。省级以上人民政府环境保护主管部门定期发布环境状况公报。县级以上人民政府环境保护主管部门和其他负有环境保护监督管理职责的部门,应当依法公开环境质量、环境监测、突发环境事件以及环境行政许可、行政处罚、排污费的征收和使用情况等信息。县级以上地方人民政府环境保护主管部门和其他负有环境保护监督管理职责的部门,应当将企业事业单位和其他生产经营者的环境违法信息记入社会诚信档案,及时向社会公布违法者名单。

《环境信息公开办法(试行)》则对应当主动公开的政府环境信息进行了更为详尽的列举:环境保护法律、法规、规章、标准和其他规范性文件;环境保护规划;环境质量状况;环境统计和环境调查信息;突发环境事件的应急预案、预报、发生和处置等情况;主要污染物排放总量指标分配及落实情况,排污许可证发放情况,城市环境综合整治定量考核结果;大、中城市固体废物的种类、产生量、处置状况等信息;建设项目环境影响评价文件受理情况,受理的环境影响评价文件的审批结果和建设项目竣工环境保护验收结果,其他环境保护行政许可的项目、依据、条件、程序和结果;排污费征收的项目、依据、标准和程序,排污者应当缴纳的排污费数额、实际征收数额以及减免缓情况;环保行政事业性收费的项目、依据、标准和程序;经调查核实的公众对环境问题或者对企业污染环境的信访、投诉案件及其处理结果;环境行政处罚、行政复议、行政诉讼和实施行政强制措施的情况;污染物排放超过国家或者地方排放标准,或者污染物排放总量超过地方人民政府核定的排放总量控制指标的污染严重的企业名单;发生重大、特大环境污染事故或者事件的企业名单,拒不执行已生效的环境行政处罚决定的企业名单;环境保护创建审批结果;环保部门的机构设置、工作职责及其联系方式等情况;法律、法规、规章规定应当公开的其他环境信息。

政府环境信息公开的方式包括政府网站、公报、新闻发布会以及报刊、广播、电视等便于公众知晓的方式。

此外,环保部门还应当编制、公布政府环境信息公开指南和政府环境信息公开目录,并及时更新。政府环境信息公开指南包括信息的分类、编排体系、获取方式,政府环境信息公开工作机构的名称、办公地址、办公时间、联系电话、传真号码、电子邮箱等内容。政府环境信息公开目录包括索引、信息名称、信息内容的概述、生成日期、公开时间等内容。

案例 5-6

A企业是位于B市的一家化工企业被列入了"污染物排放总量超过B市人民政府核定的排放总量控制指标的污染严重的企业名单"。但A企业一直未公开企业排放的主要污染物的名称、排放方式、排放浓度等信息,也未公开企业环保设施的建设和运行情况的有关信息。有居民要求A企业公开这些信息,A企业认为,这些信息属于企业的商业秘密,不予公开。

讨论:A企业是否应当公开这些信息?

（二）依申请公开政府环境信息

公民、法人和其他组织也可以通过信函、传真、电子邮件等书面形式，向环保部门申请获取政府环境信息。采取书面形式确有困难的，申请人可以口头提出，由环保部门政府环境信息公开工作机构代为填写政府环境信息公开申请。

政府环境信息公开申请的内容应当包括申请人的姓名或者名称、联系方式；申请公开的政府环境信息内容的具体描述；申请公开的政府环境信息的形式要求。

环保部门应当在收到申请之日起十五个工作日内予以答复，不能在十五个工作日内作出答复的，经政府环境信息公开工作机构负责人同意，可以适当延长答复期限，并书面告知申请人，延长答复的期限最长不得超过十五个工作日。

对政府信息公开的申请，环保部门应当根据下列情况分别作出答复：申请公开的信息属于公开范围的，应当告知申请人获取该政府环境信息的方式和途径。申请公开的信息属于不予公开范围的，应当告知申请人并说明理由。依法不属于本部门公开或者该政府环境信息不存在的，应当告知申请人；对于能够确定该政府环境信息的公开机关的，应当告知申请人该行政机关的名称和联系方式。申请内容不明确的，应当告知申请人更改、补充申请。

三、企业环境信息公开

根据公开依据的不同，企业环境信息公开可以分为自愿公开与强制性公开。

（一）自愿性企业环境信息公开

企业可以通过媒体、互联网等方式，或者通过公布企业年度环境报告的形式向社会公开下列企业环境信息：企业环境保护方针、年度环境保护目标及成效；企业年度资源消耗总量；企业环保投资和环境技术开发情况；企业排放污染物种类、数量、浓度和去向；企业环保设施的建设和运行情况；企业在生产过程中产生的废物的处理、处置情况，废弃产品的回收、综合利用情况；与环保部门签订的改善环境行为的自愿协议；企业履行社会责任的情况等。

对自愿公开企业环境行为信息、且模范遵守环保法律法规的企业，环保部门可以给予下列奖励:在当地主要媒体公开表彰;依照国家有关规定优先安排环保专项资金项目;依照国家有关规定优先推荐清洁生产示范项目或者其他国家提供资金补助的示范项目等。

(二)强制性企业环境信息公开

强制企业公开环境信息需要有明确的法律依据。

《环境保护法》第五十五条规定,重点排污单位应当如实向社会公开其主要污染物的名称、排放方式、排放浓度和总量、超标排放情况以及防治污染设施的建设和运行情况,并接受社会监督。违反者,由县级以上地方人民政府环境保护主管部门责令公开,处以罚款,并予以公告。

2014年修订的《环境保护法》第五十五条强制要求重点排污单位如实向社会公开其主要污染物的名称、排放方式、排放浓度和总量、超标排放情况,以及防治污染设施的建设和运行情况,接受社会监督。为配合《环境保护法》第五十五条的实施,环保部专门制定了《企事业单位环境信息公开办法》。

根据《企业事业单位环境信息公开办法》的规定,环境保护主管部门确定重点排污单位名录时,应当综合考虑本行政区域的环境容量、重点污染物排放总量控制指标的要求,以及企业事业单位排放污染物的种类、数量和浓度等因素。具备下列条件之一的企业事业单位,应当列入重点排污单位名录:被设区的市级以上人民政府环境保护主管部门确定为重点监控企业的;具有试验、分析、检测等功能的化学、医药、生物类省级重点以上实验室、二级以上医院、污染物集中处置单位等污染物排放行为引起社会广泛关注的或者可能对环境敏感区造成较大影响的;三年内发生较大以上突发环境事件或者因环境污染问题造成重大社会影响的;其他有必要列入的情形。

重点排污单位应当公开下列信息:基础信息,包括单位名称、组织机构代码、法定代表人、生产地址、联系方式,以及生产经营和管理服务的主要内容、产品及规模;排污信息,包括主要污染物及特征污染物的名称、排放方式、排放口数量和分布情况、排放浓度和总量、超标情况,以及执行的污染物排放标准、核定的排放总量;防治污染设施的建设和运行情况;建设项目环境影响评价及其他环境保护行政许可情况;突发环境事件应急预案;其他应当公开的环境信息。

重点排污单位应当通过其网站、企业事业单位环境信息公开平台或者当地报刊等便于公众知晓的方式公开环境信息,同时可以采取以下一种或者几种方式予以公开:公告或者公开发行的信息专刊;广播、电视等新闻媒体;信息公开服务、监督热线电话;本单位的资料索取点、信息公开栏、信息亭、电子屏幕、电子触摸屏等场所或者设施;其他便于公众及时、准确获得信息的方式。

重点排污单位应当在环境保护主管部门公布重点排污单位名录后九十日内公开环境信息;环境信息有新生成或者发生变更情形的,重点排污单位应当自环境信息生成或者变更之日起三十日内予以公开。法律、法规另有规定的,从其规定。

《清洁生产法》第二十七条规定,实施强制性清洁生产审核的企业,应当将审核结果向所在地县级以上地方人民政府负责清洁生产综合协调的部门、环境保护部门报告,并在本地区主要媒体上公布,接受公众监督,但涉及商业秘密的除外。违反者,由县级以上地方人民政府负责清洁生产综合协调的部门、环境保护部门按照职责分工责令公布,可以处十万元以下的罚款。根据《清洁生产审核暂行办法》的规定,实施强制性清洁生产审核的企业应当在所在地主要媒体上公布主要污染物排放情况。公布的主要内容应当包括:企业名称、法人代表、企业所在地址、排放污染物名称、排放方式、排放浓度和总量、超标、超总量情况。

此外,根据2013年环保部颁布的《国家重点监控企业自行监测及信息公开办法(试行)》的规定,国家重点监控企业以及纳入各地年度减排计划且向水体集中直接排放污水的规模化畜禽养殖场(小区),应将自行监测工作开展情况及监测结果向社会公众公开。

第六章 环境法律责任

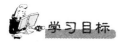 学习目标

理解环境法律责任的含义和种类;掌握环境行政处罚与行政处分的种类和程序、环境行政复议和行政诉讼的程序;掌握我国《刑法》规定的主要环境犯罪的构成要件和刑罚;掌握环境侵权的归责原则、构成要件、免责事由、诉讼时效、行政处理和诉讼证据规则。

第一节 环境法律责任概述

法律责任是指违法者对自己的违法行为所应承担的负面法律后果或不利法律后果。国家追究法律责任的目的,在于维护法律所确认的社会关系和社会秩序。承担法律责任,意味着违法者接受国家对其违法行为的评价、谴责和否定。[1]

环境法律责任是法律责任制度在环境法中的具体体现,是指因实施了违反环境法的行为者或者造成生态破坏和环境污染者,依据环境法的规定,应当承担的法律责任。

---

[1] 周旺生.法理学.北京大学出版社,2006:235—236.

法 律 责 任

法律责任是由特定法律事实所引起的对损害予以补偿、强制履行或接受惩罚的特殊义务,即由违反第一性义务而引起的第二性义务。其本质体现在三个方面:第一,法律责任是运用法律标准对行为给予的否定性评价;第二,法律责任是自由意志支配下的行为所引起的合乎逻辑的不利法律后果;第三,法律责任是社会为了维护自身的生存条件而强制性地分配给某些社会成员的一种负担。

法律责任的构成要件一般包括责任主体、违法行为或违约行为、损害结果、主观过错四个方面;法律责任的种类一般包括民事法律责任、行政法律责任、刑事法律责任和违宪责任四类。认定和归结法律责任的一般原则包括责任法定原则、因果联系原则、责任与处罚相当原则、责任自负原则。

参考文献:张文显.法理学(第四版).高等教育出版社、北京大学出版社,2013.

环境法律责任主要包括环境行政责任、刑事责任和民事责任。环境行政责任是指公民、法人或其他组织实施违反环境法律规范的行为,而应承担的行政方面的不利法律后果。环境刑事责任是指个人或者单位实施破坏环境资源保护的犯罪行为,而应承担的刑事方面的不利法律后果。环境民事责任主要是侵权责任,即公民、法人或其他组织实施环境侵权行为而应承担的民事方面的法律后果。实践中,环境行政责任是针对环境违法行为者适用频率最高的一种法律责任形式。

环境民事、行政及刑事责任之间存在一种互补且层层递进的关系,从而构成一个严密的责任网络。民事责任以"损害赔偿"为主,侧重对受害人的救济,关系着最基本的公平和正义。行政责任侧重对违法者本身的处罚,旨在通过剥夺违法者的违法收益,督促企业守法,它是环境保护实践中运用最多的一种法律责任形式。刑事责任是最严厉的法律责任,只适用于最严重的环境违法行为,其既注重对违法者本身的处罚,又注重对潜在违法者的威慑。

环境民事、行政、刑事责任立法比较完善且在实践中能得以严格执行,不但能在事后最大限度地保障受害人获得应有的救济并使违法者得到应有的惩罚,而且还能在事先迫使理性的潜在违法者遵纪守法,从而大大减少实际的环境违法行为的发生。

法律责任是违法者承担的某种不利法律后果,意味着对违法者某种利益的剥夺。因此,法律责任的追究必须通过中立的、权威的司法审判程序来实现。在我国,司法审判通常按照诉讼的性质分为行政审判、刑事审判与民事审判三大类。与之相对应,法院也内设有行政审判庭、刑事审判庭与民事审判庭。

近年来,在环境形势日益严峻以及环境纠纷解决难的大背景下,为加大对环境法律责任追究的力度,我国部分省市法院开始设立专门的环境保护审判庭,采取了民事、刑事与行政审判"三合一"或者民事、刑事、行政审判与执行"四合一"的职能配置模式,实现了环境与资源保护案件的专业化审判。除了环境保护审判庭外,部分省市还尝试通过环境保护法庭、环境保护合议庭、环境保护巡回法庭等方式实现了一定程度的环境保护案件专业化审判。

从实践效果看,以贵阳、无锡和昆明三地为代表的环境案件专业化审判,有力地促进了当地环境案件的解决,加大了对环境违法者的制裁力度、极大地威慑了潜在的违法者,取得了良好的社会效果与法律效果。

第二节 环境行政责任

一、概述

环境行政责任,是指环境法律关系主体实施环境行政违法行为而应承担的不利法律后果。

环境行政违法,是指违反环境法律规范,侵害行政管理关系或者造成环境污染或破坏,但是尚未构成犯罪的行为。

环境行政违法行为的实施者既包括环境保护行政机关及其工作人员,也包括环境保护行政相对人;环境行政违法行为的本质内容是对环境法律规范所规定的法定义务的违法,既包括违反禁止性或限制性法律规范而违法作为,也包括不履行法定义务的违法不作为;环境违法行为的危害程度尚未达到犯罪的程度,不适用刑法的相关规定;环境违法行为的必然后果是行为者要承担行政责任。

案例 6-1

> A公司为了节约生产成本,擅自关闭大气污染防治设施,超标排放废气。附近居民不堪其扰,多次向当地环保局投诉,但环保局主管官员张某A排放的废气不含有毒物质,就未对A公司进行查处。经媒体曝光之后,该案引起当地政府的重视,指示环保局立即查处。
>
> 讨论:A公司和张某各自应当承担何种行政责任?

根据违法行为主体的不同类型,环境行政责任可以分为环境行政处分与行政处罚两大类;前者是环境保护行政机关工作人员与国有企事业单位主要负责人员违法的不利后果,后者是环境行政相对人违法的不利法律后果。两者在制裁方式、适用对象、实施主体、适用程序、救济措施等方面存在较大差异,以下将分别介绍。

专栏 6-2

行政相对人

> 行政相对人是指行政管理法律关系中与行政主体相对应的另一方当事人,即行政主体行为影响其权益的个人、组织。行政相对人的法律地位主要表现在三个方面:行政相对人是行政主体行政管理的对象;行政相对人也是行政管理的参与人;行政相对人在行政救济法律关系和行

政法治监督关系中可以转化为救济对象和监督主体。

行政相对人在行政法律关系中享有的权利包括申请权,参与权,知情权,正当程序权,批评、建议权,申诉、控告、检举权,申请复议权,提起行政诉讼权,请求国家赔偿、补偿权,抵制违法行政行为权。行政相对人在行政法律关系中义务主要包括服从行政管理的义务,协助公务的义务,维护公益的义务,接受行政监督的义务,提供真实信息的义务,遵守法定程序的义务。

参考文献:姜明安.行政法与行政诉讼法(第五版).北京大学出版社、高等教育出版社,2013.

二、环境行政处罚

(一)环境行政处罚的概念与种类

环境行政处罚是指由法律授权的环保部门和其他行使环境监督管理权的行政机关,按照国家有关行政处罚法律规定的程序,对违反规定但又未构成犯罪的行为人给予的行政制裁。实施行政处罚的主要法律依据是《行政处罚法》与环境保护法律、法规、规章的规定。

环境行政处罚的种类一般包括警告,罚款,责令停产整顿,责令停产、停业、关闭,暂扣、吊销许可证或者其他具有许可性质的证件,没收违法所得、非法财物,行政拘留七种。根据违法行为的性质与后果,可以分别适用上述七种处罚形式中的一种或同时适用两种及两种以上的处罚形式。罚款是环境行政处罚中最常用的处罚方式。

值得注意的是,我国绝大部分环境法律法规都未规定对环境违法行为适用拘留。2008年修改的《水污染防治法》第九十条仅做了指引性规定,"违反本法规定,构成违反治安管理行为的,依法给予治安管理处罚;构成犯罪的,依法追究刑事责任。"2014年修改的《环境保护法》第六十四条则对适用行政拘留的环境违法行为做了具体规定:企业事业单位和其他生产经营者有下列行为之一,尚不构成犯罪的,除依照有关法律法规规定予以处罚外,由县级以上人民政府环境保护主管部门或者其他有关部门将案件移送公安机关,对其直接负责的主管人员和其他直接责任人员,处十日以上十五日以下拘留;情节较轻的,处五日以上十日以下拘留:(一) 建设项目未依法进行环境影响评价,被责令停止建设,拒不执行的;(二) 违反法律规定,未取得排污许可证排放污染物,被责令停止排污,拒不执行的;(三) 通过暗管、渗井、渗坑、灌注或者篡改、伪造监测数据,或者不正常运行防治污染设施等逃避监管的方式违法排放污染物的;(四) 生产、使用国家明令禁止生产、使用的农药,被责令改正,拒不改正的。2014年公安部、环保部等部门还联合颁布了《行政主管部门移送适用行政拘留环境违法案件暂行办法》,对环境违法案件行政拘留的实施程序和规则进行了具体规定。

(二) 环境行政处罚的实施

1. 实施主体

责令停产、停业、关闭的处罚只能由各级人民政府作出,行政拘留的处罚只能由公安机关作出,其他的行政处罚由负有环境保护监督管理职权的行政机关根据各自的权限范围具体实施。具体而言,实施环境行政处罚的机关,除了对环保工作实施统一监督管理的各级环保部门以外,还包括依照法律规定对环境污染防治实施监督管理的海洋部门、港务监督、渔政渔港监督、军队环保部门和各级公安、交通、铁道、民航等管理部门,还有依法对自然资源保护实施监督管理土地、矿产、林业、农业、水利等主管部门。

根据《环境保护行政处罚办法》的规定:环境保护行政主管部门在实施处罚时,应当在法定的处罚种类和幅度范围内,综合考虑以下情节:违法行为所造成的环境污染、生态破坏程度及社会影响;当事人的过错程度;违法行为的具体方式或者手段;违法行为危害的具体对象;当事人是初犯还是再犯;当事人改正违法行为的态度和所采取的改正措施及效果。

此外,《环境保护法》第六十七条还规定:依法应当给予行政处罚,而有关环境保护主管部门不给予行政处罚的,上级人民政府环境保护主管部门可以直接作出行政处罚的决定。

2. 实施程序

环境行政处罚的程序包括简易程序、一般程序和听证程序三种。

简易程序适用于违法事实确凿、情节轻微并有法定依据,对公民处以五十元以下、对法人或者其他组织处以一千元以下罚款或者警告的,可以当场作出行政处罚决定的场合;一般程序适用于简易程序以外的其他行政处罚场合;听证程序适用于责令停产、停业、关闭、暂扣或吊销许可证或者较大数额的罚款或没收①等重大行政处罚决定的场合。

专栏 6-3

听　证

听证是行政机关在作出影响行政相对人合法权益的决定之前,由行政机关告知决定理由和听证权利,行政相对人陈述意见、提供证据以及行政机关听取意见、接纳证据并作出相应决定等程序所构成的一种法律制度。听证是行政程序的核心,听证程序的主要内容包括通知、质辩、决定三方面内容。

通知是行政机关在举行听证前,将有关听证的事项通知到有关当事人的一种行政行为;通知意味着听证程序已经启动;听证通知也是当事人参加听证的权利的法律依据。质辩是在听证主持人的主持下,由行政机关的调查人员与当事人就行政案件的事实和法律问题展开质证和辩论的过程;质辩是听证的核心,是行政案件调查的延续。经过质辩后,听证主持人应作出一个书面报告,对于听证所涉及的事实和法律问题表明自己的法律认识;听证决定需以听证笔录为基础作出。

参考文献:姜明安.行政法与行政诉讼法(第五版).北京大学出版社、高等教育出版社,2013.

---

① 针对"较大数额的罚款或没收",各部门及各省、自治区、直辖市的规定并不一致,例如环保部规定的"较大数额"是指对公民是指人民币(或者等值物品价值)五千元以上、对法人或者其他组织是指人民币(或者等值物品价值)五万元以上。而农业部规定的"较大数额"是指对公民罚款三千元以上、对法人或其他组织罚款三万元以上。

在适用一般程序的场合,实施行政处罚前,环境保护行政机关必须对行政违法行为进行全面、客观、公正的调查,收集有关证据。环境保护行政机关在作出行政处罚决定之前,应告知当事人行政处罚的事实、理由和依据,当事人有陈述和申辩的权利,且不得因当事人申辩而加重处罚。调查终结后,环境行政机关应当根据不同情况作出行政处罚决定,或不得给予行政处罚、不予行政处罚或移送司法机关的决定。决定给予行政处罚的,应制作行政处罚决定书,载明违法行为的事实和证据,行政处罚的种类和依据,履行方式和期限,不服行政处罚决定、申请复议或提起行政诉讼的途径和期限等。

当事人逾期不申请复议,也不向人民法院起诉,且又不履行处罚决定的,环境保护行政机关可以采取下列措施:到期不缴罚款的,每天按罚款数额的百分之三加处罚款;有行政强制执行权的机关,可根据法律规定,将查封、扣押的财产拍卖或将冻结的存款划拨抵缴罚款;没有强制执行权的申请人民法院强制执行。

3. 责令改正的行政命令

我国《行政处罚法》第二十三条规定,行政机关实施行政处罚时,应当责令当事人改正或者限期改正违法行为。在环境法律中,责令改正具体表现为责令停止建设、责令停止试生产、责令停止生产或者使用、责令限期建设配套设施、责令重新安装使用、责令限期拆除、责令停止违法行为、责令限期治理、责令限期采取治理措施等形式。责令改正的目的在于使违法行为恢复到合法状态,其并未对行为人带来额外的负担,因此通常认为不属于行政处罚,而属于一般的行政命令。

我国的环境法律对于违反责令改正的行政命令的违法行为并未规定相应的行政责任,也未赋予环境保护行政机关行政强制执行权。然而,在环境保护领域如果不能及时停止违法行为或进行环境修复,往往会酿成不可逆转的损害后果。为此,2011年制定的《行政强制法》规定了代履行的行政强制执行方式。

根据《行政强制法》的规定,环境保护行政机关依法作出要求当事人履行排除妨碍、恢复原状等义务的行政决定,当事人逾期不履行,经催告仍不履行,其后果已经或者将造成环境污染或破坏自然资源的,作出该行政决定的环境保护行政机关可以代履行或者委托没有利害关系的第三人代履行。履行的费用按照成本合理确定,由当事人承担。

需要立即清除道路、河道、航道或者公共场所的污染物,当事人不能清除的,行政机关可以决定立即实施代履行;当事人不在场的,行政机关应当在事后立即通知当事人,并依法作出处理。

为了加强责令改正命令的执行保障,环境保护部2010年修正的《环境行政处罚办法》规定"责令改正期限届满,当事人未按要求改正,违法行为仍处于继续或者连续状态"的视为"新的环境违法行为",环境保护行政机关可以再次给予处罚。从而,间接起到了保障责令改正行政命令的效果。

在地方层面,重庆市和深圳市等地方分别通过了地方性环境法规,建立了执行罚性质的按日计罚制度,加大了对持续性环境违法行为的制裁,进一步保障了责令停止或改正命令的执行力度。

专栏 6-4

执 行 罚

执行罚是行政强制执行机关对拒不履行不作为义务或不可为他人代履行的作为义务的义务主体,课以新的金钱给付义务,以迫使其履行的一种强制执行手段。

执行罚与行政处罚中的罚款都以行政违法为前提,都是对相对人课以一定的金钱给付义务,但是两者在性质和功能上存在原则性区别:执行罚的目的并不是金钱给付义务,而是通过金钱给付义务促使义务主体履行义务;罚款就是对行政违法行为给予的金钱制裁。执行罚可以针对同一事项反复适用,而罚款则要遵循一事不再罚原则。

执行罚的数额必须由法律、法规明文规定,从义务主体应履行义务之日起,按天计算,并可反复适用。如果法律、法规只规定了执行罚的数

> 额幅度,执行机关就可以在法定幅度内进行裁量,其标准是能够促使义务主体自动履行义务为限。
>
> 参考文献:姜明安.行政法与行政诉讼法(第五版).北京大学出版社、高等教育出版社,2013.

为提高对环境违法行为的处罚力度,2014年修订的《环境保护法》和2015年修订的《大气污染防治法》针对违法排污行为规定了按日计罚,即企业事业单位和其他生产经营者违法排放污染物,受到罚款处罚,被责令改正,拒不改正的,依法作出处罚决定的行政机关可以自责令改正之日的次日起,按照原处罚数额按日连续处罚。环保部还专门颁布了《环境保护主管部门实施按日连续处罚办法》,对实施按日计罚的计算方法、程序等问题做了具体规定。

此外,《环境保护法》还授权地方性法规可以根据环境保护的实际需要,增加第一款规定的按日连续处罚的违法行为的种类。

(三) 不服环境行政处罚的救济措施

环境行政相对人对行政机关实施的行政处罚不服的,可以通过行政复议与行政诉讼两种途径寻求救济。

1. 行政复议

行政复议是指行政相对人认为具体行政行为侵犯其合法权益,向行政复议机关提出复查该具体行政行为的申请,行政复议机关对被申请的具体行政行为进行合法性、适当性审查,并作出行政复议决定。

> **抽象行政行为与具体行政行为**
>
> 行政行为以行政相对人是否特定为标准,可以分为抽象行政行为和具体行政行为。

> 具体行政行为是指行政主体针对特定行政相对人所作的行政行为。行政处罚和行政处分都属于具体行政行为。抽象行政行为是指行政机关针对不特定多数人制定的，具有普遍约束力的行为规则，主要包括行政立法行为以及制定其他行政规范性文件的行为。
>
> 根据我国《行政诉讼法》的规定，当事人对于具体行政行为不服的，可以提起行政诉讼，法院不受理公民、法人或者其他组织对抽象行政行为提起的诉讼。根据《行政复议法》的规定，当事人对于具体行政行为不服的，可以申请行政复议；当事人认为行政机关的具体行政行为所依据的规章以下（不含规章）的规范性文件不合法，在对具体行政行为申请行政复议时，可以一并向行政复议机关提出对该规范性文件的审查。对于规章以上的抽象行政行为的审查，依照法律、行政法规办理，不能在行政复议中提出。
>
> 参考文献：姜明安.行政法与行政诉讼法（第五版）.北京大学出版社、高等教育出版社，2013.

环境行政相对人认为针对其的行政处罚侵犯其合法权益的，可以自知道该行政处罚之日起六十日内，向做出行政处罚决定的环境保护行政主管部门的本级人民政府或向其上一级行政主管部门申请行政复议。

行政复议的具体程序适用《行政复议法》《行政复议法实施条例》以及《环境行政复议办法》等法律法规的规定。

经复议，认为环境保护行政主管部门作出的行政处罚决定违法或者显失公正，复议机关可以依法撤销或者变更该决定。

相对人对行政复议决定不服的，可以依照《行政诉讼法》的规定，在十五日内向人民法院提起行政诉讼，但是法律规定行政复议决定为最终裁决的除外。法律规定行政复议决定为最终裁决的包括两种情形：一是国务院作出的行政复议决定；二是根据国务院或省级人民政府对行政区划的勘定、调整或者征用土地的决定，省级人民政府确认土地、矿藏、水流、森林、山岭、草原、荒地、滩涂、海域等自然资源的所有权或者使用权的行政复议决定。

2. 行政诉讼

行政诉讼,是指公民、法人或者其他组织认为行政机关的具体行政行为侵犯其合法权益,向人民法院提起诉讼,由人民法院对该具体行政行为合法性进行审查并作出裁判的活动。因此,环境行政相对人如果认为行政机关实施的行政处罚侵犯了其合法权益,就可以通过行政诉讼的方式寻求司法救济。

对于《行政复议法》或者其他单项环境法律、法规未规定行政复议为提起行政诉讼前置程序的,公民、法人或者其他组织既可以提起行政诉讼又可以申请行政复议。但是,申请行政复议或者提起行政诉讼的,不停止行政处罚决定的执行。

依照《行政复议法》的规定,对国务院部门或者省、自治区、直辖市人民政府做出的行政处罚或行政强制行为不服的,应当先向作出行为的国务院部门或者省、自治区、直辖市人民政府申请行政复议。对行政复议结果不服的,才可以向人民法院提起行政诉讼。也可以向国务院申请裁决,国务院作出的决定为最终裁决。

对行政复议决定不服而提起行政诉讼的,诉讼时效为十五天。直接向人民法院起诉的,诉讼时效为六个月。

行政诉讼的具体程序适用《行政诉讼法》及最高人民法院相关司法解释的规定。

三、环境行政处分

环境行政处分是指对违法、违纪的环境保护行政机关工作人员与国有企事业单位主要负责人员给予的行政制裁。

实施环境保护行政处分的依据是环境保护方面的法律、法规以及《公务员法》(2006年)、《行政机关公务员处分条例》(2007年)和《环境保护违法违纪行为处分暂行规定》(2006年)等。

行政处分包括六种,即警告、记过、记大过、降级、撤职、开除。警告的处分期间为六个月,记过的处分期间为十二个月,记大过的处分期间为十八个月,降级、撤职的处分期间为二十四个月。对环境保护行政机关公务员给予处分,由任免机关或者监察机关按照管理权限决定。

2014年修改的《环境保护法》还创设了引咎辞职这种新的行政处分种类。地方各级人民政府、县级以上人民政府环境保护主管部门和其他负有环境保护监督管理职责的部门,有《环境保护法》第六十八条所列违法行为的,除对直接负责的主管人员和其他直接责任人员给予记过、记大过、降级、撤职或者开除处分外,其主要负责人还应当引咎辞职。

公务员违纪的,应当由任免机关或者监察机关决定对公务员违纪的情况进行调查,并将调查认定的事实及拟给予处分的依据告知公务员本人。公务员有权进行陈述和申辩。给予行政机关公务员处分,应当自批准立案之日起六个月内作出决定;案情复杂或者遇有其他特殊情形的,办案期限可以延长,但是最长不得超过十二个月。处分决定应当以书面形式通知公务员本人。任免机关应当按照管理权限,及时将处分决定或者解除处分决定报公务员主管部门备案。处分决定、解除处分决定自作出之日起生效。

受到处分的环境保护行政机关公务员对处分决定不服的,依照《中华人民共和国公务员法》和《中华人民共和国行政监察法》的有关规定,可以申请复核或者申诉。复核、申诉期间不停止处分的执行。环境与资源保护行政机关公务员不因提出复核、申诉而被加重处分。

经复核,有下列情形之一的,受理复核、申诉的机关应当撤销处分决定,重新作出决定或者责令原处分决定机关重新作出决定:处分所依据的违法违纪事实证据不足的;违反法定程序,影响案件公正处理的;作出处分决定超越职权或者滥用职权的。经复核,有下列情形之一的,受理复核、申诉的机关应当变更处分决定,或者责令原处分决定机关变更处分决定:适用法律、法规、规章或者国务院决定错误的;对违法违纪行为的情节认定有误的,处分不当的。

环境保护行政机关公务员的处分决定被变更,需要调整该公务员的职务、级别或者工资档次的,应当按照规定予以调整;环境保护行政机关公务员的处分决定被撤销的,应当恢复该公务员的级别、工资档次,按照原职务安排相应的职务,并在适当范围内为其恢复名誉。被撤销处分或者被减轻处分的环境保护行政机关公务员工资福利受到损失的,应当予以补偿。

地方各级党委在我国地方政府决策中发挥着及其重要的作用,然而党委在环境保护方面的具体职责在党内法规和国家法规中并没有明确规定,因此党委的环保责任往往被虚化。针对这种情况,2015年8月,中共中央办公厅、国务院办公厅印发了《党政领导干部生态环境损害责任追究办法(试行)》,正式确立了"党政同责"的环保问责机制。

该办法明确规定了地方各级党委和政府及其有关工作部门的领导成员、中央和国家机关有关工作部门领导成员以及上列工作部门的有关机构领导人员应当被追究生态环境损害责任的具体情形。根据该办法的规定,追究党政领导干部生态环境损害责任的形式有:诫勉、责令公开道歉;组织处理,包括调离岗位、引咎辞职、责令辞职、免职、降职等;党纪政纪处分。同时该办法也规定了追责程序,即负有生态环境和资源保护监管职责的工作部门发现有应追责情形的,必须按照职责依法对生态环境和资源损害问题进行调查,在根据调查结果依法作出行政处罚决定或者其他处理决定的同时,对相关党政领导干部应负责任和处理提出建议,按照干部管理权限将有关材料及时移送纪检监察机关或者组织(人事)部门;需要追究党纪政纪责任的,由纪检监察机关按照有关规定办理;需要给予诫勉、责令公开道歉和组织处理的,由组织(人事)部门按照有关规定办理。此外,该办法还确立了生态环境损害责任终身追究制,即对违背科学发展要求、造成生态环境和资源严重破坏的,责任人不论是否已调离、提拔或者退休,都必须严格追责。

第三节　环境刑事责任

一、概述

(一)环境刑事责任的概念

环境刑事责任是指犯罪行为人因实施破坏环境资源保护的犯罪行为而应承受的刑事处罚,环境刑事责任的承担以构成环境犯罪为前提。环境犯罪是指违反环境保护法律的规定向环境排放污染物或者开发利用自然资源造成环境污染或生态破坏,应受刑罚处罚的行为。

犯罪与刑罚

一切危害国家主权、领土完整和安全,分裂国家、颠覆人民民主专政的政权和推翻社会主义制度,破坏社会秩序和经济秩序,侵犯国有财产或者劳动群众集体所有的财产,侵犯公民私人所有的财产,侵犯公民的人身权利、民主权利和其他权利以及其他危害社会的行为,依照法律应当受刑罚处罚的,都是犯罪,但是情节显著轻微、危害不大的,不认为是犯罪。

任何一种犯罪的成立都必须具备四个方面的构成要件,即犯罪客体、犯罪客观方面、犯罪主体、犯罪主观方面的构成要件。犯罪客体,是指刑法所保护而为犯罪所侵犯的社会主义社会关系。犯罪客观方面,是指犯罪活动的客观外在表现,包括危害行为、危害后果以及危害行为与危害后果之间的因果关系。犯罪主体,是指达到法定刑事责任年龄、具有刑事责任能力、实施危害行为的自然人;有的犯罪构成还要求特殊主体,即具备某种职务或者身份的人;少数犯罪,根据法律的特别规定,企业事业单位、机关、团体也可以成为犯罪主体。犯罪客观方面,是指行为人有罪过(包括故意和过失,其中故意包括直接故意和间接故意,过失包括疏忽大意的过失和过于自信的过失)。有些罪的犯罪构成还要求有特定的犯罪目的或动机。

我国刑法中的刑罚分为主刑和附加刑。主刑是对犯罪适用的主要刑罚方法,包括管制、拘役、有期徒刑、无期徒刑和死刑;主刑只能独立适用,不能附加适用,对一个罪只能适用一种主刑。附加刑是补充主刑适用的刑罚方法,包括罚金、剥夺政治权利、没收财产和驱逐出境;附加刑既可以附加主刑适用,也可以独立适用;在附加适用时,可以同时适用两个以上的附加刑。

参考文献:高铭暄,马克昌.刑法学(第五版).北京大学出版社、高等教育出版社,2011.

在我国,环境犯罪在《刑法》中被称为破坏环境资源保护罪,其构成要件具有如下特征:

第一,从我国刑法分则的结构看,破坏环境资源保护罪的客体主要是社会管理秩序。但是这一立法选择在实践中受到了广泛的质疑。因为,从实际后果看,破坏环境资源保护罪的客体应当是复杂客体,其除了侵犯社会管理秩序外,也侵犯了环境利益以及建立在环境利益之上的公共安全。随着环境意识的提高,环境利益及公共安全这一客体的重要性已经超过了社会管理秩序本身,而成为破坏环境资源保护罪的首要客体。实践中也出现了以投放危险物质危害公共安全对环境污染行为人定罪量刑的案例。

第二,在我国,破坏环境资源保护罪的客观方面主要表现为污染环境和破坏自然资源两类行为,且通常要求以违反环境保护法律的规定为前提。从破坏环境资源保护罪行为的特征分析,我国刑法规定的破坏环境资源保护罪大多数属于结果犯,即要求行为人的环境违法行为实际造成了环境污染或破坏的实际后果。

第三,破坏环境资源保护罪的主体在我国包括自然人和单位两类。实践中自然人构成的多是破坏自然资源类的犯罪,单位构成的多是污染环境类的犯罪。

第四,破坏环境资源保护罪的主观方面包括故意和过失两种形态。通常来说,行为人对违反环境保护法律规定排放污染物的行为在主观上是故意的,但是对违法行为的危害后果在主观上多为过失。破坏自然资源犯罪的行为人主观上多为故意,过失一般不构成此类犯罪。

我国《刑法》针对破坏环境资源保护罪规定的刑罚包括自由刑和财产刑两大类。

针对破坏环境资源保护罪的自由刑包括拘役、管制、有期徒刑,其中适用最广泛的是有期徒刑。破坏环境资源保护罪的财产刑包括罚金和没收财产。我国《刑法》第六章第六节"破坏环境资源保护罪"对各类破坏环境资源保护罪均规定了罚金刑,且采取了无限额罚金,即对罚金数额不做任何限制;但是在没收财产方面,我国《刑法》仅在非法猎捕、杀害珍贵、濒危野生动物罪和非法收购、运输、出售珍贵、濒危野生动物及其制品罪中,针对情节特别严重的情形规定了没收财产。

自由刑和财产刑的适用关系包括三种类型:第一,复合制,即单处财产刑或自由刑与财产刑并处;第二,必并制,即自由刑与财产刑并处;第三,选处制,即单处自由刑或单处财产刑。我国刑法规定的破坏环境资源保护罪的刑事责任以复合制为主,必并制和选处制为辅。

若单位构成破坏环境资源保护罪,则采取双罚制,即对单位判处罚金,并对其直接负责的主管人员和其他直接责任人员,依照各条的规定处罚。

(二)环境刑事责任的立法概况

根据罪刑法定原则,环境犯罪及其刑事责任必须由法律事前作出规定。总体上看,世界各国关于环境犯罪及其刑事责任的立法模式大体上有三种,即刑法典模式、附属刑法模式与特别刑法模式。

专栏 6-7

罪 刑 法 定

罪刑法定是各国刑法中最普遍、最重要的一项原则。罪刑法定的基本内涵是"法无明文规定不为罪,法无明文规定不处罚"。具体而言,什么是犯罪,有哪些犯罪,各种犯罪的构成要件是什么,有哪些刑种,各个刑种如何适用,以及各种具体犯罪的具体量刑幅度如何等,均由刑法加以规定。

我国《刑法》第三条规定:法律明文规定为犯罪行为的,依照法律定罪处罚;法律没有明文规定为犯罪行为的,不得定罪处罚。

参考文献:高铭暄,马克昌.刑法学(第五版).北京大学出版社、高等教育出版社,2011.

刑法典模式是指在刑法典中对环境犯罪及其刑事责任进行规定的立法模式,这种模式在成文法国家较为普遍。附属刑法模式是指在环境立法中对环境犯罪及其刑事责任进行规定的立法模式,这种模式以英美法系国家为代表。特别刑法模式是指制定专门的法律对环境犯罪及其刑事责任进行规定的立法模式,这种模式以日本的《公害罪法》为典型代表。还有很多国家采取了混合型立法模式,即同时采用上述三种立法模式中的两种或三种模式。

我国的破坏环境资源保护罪及其刑事责任立法模式经历了从"刑法典＋附属刑法＋特别刑法"的混合型立法模式到刑法典模式的发展历程。

1979年7月制定的《刑法》中,未对破坏环境资源保护罪做出专门规定,有关条款分散在刑法典的"危害公共安全犯罪""破坏社会主义经济秩序罪""渎职罪"等章节中。然而,随着环境问题的日益突出,刑法典关于破坏环境资源保护罪的规定不能适应惩治和预防破坏环境资源保护罪的实际需要。为此,在刑法典修改之前我国制定了一些附属刑法和特别刑法,以弥补刑法典的滞后性和局限性。

在特别刑法方面,全国人大常委会于1988年颁布了《关于惩治捕杀国家重点保护的珍贵、濒危野生动物的补充规定》,将非法猎捕、杀害国家重点保护的珍贵、濒危野生动物的行为从非法捕捞水产品罪和非法狩猎罪中分离出来,成为一种独立的犯罪。

在附属刑法方面,1979年的《环境保护法(试行)》、1982年的《海洋环境保护法》、1984年的《森林法》与《水污染防治法》、1986年的《渔业法》与《矿产资源法》、1987年的《大气污染防治法》、1988年的《野生动物保护法》、1989年的《环境保护法》、1995年的《固体废物污染环境防治法》和修订后的《大气污染防治法》、1996年修订后的《水污染防治法》等环境与资源保护法律均对破坏环境资源保护罪进行了规定。除了《固体废物污染环境防治法》《大气污染防治法》和《水污染防治法》明确规定"比照《刑法》第一百一十五条或者第一百八十七条的规定追究刑事责任"外,其他环境与资源保护立法均没有直接规定罪名和刑罚,也没有指明具体应适用的刑法条文,而仅是原则性地规定"依法追究刑事责任"或"依照刑法追究刑事责任"。

1997年《刑法》在对原刑法典中有关破坏环境资源保护罪的规定、特别环境刑法与附属环境刑法进行补充、修改、整合的基础上,在第六章"妨碍社会管理秩序罪"中专设一节"破坏环境资源保护罪",对破坏环境资源保护罪进行了系统规定。

1997年《刑法》实施之后,我国又根据环境保护的实际需要通过刑法修正案的方式对破坏环境资源保护罪进行了补充和调整。

2001年的《刑法修正案(二)》对第三百四十二条进行了修改,将犯罪对象由"耕地"扩展为"耕地、林地等农用地"。

2002年的《刑法修正案(四)》对第三百三十九条第三款进行了修改,将犯罪对象由固体废物扩展为固体废物、液态废物和气态废物;对第三百四十四条进行了修改,将犯罪对象由"珍贵树木"扩展为"珍贵树木或者国家重点保护的其他植物及其制品";对第三百四十五条第三款进行了修改,取消了"以牟利为目的"和"在林区"的限制,增加了"非法运输"这一行为方式。

2011年的《刑法修正案(八)》对第三百三十八条进行了修改,取消了"土地、水体、大气"的限制条件,将"其他危险废物"修改为"其他有害物质",将"造成重大环境污染事故,致使公私财产遭受重大损失或者人身伤亡的严重后果的"修改为"严重污染环境的";对第三百四十三条进行了修改,将"经责令停止开采后拒不停止开采,造成矿产资源破坏"改为"情节严重"。

目前,我国《刑法》第六章第六节"破坏环境资源保护罪"及相应的修正案共设立了15个破坏环境资源保护罪的罪名,包括3个污染环境类犯罪(污染环境罪,非法处置进口的固体废物罪,擅自进口固体废物罪);12个破坏自然资源类犯罪(非法捕捞水产品罪,非法猎捕、杀害珍贵、濒危野生动物罪,非法收购、运输、出售珍贵、濒危野生动物、珍贵、濒危野生动物制品罪,非法狩猎罪,非法占用农用地罪,非法采矿罪,破坏性采矿罪,非法采伐、毁坏国家重点保护植物罪,非法收购、运输、加工、出售国家重点保护植物、国家重点保护植物制品罪,盗伐林木罪,滥伐林木罪,非法收购、运输盗伐、滥伐的林木罪)。

除了《刑法》第六章第六节专门规定的"破坏环境资源保护罪"外,我国《刑法》还在第三章"破坏社会主义市场经济秩序罪"和第九章的"渎职罪"中规定了一些与破坏环境资源保护罪相关的犯罪。

二、我国《刑法》关于破坏环境资源保护罪的规定

(一) 污染类犯罪

1. 污染环境罪

《刑法》第三百三十八条①规定,违反国家规定,排放、倾倒或者处置有放射性的废物、含传染病病原体的废物、有毒物质或者其他有害物质,严重污染环境的,处三年以下有期徒刑或者拘役,并处或者单处罚金;后果特别严重的,处三年以上七年以下有期徒刑,并处罚金。

我国立法并未对污染环境罪的主观方面作出明确规定,但通常认为本罪的主观方面只能是过失,这种过失表现为行为人对严重污染环境这一危害后果持有疏忽大意或过于自信的心理状态,但是行为人对违反国家规定排放、倾倒或者处置有害物质的行为通常是故意的。如果确证行为人对严重污染环境这一危害后果持有故意的心态,则应按照投放毒害性物质罪进行定罪量刑,司法实践中已经出现了此类判决。

本罪的客观方面,表现为行为人违反国家规定,排放、倾倒或者处置有放射性的废物、含传染病病原体的废物、有毒物质或者其他有害物质,导致环境受到严重污染。"排放、倾倒或者处置"的方式或者"放射性的废物、含传染病病原体的废物、有毒物质或者其他有害物质"的有害物质,只要实施了一种就构成犯罪,实施两种以上的也仅构成一罪。行为人明知他人无经营许可证或者超出经营许可范围,向其提供或者委托其收集、贮存、利用、处置危险废物,严重污染环境的,以污染环境罪的共同犯罪论处。

"违反国家规定"是指违反国家有关防治环境污染的法律、法规、规章的规定。"排放、倾倒或者处置"的场所包括但不限于土地、水体、海洋、大气。"排放、倾倒或者处置"的对象,包括放射性的废物、含传染病病原体的废物、有毒物质或者其他有害物质。根据2013年最高人民法院和最高人民检察院联合发布

---

① 2011年的《刑法修正案(八)》对第三百三十八条进行了重大修改,修改前的条文为"违反国家规定,向土地、水体、大气排放、倾倒或者处置有放射性的废物、含传染病病原体的废物、有毒物质或者其他危险废物,造成重大环境污染事故,致使公私财产遭受重大损失或者人身伤亡的严重后果的,处三年以下有期徒刑或者拘役,并处或者单处罚金;后果特别严重的,处三年以上七年以下有期徒刑,并处罚金。"

的《关于办理环境污染刑事案件适用法律若干问题的解释》,下列物质应当认定为"有毒物质":(1)危险废物,包括列入国家危险废物名录的废物以及根据国家规定的危险废物鉴别标准和鉴别方法认定的具有危险特性的废物;(2)剧毒化学品、列入重点环境管理危险化学品名录的化学品以及含有上述化学品的物质;(3)含有铅、汞、镉、铬等重金属的物质;(4)《关于持久性有机污染物的斯德哥尔摩公约》附件所列物质;(5)其他具有毒性,可能污染环境的物质。

本罪属于结果犯,只有造成了"严重污染环境"后果的,才能构成本罪。根据2013年最高人民法院和最高人民检察院联合发布的《关于办理环境污染刑事案件适用法律若干问题的解释》,具有下列情形之一的,应当认定为"严重污染环境":(1)在饮用水水源一级保护区、自然保护区核心区排放、倾倒、处置有放射性的废物、含传染病病原体的废物、有毒物质的;(2)非法排放、倾倒、处置危险废物三吨以上的;(3)非法排放含重金属、持久性有机污染物等严重危害环境、损害人体健康的污染物超过国家污染物排放标准或者省、自治区、直辖市人民政府根据法律授权制定的污染物排放标准三倍以上的;(4)私设暗管或者利用渗井、渗坑、裂隙、溶洞等排放、倾倒、处置有放射性的废物、含传染病病原体的废物、有毒物质的;(5)两年内曾因违反国家规定,排放、倾倒、处置有放射性的废物、含传染病病原体的废物、有毒物质受过两次以上行政处罚,又实施前列行为的;(6)致使乡镇以上集中式饮用水水源取水中断十二小时以上的;(7)致使基本农田、防护林地、特种用途林地五亩以上,其他农用地十亩以上,其他土地二十亩以上基本功能丧失或者遭受永久性破坏的;(8)致使森林或者其他林木死亡五十立方米以上,或者幼树死亡二千五百株以上的;(9)致使公私财产损失三十万元以上的;(10)致使疏散、转移群众五千人以上的;(11)致使三十人以上中毒的;(12)致使三人以上轻伤、轻度残疾或者器官组织损伤导致一般功能障碍的;(13)致使一人以上重伤、中度残疾或者器官组织损伤导致严重功能障碍的。

构成本罪的,处三年以下有期徒刑或者拘役,并处或者单处罚金;后果特别严重的,处三年以上七年以下有期徒刑,并处罚金。

具有下列情形之一的,应当认定为"后果特别严重":(1)致使县级以上城区集中式饮用水水源取水中断十二个小时以上的;(2)致使基本农田、防护林地、特种用途林地十五亩以上,其他农用地三十亩以上,其他土地六十亩以上基本功能丧失或者遭受永久性破坏的;(3)致使森林或者其他林木死亡一百五十立方米以上,或者幼树死亡七千五百株以上的;(4)致使公私财产损失一百万元以上的;(5)致使疏散、转移群众一万五千人以上的;(6)致使一百人以上中毒的;(7)致使十人以上轻伤、轻度残疾或者器官组织损伤导致一般功能障碍的;(8)致使三人以上重伤、中度残疾或者器官组织损伤导致严重功能障碍的;(9)致使一人以上重伤、中度残疾或者器官组织损伤导致严重功能障碍,并致使五人以上轻伤、轻度残疾或者器官组织损伤导致一般功能障碍的;(10)致使一人以上死亡或者重度残疾的。

具有下列情形之一的,应当酌情从重处罚:(1)阻挠环境监督检查或者突发环境事件调查的;(2)闲置、拆除污染防治设施或者使污染防治设施不正常运行的;(3)在医院、学校、居民区等人口集中地区及其附近,违反国家规定排放、倾倒、处置有放射性的废物、含传染病病原体的废物、有毒物质或者其他有害物质的;(4)在限期整改期间,违反国家规定排放、倾倒、处置有放射性的废物、含传染病病原体的废物、有毒物质或者其他有害物质的。实施第一项规定的行为,构成妨害公务罪的,以污染环境罪与妨害公务罪数罪并罚。

案例 6-2

某化工有限公司董事长 A 在明知该公司排放的废水含有有毒有害物质的情况下,仍然指使工人将大量废水排入到公司北侧的小河内,任其流进市区水源蟒蛇河,污染了市区两个自来水厂的水源地,导致市区 20 多万居民饮用水停止达 66 小时 40 分钟,造成了巨大经济损失。A 开始被公安机关以涉嫌严重污染环境罪立案侦查,检察机关在审查起诉时,将 A 的罪名改成投放危险物质罪。法院在审理案件时,法官有两种观点,一种意见认为A构成严重污染环境罪,另一种意见认为A构成投放危险物质罪。

讨论:你认为A构成什么罪?

违反国家规定,排放、倾倒、处置含有毒害性、放射性、传染病病原体等物质的污染物,同时构成污染环境罪、非法处置进口的固体废物罪、投放危险物质罪等犯罪的,依照处罚较重的犯罪定罪处罚。

数 罪 并 罚

数罪并罚是指对一人所犯数罪合并处罚的制度。我国《刑法》规定了三种情形下数罪并罚的具体方法:

第一,判决宣告前一人犯数罪的并罚。判决宣告以前一人犯数罪的,除判处死刑和无期徒刑的以外,应当在总和刑期以下、数刑中最高刑期以上,酌情决定执行的刑期,但是管制最高不能超过三年,拘役最高不能超过一年,有期徒刑总和刑期不满三十五年的,最高不能超过二十年,总和刑期在三十五年以上的,最高不能超过二十五年。数罪中有判处附加刑的,附加刑仍须执行,其中附加刑种类相同的,合并执行,种类不同的,分别执行。

第二,判决宣告后发现漏罪的并罚。判决宣告以后,刑罚执行完毕以前,发现被判刑的犯罪分子在判决宣告以前还有其他罪没有判决的,应当对新发现的罪作出判决,把前后两个判决所判处的刑罚,依照本法第六十九条的规定,决定执行的刑罚。已经执行的刑期,应当计算在新判决决定的刑期以内。

> 第三，判决宣告后又犯新罪的并罚。判决宣告以后，刑罚执行完毕以前，被判刑的犯罪分子又犯罪的，应当对新犯的罪作出判决，把前罪没有执行的刑罚和后罪所判处的刑罚，依照第一种情形，决定执行的刑罚。
>
> 参考文献：高铭暄，马克昌.刑法学(第五版).北京大学出版社、高等教育出版社，2011.

2. 非法处置进口的固体废物罪

《刑法》第三百三十九条第一款规定，违反国家规定，将境外的固体废物进境倾倒、堆放、处置的，处五年以下有期徒刑或者拘役，并处罚金；造成重大环境污染事故，致使公私财产遭受重大损失或者严重危害人体健康的，处五年以上十年以下有期徒刑，并处罚金；后果特别严重的，处十年以上有期徒刑，并处罚金。

"违法国家规定"主要是指违反《固体废物污染环境防治法》及其配套法规中关于进口固体废物的管理规定。"固体废物"是指在生产、生活和其他活动中产生的丧失原有利用价值或者虽未丧失利用价值但被抛弃或者放弃的固态、半固态和置于容器中的气态的物品、物质以及法律、行政法规规定纳入固体废物管理的物品、物质，在本罪中特指从境外进口的固体废物。若非法处置的对象是境内的固体废物，则不构成本罪，而可能构成污染环境罪。

本罪属于行为犯，只要实施了非法处置固体废物的行为即构成犯罪既遂。与之相适应，本罪的主观方面是故意，即明知是境外的固体废物，仍然违反国家规定，将其进境倾倒、堆放、处置。

根据2013年最高人民法院和最高人民检察院联合发布的《关于办理环境污染刑事案件适用法律若干问题的解释》，具有构成"严重污染环境"情形第六项至第十三项规定的，应当认定为"致使公私财产遭受重大损失或者严重危害人体健康"。

构成本罪的，处五年以下有期徒刑或者拘役，并处罚金；造成重大环境污染事故，致使公私财产遭受重大损失或者严重危害人体健康的，处五年以上十年以下有期徒刑,并处罚金;后果特别严重的,处十年以上有期徒刑,并处罚金。

"后果特别严重"的认定标准与污染环境罪相同。

3. 擅自进口固体废物罪

《刑法》第三百三十九条第二款规定,未经国务院有关主管部门许可,擅自进口固体废物用作原料,造成重大环境污染事故,致使公私财产遭受重大损失或者严重危害人体健康的,处五年以下有期徒刑或者拘役,并处罚金;后果特别严重的,处五年以上十年以下有期徒刑,并处罚金。

"未经国务院有关主管部门许可",是指未经国务院环境保护主管部门审查许可。"进口固体废物用作原料"是指进口列入《国家限制进口的可用作原料的固体废物目录》中的固体废物,并将其作为原料从事生产和经营活动。如果以原料利用为名进口未列入上述目录的固体废物,则不构成本罪,而构成走私废物罪[1];如果进口列入目录中的固体废物进境后仅仅进行非法倾倒、堆放或处置的,也不构成本罪,而构成非法处置进口的固体废物罪。

本罪是结果犯,只有造成了重大环境污染事故,致使公私财产遭受重大损失或者严重危害人体健康的[2],才构成本罪。从主观方面看,行为人对未经许可擅自进口固体废物是故意,但对由此造成的危害后果通常是过失。

构成本罪的处五年以下有期徒刑或者拘役,并处罚金;后果特别严重的[3],处五年以上十年以下有期徒刑,并处罚金。

以原料利用为名,进口不能用作原料的固体废物、液态废物和气态废物的,依照本法第一百五十二条第二款、第三款的规定的走私罪定罪处罚。

(二) 破坏自然资源罪

1. 非法捕捞水产品罪

《刑法》第三百四十条规定,违反保护水产资源法规,在禁渔区、禁渔期或者使用禁用的工具、方法捕捞水产品,情节严重的,处三年以下有期徒刑、拘役、管

---

[1] 《刑法》第一百五十二条第二款规定了走私废物罪:"逃避海关监管将境外固体废物、液态废物、气态废物运输进境,情节严重的,处五年以下有期徒刑,并处或者单处罚金;情节特别严重的,处五年以上有期徒刑,并处罚金。"
[2] 认定标准同非法处置进口的固体废物罪.
[3] 同上注.

制或者罚金。

"违反保护水产资源法规"是指违反《渔业法》等保护水产资源的法律法规。"水产品"是指除珍贵、濒危的野生动植物外,各种具有一定经济价值的野生水生动植物。"禁渔区""禁渔期""禁用的工具、方法"根据《渔业法》等保护水产资源的法律法规的规定进行认定。

"情节严重"尚无明确的立法或司法解释,通常有下列情形之一的可以认定为"情节严重":非法捕捞数额较大的;为首组织非法捕捞的;非法捕捞屡教不改的;使用危险非法捕捞造成水产资源严重损害的等。

构成本罪的,处三年以下有期徒刑、拘役、管制或者罚金。

2. 非法猎捕、杀害珍贵濒危野生动物罪

《刑法》第三百四十一条第一款规定,非法猎捕、杀害国家重点保护的珍贵、濒危野生动物的,处五年以下有期徒刑或者拘役,并处罚金;情节严重的,处五年以上十年以下有期徒刑,并处罚金;情节特别严重的,处十年以上有期徒刑,并处罚金或者没收财产。

"珍贵、濒危野生动物"包括列入国家重点保护野生动物名录的国家一、二级保护野生动物、列入《濒危野生动植物种国际贸易公约》附录一、附录二的野生动物以及驯养繁殖的上述物种。

"非法猎捕"是指未经许可或违法许可证的规定猎捕珍贵、濒危野生动物的行为;"杀害"是指采用各种方法致使珍贵、濒危野生动物死亡的行为。行为人只要实施了非法猎捕或者杀害珍贵、濒危野生动物其中一种行为,就构成本罪;实施了两种行为的,仍为一罪,不实施并罚。在具体案件中,应根据具体情况,分别定为非法猎捕或者杀害珍贵、濒危野生动物罪。

本罪是行为犯,只要实施了非法猎捕杀害的行为即构成本罪,情节严重或数量较大只是量刑中的加重情节。

本罪的主观方面是故意,过失不构成本罪。如果行为人没有杀害的故意,而仅仅具有伤害的故意,则不构成本罪,而可能构成故意毁坏财物罪。

构成本罪的,处五年以下有期徒刑或者拘役,并处罚金;情节严重的,处五年以上十年以下有期徒刑,并处罚金;情节特别严重的,处十年以上有期徒刑,并处罚金或者没收财产。

最高人民法院颁布的《关于审理破坏野生动物资源刑事案件具体应用法律若干问题的解释》规定了"情节严重"和"情节特别严重"的认定标准。

有下列情形之一的,应当认定为"情节严重":达到本解释附表所列相应数量标准的;非法猎捕、杀害、收购、运输、出售不同种类的珍贵、濒危野生动物,其中两种以上分别达到附表所列"情节严重"数量标准一半以上的。

有下列情形之一的,应当认定为"情节特别严重":达到本解释附表所列相应数量标准的;非法猎捕、杀害、收购、运输、出售不同种类的珍贵、濒危野生动物,其中两种以上分别达到附表所列"情节特别严重"数量标准一半以上的。

有下列情形之一的,可以认定为"情节严重":犯罪集团的首要分子;严重影响对野生动物的科研、养殖等工作顺利进行的;以武装掩护方法实施犯罪的;使用特种车、军用车等交通工具实施犯罪的;造成其他重大损失的。有上列情形之一,并有应当认定为"情节严重"的情形之一的,可以认定为"情节特别严重"。

3. 非法收购、运输、出售珍贵、濒危野生动物及其制品罪

《刑法》第三百四十一条第一款规定,非法收购、运输、出售国家重点保护的珍贵、濒危野生动物及其制品的,处五年以下有期徒刑或者拘役,并处罚金;情节严重的,处五年以上十年以下有期徒刑,并处罚金;情节特别严重的,处十年以上有期徒刑,并处罚金或者没收财产。

"珍贵、濒危野生动物制品"是指对捕杀的野生动物的皮、毛、角、骨、肉等进行加工,制作成成品或者半成品的物品。"非法"是指未经许可或违反许可证的规定从事收购、运输、出售珍贵濒危野生动物及其制品的行为。

本罪为选择性罪名。"收购",包括以营利、自用等为目的的购买行为;"运输",包括采用携带、邮寄、利用他人、使用交通工具等方法进行运送的行为;"出售",包括出卖和以营利为目的的加工利用行为。

本罪为行为犯,只要实施了收购、运输、出售珍贵、濒危野生动物及珍贵、濒危野生动物制品的行为即构成犯罪,不要求情节严重或数量较大。

构成本罪的,处五年以下有期徒刑或者拘役,并处罚金;情节严重的,处五年以上十年以下有期徒刑,并处罚金;情节特别严重的,处十年以上有期徒刑,

并处罚金或者没收财产。

非法收购、运输、出售珍贵濒危野生动物制品价值在十万元以上的或非法获利五万元以上的①,属于"情节严重";价值在二十万元以上的或非法获利十万元以上的,属于"情节特别严重"。

4. 非法狩猎罪

《刑法》第三百四十一条第二款规定,违反狩猎法规,在禁猎区、禁猎期或者使用禁用的工具、方法进行狩猎,破坏野生动物资源,情节严重的,处三年以下有期徒刑、拘役、管制或者罚金。

"违反狩猎法规"是指,违反《野生动物保护法》、《陆生野生动物保护条例》等法律法规的规定。"禁渔区""禁渔期""禁用的工具、方法"根据《野生动物保护法》《陆生野生动物保护条例》等法律法规的规定进行认定。本罪的对象是除珍贵、濒危野生动物之外的其他陆生野生动物。如果非法猎捕的是珍贵、濒危野生动物之外的水生野生动物,则可能构成非法捕捞水产品罪。

有下列情形之一的属于"情节严重":非法狩猎野生动物二十只以上的;违反狩猎法规,在禁猎区或者禁猎期使用禁用的工具、方法狩猎的。

构成本罪的,处三年以下有期徒刑、拘役、管制或者罚金。

5. 非法占用农用地罪

《刑法》第三百四十二条规定,违反土地管理法规,非法占用耕地、林地等农用地,改变被占用土地用途,数量较大,造成耕地、林地等农用地大量毁坏的,处五年以下有期徒刑或者拘役,并处或者单处罚金。

"违反土地管理法规"是指违反《土地管理法》《森林法》《草原法》等法律以及有关行政法规中关于土地管理的规定。"非法占用"是指违反土地利用总体规划或者计划,未经批准或者骗取批准,擅自将耕地、林地等农用地改为建设用地或者改作其他用途。根据《土地管理法》第四条的规定,"农用地"是指直接用于农业生产的土地,包括耕地、林地、草地、农田水利用地、养殖水面等。本罪是结果犯,要求具备"数量较大""造成耕地、林地等农用地大量毁坏"的后果。

---

① 非法收购、运输、出售珍贵、濒危野生动物的"情节严重"和"情节特别严重"认定标准与非法猎捕、杀害珍贵、濒危野生动物罪相同。

根据最高人民法院颁布的《关于审理破坏土地资源刑事案件具体应用法律若干问题的解释》的规定,非法占用耕地"数量较大"是指非法占用基本农田五亩以上或者非法占用基本农田以外的耕地十亩以上。"造成耕地大量毁坏"是指造成基本农田五亩以上或者基本农田以外的耕地十亩以上种植条件严重毁坏或者严重污染。

根据最高人民法院颁布的《关于审理破坏林地资源刑事案件具体应用法律若干问题的解释》的规定,有下列情形之一的,属于非法占用林地"数量较大,造成林地大量毁坏":非法占用并毁坏防护林地、特种用途林地数量分别或者合计达到五亩以上;非法占用并毁坏其他林地数量达到十亩以上;非法占用并毁坏本条第一项、第二项规定的林地,数量分别达到相应规定的数量标准的百分之五十以上;非法占用并毁坏本条第一项、第二项规定的林地,其中一项数量达到相应规定的数量标准的百分之五十以上,且两项数量合计达到该项规定的数量标准。

构成本罪的,处五年以下有期徒刑或者拘役,并处或者单处罚金。

6. 非法采矿罪

《刑法》第三百四十三条第一款①规定,违反矿产资源法的规定,未取得采矿许可证擅自采矿,擅自进入国家规划矿区、对国民经济具有重要价值的矿区和他人矿区范围采矿,或者擅自开采国家规定实行保护性开采的特定矿种,情节严重的,处三年以下有期徒刑、拘役或者管制,并处或者单处罚金;情节特别严重的,处三年以上七年以下有期徒刑,并处罚金。

"未取得采矿许可证擅自采矿"包括无采矿许可证开采矿产资源的,采矿许可证被注销、吊销后继续开采矿产资源的,超越采矿许可证规定的矿区范围开采矿产资源的,未按采矿许可证规定的矿种开采矿产资源的(共生、伴生矿种除外),在采矿许可证被依法暂扣期间擅自开采的。

---

① 2011年的《刑法修正案(八)》对第三百四十三条第一款进行了修改,修改前的条文为"违反矿产资源法的规定,未取得采矿许可证擅自采矿的,擅自进入国家规划矿区、对国民经济具有重要价值的矿区和他人矿区范围采矿的,擅自开采国家规定实行保护性开采的特定矿种,经责令停止开采后拒不停止开采,造成矿产资源破坏的,处三年以下有期徒刑、拘役或者管制,并处或者单处罚金;造成矿产资源严重破坏的,处三年以上七年以下有期徒刑,并处罚金。"

"国家规划矿区"是指国家根据建设规划和矿产资源规划,为建设大、中型矿山划定的矿产资源分布区域。"对国民经济具有重要价值的矿区"是指国家根据国民经济发展需要划定的,尚未列入国家建设规划的,储量大、质量好,具有开发前景的矿产资源保护区域。"国家规定实行保护性开采的特定矿种"是指国务院根据国民经济建设和高科技发展的需要,以及资源稀缺、贵重程度确定的,由国务院主管部门按照国家计划批准开采的矿种。

本罪是要求非法采矿行为达到情节严重的程度才能构成本罪。最高人民法院颁布的《关于审理非法采矿、破坏性采矿刑事案件具体应用法律若干问题的解释》规定了《刑法》原第三百四十三条第一款中的"造成矿产资源破坏"的认定标准,即非法采矿造成矿产资源破坏的价值,数额在五万元以上的。在新的司法解释颁布之前,此解释可以作为认定"情节严重"的参考标准。

构成本罪的,处三年以下有期徒刑、拘役或者管制,并处或者单处罚金;情节特别严重的,处三年以上七年以下有期徒刑,并处罚金。

根据最高人民法院颁布的《关于审理非法采矿、破坏性采矿刑事案件具体应用法律若干问题的解释》的规定,非法采矿造成矿产资源破坏的价值,数额在三十万元以上的,属于"情节特别严重"。对于多次非法采矿构成犯罪,依法应当追诉的,或者一年内多次非法采矿未经处理的,造成矿产资源破坏的数额累计计算。

7. 破坏性采矿罪

《刑法》第三百四十三条第二款规定,违反矿产资源法的规定,采取破坏性的开采方法开采矿产资源,造成矿产资源严重破坏的,处五年以下有期徒刑或者拘役,并处罚金。

"采取破坏性的开采方法开采矿产资源",是指行为人违反地质矿产主管部门审查批准的矿产资源开发利用方案开采矿产资源的行为。本罪是结果犯,要求具备"造成矿产资源严重破坏的行为",即破坏性采矿造成矿产资源破坏的价值,数额在三十万元以上的。对于多次破坏性采矿构成犯罪,依法应当追诉的,或者一年内多次破坏性采矿未经处理的,造成矿产资源破坏的数额累计计算。

构成本罪的,处五年以下有期徒刑或者拘役,并处罚金。

8. 非法采伐、毁坏国家重点保护植物罪

《刑法》第三百四十四条规定,违反国家规定,非法采伐、毁坏珍贵树木或者国家重点保护的其他植物的,处三年以下有期徒刑、拘役或者管制,并处罚金;情节严重的,处三年以上七年以下有期徒刑,并处罚金。

"违反国家规定"是指违反《森林法》和《野生植物保护条例》等法律法规的规定的行为。"珍贵树木",包括由省级以上林业主管部门或者其他部门确定的具有重大历史纪念意义、科学研究价值或者年代久远的古树名木,国家禁止、限制出口的珍贵树木以及列入国家重点保护野生植物名录的树木。"国家重点保护的其他植物"是指除珍贵树木以外,国家重点保护的野生植物目录中所列的植物。

"非法采伐"是指没有取得采伐许可证而进行采伐或者违反许可证规定的面积、株数、树种进行采伐的行为。"毁坏"是指采用剥皮、砍枝、取脂使用等方式,使珍贵树木或者国家重点保护的其他植物死亡或者影响其正常生长的行为。

本罪属于行为犯,只要实施了非法采伐、毁坏的行为即构成犯罪。

构成本罪的,处三年以下有期徒刑、拘役或者管制,并处罚金;情节严重的,处三年以上七年以下有期徒刑,并处罚金。

根据最高人民法院颁布的《关于审理破坏森林资源刑事案件具体应用法律若干问题的解释》的规定,有下列情形之一的,属于非法采伐、毁坏珍贵树木"情节严重"的:非法采伐珍贵树木二株以上或者毁坏珍贵树木致使珍贵树木死亡三株以上的;非法采伐珍贵树木二立方米以上的;为首组织、策划、指挥非法采伐或者毁坏珍贵树木的。在新的司法解释颁布之前,认定非法采伐、毁坏国家重点保护的其他植物是否构成"情节严重"可以参照上述标准。

9. 非法收购、运输、加工、出售国家重点保护植物、国家重点保护植物制品罪

《刑法》第三百四十四条规定,违反国家规定,非法收购、运输、加工、出售珍贵树木或者国家重点保护的其他植物及其制品的,处三年以下有期徒刑、拘役或者管制,并处罚金;情节严重的,处三年以上七年以下有期徒刑,并处罚金。

"非法收购、运输、加工、出售"是指违反《森林法》《野生植物保护条例》等法律法规的规定,未经许可或违反许可证的规定,从事收购、运输、加工、出售珍贵树木或者国家重点保护的其他植物及其制品的活动。

本罪是行为犯,有"非法收购、运输、加工、出售"的行为即构成犯罪。

构成本罪的,处三年以下有期徒刑、拘役或者管制,并处罚金;情节严重的,处三年以上七年以下有期徒刑,并处罚金。

目前尚未有立法或司法解释对"情节严重"进行界定。司法实践中可以从涉案珍贵树木或者国家重点保护的其他植物及其制品的价值、行为人获利数额等方面予以考虑。[1]

10. 盗伐林木罪

《刑法》第三百四十五条第一款规定,盗伐森林或者其他林木,数量较大的,处三年以下有期徒刑、拘役或者管制,并处或者单处罚金;数量巨大的,处三年以上七年以下有期徒刑,并处罚金;数量特别巨大的,处七年以上有期徒刑,并处罚金。

"盗伐"是指未经国家林业行政管理部门批准,采取秘密手段采伐他人所有的森林或林木的行为。具体表现为擅自砍伐国家、集体、他人所有或者他人承包经营管理的森林或者其他林木的;擅自砍伐本单位或者本人承包经营管理的森林或者其他林木的;在林木采伐许可证规定的地点以外采伐国家、集体、他人所有或者他人承包经营管理的森林或者其他林木的。本罪的对象是他人所有的森林或林木,如果砍伐的是行为人自己所有的林木,则不构成本罪,而可能构成滥伐林木罪。

根据最高人民法院颁布的《关于审理破坏森林资源刑事案件具体应用法律若干问题的解释》的规定,"数量较大"以盗伐林木二至五立方米或者幼树一百至二百株为起算点。

构成本罪的,处三年以下有期徒刑、拘役或者管制,并处或者单处罚金;数量巨大的,处三年以上七年以下有期徒刑,并处罚金;数量特别巨大的,处七年以上有期徒刑,并处罚金。盗伐国家级自然保护区内的森林或者其他林木的,

---

[1] 周道鸾,张军.刑法罪名精释(第三版).人民法院出版社,2008:702.

从重处罚。

根据最高人民法院《关于审理破坏森林资源刑事案件具体应用法律若干问题的解释》的规定,"数量巨大"以二十至五十立方米或者幼树一千至二千株为起点,"数量特别巨大"以一百至二百立方米或者幼树五千至一万株为起点。

11. 滥伐林木罪

《刑法》第三百四十五条第二款规定,违反森林法的规定,滥伐森林或者其他林木,数量较大的,处三年以下有期徒刑、拘役或者管制,并处或者单处罚金;数量巨大的,处三年以上七年以下有期徒刑,并处罚金。

"滥伐"是指未经林业行政主管部门及法律规定的其他主管部门批准并核发林木采伐许可证,或者虽持有林木采伐许可证,但违反林木采伐许可证规定的时间、数量、树种或者方式,任意采伐本单位所有或者本人所有的森林或者其他林木的;或者超过林木采伐许可证规定的数量采伐他人所有的森林或者其他林木的。林木权属争议一方在林木权属确权之前,擅自砍伐森林或者其他林木,数量较大的,以滥伐林木罪论处。

本罪要求滥伐林木的行为必须达到"数量较大"的程度,才能构成本罪。根据最高人民法院颁布的《关于审理破坏森林资源刑事案件具体应用法律若干问题的解释》的规定,滥伐林木"数量较大"以十至二十立方米或者幼树五百至一千株为起点。

构成本罪的,处三年以下有期徒刑、拘役或者管制,并处或者单处罚金;数量巨大的,处三年以上七年以下有期徒刑,并处罚金。滥伐国家级自然保护区内的森林或者其他林木的,从重处罚。

根据最高人民法院《关于审理破坏森林资源刑事案件具体应用法律若干问题的解释》的规定,滥伐林木"数量巨大"以五十至一百立方米或者幼树二千五百至五千株为起点。

12. 非法收购、运输盗伐、滥伐的林木罪

《刑法》第三百四十五条第三款规定,非法收购、运输明知是盗伐、滥伐的林木,情节严重的,处三年以下有期徒刑、拘役或者管制,并处或者单处罚金;情节特别严重的,处三年以上七年以下有期徒刑,并处罚金。了非法收购、运输盗

伐、滥伐的林木罪。

本罪的主观方面是故意,即"明知"是盗伐、滥伐的林木而进行收购、运输。有下列情形之一的,可以视为应当知道,但有证据证明确属被蒙骗的除外:在非法的木材交易场所或者销售单位收购木材的;收购以明显低于市场价格出售的木材的;收购违反规定出售的木材的。

非法收购、运输盗伐、滥伐的林木的行为必须达到"情节严重"的程度才能构成犯罪。根据最高人民法院《关于审理破坏森林资源刑事案件具体应用法律若干问题的解释》的规定,具有下列情形之一的,属于"情节严重":非法收购盗伐、滥伐的林木二十立方米以上或者幼树一千株以上的;非法收购盗伐、滥伐的珍贵树木二立方米以上或者五株以上的。

构成本罪的,处三年以下有期徒刑、拘役或者管制,并处或者单处罚金;情节特别严重的,处三年以上七年以下有期徒刑,并处罚金。

根据最高人民法院《关于审理破坏森林资源刑事案件具体应用法律若干问题的解释》的规定,具有下列情形之一的,属于"情节特别严重":非法收购盗伐、滥伐的林木一百立方米以上或者幼树五千株以上的;非法收购盗伐、滥伐的珍贵树木五立方米以上或者十株以上的。

(三)与破坏环境资源保护罪相关的犯罪

我国《刑法》中与破坏环境资源保护罪相关的犯罪主要包括环境监管失职罪、走私珍贵动物、珍贵动物制品罪,走私国家禁止进出口的货物、物品罪(原走私珍稀植物、珍稀植物制品罪)等渎职类犯罪和走私类犯罪。

1. 环境监管失职罪

《刑法》第四百零捌条规定,负有环境保护监督管理职责的国家机关工作人员严重不负责任,导致发生重大环境污染事故,致使公私财产遭受重大损失或者造成人身伤亡的严重后果的,处三年以下有期徒刑或者拘役。

本罪的客观方面表现为严重不负责任,未依法履行环境保护监管职责或未认真履行环境保护监管职责,导致发生重大环境污染事故,致使公私财产遭受重大损失或者造成人身伤亡的严重后果的行为。根据2013年最高人民法院和最高人民检察院联合发布的《关于办理环境污染刑事案件适用法律若干问题的解释》,具有构成"严重污染环境"情形第六项至第十三项规定的,应当认定为"致使公私财产遭受重大损失或者造成人身伤亡的严重后果"。

本罪的犯罪主体为特殊主体,即负有环境保护监督管理职责的国家机关工作人员。

本罪的主观方面为过失,即应当预见自己严重不负责任可能导致发生重大环境污染事故,因为疏忽大意而没有预见,或者虽然已经预见而轻信能够避免。故意不构成本罪。

构成本罪的,对负有环境保护监督管理职责的国家机关工作人员处3年以下有期徒刑或者拘役。

2. 走私珍贵动物、珍贵动物制品罪

《刑法》第一百五十一条第二款规定,走私国家禁止进出口的珍贵动物及其制品的,处五年以上十年以下有期徒刑,并处罚金;情节特别严重的,处十年以上有期徒刑或者无期徒刑,并处没收财产;情节较轻的,处五年以下有期徒刑,并处罚金。

本罪的客观方面表现为违反海关和野生动物保护的法律法规,逃避海关监管,运输、携带、邮寄珍贵动物、珍贵动物制品进出国(边)境的行为。行为人直接向走私人非法收购珍贵动物及其制品,或者在领海、内海、界河、界湖运输、收购、贩卖上述物品的,也应当以走私珍贵动物、珍贵动物制品罪论处。

构成本罪的,处五年以上十年以下有期徒刑,并处罚金;情节特别严重的,处十年以上有期徒刑或者无期徒刑,并处没收财产;情节较轻的,处五年以下有期徒刑,并处罚金。

3. 走私珍稀植物、珍稀植物制品罪

《刑法》第一百五十一条第三款规定,走私珍稀植物及其制品等国家禁止进出口的其他货物、物品的,处五年以下有期徒刑或者拘役,并处或者单处罚金;情节严重的,处五年以上有期徒刑,并处罚金。

本罪的客观方面表现为违反海关法规和珍稀植物保护法规,逃避海关监管,运输、邮寄、携带珍稀植物、珍稀植物制品进出国(边)境的行为。行为人直接向走私人非法收购珍稀植物及其制品,或者在领海、内海、界河、界湖运输、收购、贩卖上述物品的,也应当以走私珍稀植物、珍稀植物制品罪论处。

构成本罪的,处五年以下有期徒刑或者拘役,并处或者单处罚金;情节严重的,处五年以上有期徒刑,并处罚金。

第四节　环境民事责任

一、环境民事责任概述

环境民事责任一般是指加害人因污染和破坏环境,造成被害人人身或财产损失而应承担的民事方面的法律责任。从法律性质上看,环境民事责任属于侵权责任。因此,环境民事责任通常也被称为环境侵权责任。

侵权行为

侵权行为主要包括两种形态:一是因过错侵害他人的民事权益并造成损害的行为,称为一般侵权;二是在法律规定的一些特殊情况下,没有过错损害他人的民事权益也应当承担侵权责任的行为,这被称为特殊侵权。

依据我国侵权责任法,一般侵权责任和特殊侵权责任的分类主要依据是归责原则。一般侵权责任适用过错责任原则,而特殊侵权责任适用严格责任原则、公平责任原则等。

过错(fault)是侵权责任法的核心问题。所谓过错,实际上是指行为人在实施加害行为时的某种应受非难的主观状态,此种状态是通过行为人所实施的不正当的、违法的行为所表现出来的。过错也体现了法律对行为人所实施的违背法律和道德、侵害社会利益和他人利益的行为的否定评价和非难。

参考文献:王利明.侵权责任法研究.中国人民大学出版社,2010.

实际上,环境侵权是一个集合性名词,包括因环境污染或生态破坏所造成的各式各样的环境侵权现象,如大气污染致人体健康或财产损害、噪声妨害、放射性物质污染致害、有毒化学品致害、突发性环境事故致害、污染物长期累积致害等。

我国环境侵权民事责任的法律依据主要包括《民法通则》和《侵权责任法》的有关规定,《环境保护法》《海洋环境保护法》《大气污染防治法》《水污染防治法》《固体废物污染环境防治法》《环境噪声污染防治法》等污染防治法律的有关规定以及《森林法》《草原法》《渔业法》《水法》《土地管理法》《矿产资源法》《水土保持法》《野生动物保护法》等自然资源法律的有关规定。

根据上述法律的规定,环境污染侵权属于特殊侵权,适用不同于一般侵权的特殊规则。虽然,侵权责任法只将环境污染侵权作为特殊侵权类型规定了特殊的归责要件。但是根据《最高人民法院关于审理环境侵权责任纠纷案件适用法律若干问题的解释》(法释〔2015〕12号),破坏生态造成损害的民事案件也适用环境污染侵权的特殊规则。

二、环境侵权的民事责任

(一) 环境侵权的归责原则与构成要件

1. 归责原则

因污染环境造成他人损害的,实行无过错责任原则。在污染者因污染环境给他人造成损害时,不论污染者主观上是否存在过错,都应对其污染所造成的损害承担民事责任的归责原则。我国《侵权责任法》第六十五条明确规定,"因污染环境造成损害的,污染者应当承担侵权责任"。

无过错责任原则是随着资本主义社会化大生产的发展而出现的,其理论的依据主要有德国的危险说与法国的形成风险说、利益说和影响领域说等。总体看来,目前对无过失责任原则最为有力的理论解释乃是将危险说和利益说综合起来的解释。按照这种解释,特定企业、装置是危险的来源,只有其所有人、持有人能够控制这些危险源,而由获得利益者承担损害赔偿责任,不仅是公平正义的要求,而且企业能够通过商品或劳务的价格机制、责任保险乃至社会安全体制将损失分散到社会中去;其基本思想,不在于对具有"反社会性"行为的制裁,而在于对危险事故所致不幸损害的合理分配。①

对此,最高人民法院《关于审理环境侵权责任纠纷案件适用法律若干问题的解释》进行了更为明确的阐述:因污染环境造成损害,不论污染者有无过错,污染者应当承担侵权责任。

2. 构成要件

根据我国《侵权责任法》的规定,环境侵权的构成要件包括损害后果、污染行为以及两者之间的因果关系。

通常情况下,污染行为表现为向大气排放污染物的行为、向水体排放污染物的行为、排放噪声的行为、排放固体废物的行为、向土壤排放污染物的行为、向海洋排放污染物的行为等。

环境侵权的损害后果通常表现为,侵害他人人身权、财产权、环境权益或公共财产权。传统上,各国立法仅将人身损害和财产损害视为环境侵权的损害后果。自20世纪90年代以来,生态环境本身所遭受的损害作为一种新型的损害被一些国家的立法或国际条约所承认。② 由于我国实行社会主义公有制,对生态环境本身的损害就是对国家或集体所有的自然资源的损害。然而,生态损害的范围和界定标准较为模糊。从国外立法和司法实践来看,一般将治理生态破坏的费用纳入直接损失处理,而将生态价值的损害作为间接损失处理。③ 由于环境污染导致公众环境权益受到损害的,不属于一般意义上的民事责任,通常是通过公益诉讼来解决的。

由于许多环境侵权案件中原因行为的高度科技性,环境损害发生方式的间接性、复合性、累积性,环境损害时间上的缓慢性、滞后性,空间上的广阔性等特点,以及加害人可能会以保护商业秘密为由阻止受害人进行调查,受害人对因果关系的严格举证证明极为困难,甚至根本不可能。因此,为实现侵权行为法救济受害人,强化加害人民事责任的目的,世界各国法学理论与司法实践均尝

---

① 王泽鉴.侵权行为法之危机及其发展趋势.载《民法学说与判例研究(第2册)》,中国政法大学出版社:162,1997.
② 竺效.论我国生态损害的立法定义模式.载《浙江学刊》2007年第3期:166—170.
③ 汪劲.环境法学.北京大学出版社:572,2006.

试探索如何减轻环境侵权受害人因果关系举证困难的有效途径。[①] 综合各国立法与司法实践看,因果关系举证责任倒置、因果关系推定等法律上的技术性方法,在环境案件和环境立法中得到大量运用和肯定。

此外,2014年修改的《环境保护法》第六十五条还规定:环境影响评价机构、环境监测机构以及从事环境监测设备和防治污染设施维护、运营的机构,在有关环境服务活动中弄虚作假,对造成的环境污染和生态破坏负有责任的,除依照有关法律法规规定予以处罚外,还应当与造成环境污染和生态破坏的其他责任者承担连带责任。

(二)环境侵权的免责事由

综合相关立法与司法实践,环境侵权的免责事由包括不可抗力与受害人过错。

我国《侵权责任法》第二十九条规定"因不可抗力造成他人损害的,不承担责任。法律另有规定的,依照其规定"。而我国《环境保护法》及单项污染防治法对不可抗力问题做了有所不同的规定:《环境保护法》第四十一条规定"完全由不可抗拒的自然灾害,并经及时采取合理措施,仍然不能避免造成环境污染损害的,免予承担责任";《海洋环境保护法》第九十二条规定:"完全属于下列情形之一,经过及时采取合理措施,仍然不能避免对海洋环境造成污染损害的,造成污染损害的有关责任者免予承担责任:(一)战争;(二)不可抗拒的自然灾害";《大气污染防治法》第六十三条规定:"完全由于不可抗拒的自然灾害,并经及时采取合理措施,仍然不能避免造成大气污染损失的,免于承担责任";《水污染防治法》第八十五条第二款规定:"由于不可抗力造成水污染损害的,排污方不承担赔偿责任;法律另有规定的除外"。

通过对上述法律规定的分析可以得出以下两个结论:第一,不可抗力事由必须是造成损害结果发生的唯一原因时,才可以据此免责;第二,在环境侵权的场合,不可抗力事由发生后行为人还必须及时采取了合理措施,仍不能避免损害的才予免责。

在环境侵权中,由于实行无过错责任归责原则,因此不存在过失相抵的问

---

① 罗丽.中日环境侵权民事责任比较研究.吉林大学出版社,2004:162.

题,仅仅根据受害人的过错大小判断加害人免责还是减轻责任。通常情况下,损害是由受害人故意造成的,排污方不承担赔偿责任;损害是由受害人重大过失造成的,可以减轻排污方的赔偿责任。

一般情况下,如果损害是因第三人造成的,第三人应当承担侵权责任根据。然而,根据《侵权责任法》第六十八条、《水污染防治法》第八十五条第四款等法律的规定,因第三人的过错污染环境造成损害的,被侵权人可以向污染者请求赔偿,也可以向第三人请求赔偿;污染者赔偿后,有权向第三人追偿。这种规定尽管要求第三人承担污染损害的最终赔偿责任,但是为了保护受害人,又赋予受害人向污染者索赔的权利。就此而言,环境侵权中第三人原因不再是免责事由。

根据最高人民法院《关于审理环境侵权责任纠纷案件适用法律若干问题的解释》的规定,被侵权人根据侵权责任法第六十八条规定分别或者同时起诉污染者、第三人的,人民法院应予受理。被侵权人请求第三人承担赔偿责任的,人民法院应当根据第三人的过错程度确定其相应赔偿责任。污染者以第三人的过错污染环境造成损害为由主张不承担责任或者减轻责任的,人民法院不予支持。

 案例 6-3

> A化工厂购买了一批桶装危险化学品,因第二天一早就要送往加工分厂,就没有按照规定存入专门保管的仓库,而是将它们堆放在A化工厂露天的场地上。凌晨,B途径A化工厂门口,看到这批桶装危险化学品的外包装非常好看,于是顺手偷走了一桶危险化学品,并将桶内的危险化学品倒入附近的河水中,造成河流严重污染,临近的自来水厂被迫关闭、下游养殖的鱼类大量死亡、利用河水灌溉的数百亩蔬菜也全部绝收。由于B至今外逃,受害人转而要求A承担赔偿责任。
>
> 讨论:A化工厂是否应当承担本案的损害赔偿责任?

（三）环境侵权责任的承担方式

《民法通则》第一百三十四条规定了停止侵害、排除妨碍、消除危险、赔偿损失直到赔礼道歉等十种承担民事责任的方式。《侵权责任法》规定了停止侵害、排除妨碍、消除危险、返还财产、恢复原状、赔偿损失、赔礼道歉、消除影响与恢复名誉等八种责任承担方式。而《环境保护法》和其他环境与资源单行法规中规定了排除危害、赔偿损失、恢复原状等几种方式。由于"停止侵害""排除妨碍""消除危险"等责任方式在性质上与损害赔偿责任方式不同，它们均属于对侵权行为侵害的排除，因此，可概括为"侵害排除"责任方式。因此，行为人承担环境侵权责任的方式可以概括为侵害排除与赔偿损失两种。两种责任形式可以单独适用，也可以合并适用。

排除危害是《环境保护法》中规定的环境民事责任的特定形式之一，主要是指由于环境污染和破坏对他人造成人身或财产危害的排除，包括正在发生或已经发生的危害的排除。通过这种责任形式，可以避免、减轻或消除危害后果，是一种具有积极意义的防止性责任形式。它同《民法通则》规定的停止侵害、排除妨碍和消除危险，没有实质上的不同。可以理解为后三种责任形式是前者的具体化和不同情况下的分别适用，而且包括了危害尚未发生而采取的停止和排除的措施。

被侵权人请求恢复原状的，人民法院可以依法裁判污染者承担环境修复责任，并同时确定被告不履行环境修复义务时应当承担的环境修复费用。污染者在生效裁判确定的期限内未履行环境修复义务的，人民法院可以委托其他人进行环境修复，所需费用由污染者承担。

赔偿损失是指环境污染和破坏的致害人以财产赔偿受害人的人身或财产损失。环境污染和破坏引起的损害赔偿的范围，主要是财产损失和人身损害。

在计算财产赔偿范围时，一般包括财产的灭失、减少，也包括失去的可得利益。"可得利益"是指受害人已经预见或能够预见、能够期待和必然得到的利益。财产损失还应包括直接损失和间接损失。在环境污染造成的财产损失的计算中，除了直接损失外，也应包括失去的可得利益和间接损失。例如工厂排污毒死了鱼塘的鱼苗，直接损失是鱼塘的鱼苗，可得利益是鱼苗成长后可以得到的实际收入，间接损失是清除鱼塘被污染的费用。

环境侵权的损害后果往往具有广泛性,因此损害赔偿的数额也比较巨大。基于环境污染原因行为的正当性,因此完全由污染者承担损害赔偿也有失公正;而且完全由污染者承担赔偿责任,也会因为财政能力问题导致对受害人救济不力。因此,各国纷纷通过财务保证或担保、责任保险、行政补偿等方式,实现了环境侵权损害赔偿责任的社会化。

值得注意的是,环境侵权在很多时候表现为共同侵权形态,还需要对共同侵权人的责任进行划分。《侵权责任法》第六十六条规定,两个以上污染者污染环境,污染者承担责任的大小,根据污染物的种类、排放量等因素确定。对于此条规定的污染者责任到底是按份责任还是连带责任,理论和实践中都存在争论。最高人民法院《关于审理环境侵权责任纠纷案件适用法律若干问题的解释》采取了类型化的方法,在一定程度上消除了争议:

多个污染者承担连带责任的情形包括两种:第一,两个以上污染者共同实施污染行为造成损害的;第二,两个以上污染者分别实施污染行为造成同一损害,每一个污染者的污染行为都足以造成全部损害的。多个污染者承担按份责任的情形是:两个以上污染者分别实施污染行为造成同一损害,每一个污染者的污染行为都不足以造成全部损害的。此外,两个以上污染者分别实施污染行为造成同一损害,部分污染者的污染行为足以造成全部损害,部分污染者的污染行为只造成部分损害,被侵权人可以请求足以造成全部损害的污染者与其他污染者就共同造成的损害部分承担连带责任,并对全部损害承担责任。

多个污染者即使承担连带责任,也存在最终责任的份额问题。对此,人民法院应当根据污染物的种类、排放量、危害性以及有无排污许可证、是否超过污染物排放标准、是否超过重点污染物排放总量控制指标等因素确定。

专栏 6-10

连带责任与按份责任

连带责任是指责任人一方主体为多数,各个责任人对外不分份额,向权利人承担全部责任。在权利人提出请求时,各个责任人不得以超过

> 自己应承担的部分为由而拒绝;承担超过自己份额的责任人有权向其他责任人请求予以补偿。
>
> 按份责任是指责任人一方主体为多数,各自按照一定份额承担责任。按份责任的行为人只对自己分担的责任份额负责清偿,受害人无权请求行为人承担全部责任。
>
> 区分连带责任与按份责任的主要意义在于承担责任的范围不同,连带责任是为了充分保护权利人而加重了责任人的负担,因此连带责任的承担必须有法律规定或当事人约定。
>
> 参考文献:魏振瀛.民法(第五版).北京大学出版社、高等教育出版社,2013.

(四)污染环境致国家或集体自然资源损害的民事责任

传统民法中的环境侵权责任,是指污染者对私人受害人的人身和财产损害所承担的民事责任。但环境污染除了会对私人受害人造成损害之外,还会对环境本身造成损害(也称生态损害)。

自20世纪80年代末以来,因污染环境所造成的生态环境本身所遭受的损害作为一种新型的损害而被一些国家立法或国际条约所公认。与传统民法上财产损害的确定性相比,生态环境损害的损害范畴和界定标准较为模糊。因此,对于环境污染造成生态环境本身的损害是否应当全部赔偿以及应当如何赔偿的问题上,目前世界各国有关立法规定与司法实践不尽相同。但是,从美国以及欧盟国家的生态损害赔偿立法与实践看,生态损害主要还是以替代成本为依据进行计算的,费用范围主要包括生态损害中的使用价值与非使用价值损失、过渡期(期间)损失以及评估与方案研究费用等。

依据我国宪法和相关法律的规定,几乎所有的环境要素或自然资源都属于国家所有或集体所有。因此,环境污染对生态环境本身造成的损害,可以视为对国家或集体财产权的侵害,由国家或集体向污染者主张损害赔偿责任。

我国《海洋环境保护法》第九十一条第二款规定:"对破坏海洋生态、海洋水产资源、海洋保护区,给国家造成重大损失的,由依照本法规定行使海洋环境监督管理权的部门代表国家对责任者提出损害赔偿要求。"这是目前我国环境立法中唯一一处明确要求污染者对生态损害承担损害赔偿责任的规定。

此外,最高人民法院在《关于为加快经济发展方式转变提供司法保障和服务的若干意见》(2010年6月)中明确表示将"依法受理环境保护行政部门代表国家提起的环境污染损害赔偿纠纷案件"。这表明,我国最高国家司法机关对行使国家环境保护职能的部门代表国家行使民事索赔权利持认同观点。

关于环境污染致国家生态损害的民事责任的构成要件,目前法律没有明确规定。从《侵权责任法》第六十五条的规定来看,只是笼统地规定"因污染环境造成损害的,污染者应当承担侵权责任",并没有对环境污染的受害人进行区别。从一般的理解来看,该条规定意味着,无论是对于一般受害人还是作为受害人的国家,污染者都应当承担侵权责任。因此,本书认为,污染环境致国家生态损害的民事责任与污染环境致一般受害人人身、财产损害的民事责任在构成要件上并无区别。

实践中,包括国家海洋局在内的多个海洋环境监督管理部门已经据此对导致海洋生态损害的污染者提起过生态损害赔偿要求。

近年来,为实现全面追究污染者的环境责任之目的,我国加快了完善环境污染损害鉴定评估工作的步伐。2011年5月25日,环境保护部发布了《关于开展环境污染损害鉴定评估工作的若干意见》,明确指出:"开展环境污染损害鉴定评估工作,对环境污染损害进行定量化评估,将污染修复与生态恢复费用纳入环境损害赔偿范围,科学、合理确定损害赔偿数额与行政罚款数额,有助于真实体现企业生产的环境成本,强化企业环境责任,增强企业的环境风险意识,从而在根本上有利于解决'违法成本低,守法成本高'的突出问题,改变以牺牲环境为代价的经济增长方式。"

案例 6-4

A公司的油田作业区B平台和C平台先后发生两起溢油事故,导致大量原油泄漏在中国海域。附近的海洋部门闻讯后立即组织清除油污。

在清除工作结束之后,海洋部门除了要求A公司支付清污费用及其他相关应急费用之外,还要求它赔偿原油泄漏给海洋生态和水产资源造成的损失。A公司同意赔偿清污及其他相关应急费用,但拒绝赔偿给海洋生态造成的损失,认为并无法律依据。

讨论:海洋部门是否可以要求A公司赔偿其给海洋生态造成的损失?

三、环境侵权纠纷的解决方式

(一)环境侵权纠纷的行政处理

行政处理是依照当事人的请求,由环保行政主管部门或其他依法行使环境监督管理权的部门对赔偿责任和赔偿金额的纠纷作出调解处理。这种"处理",立法原意是行政调解,而不是行政裁决。性质上属于行政机关居间对当事人之间的民事权益争议,在查清事实、分清责任的基础上,通过调解方式,达成协议,解决纠纷。它对双方当事人均无强制约束力和强制执行力,一方当事人不服调解处理,可以向法院起诉、法院仍以民事纠纷进行审理,而不能以作出处理决定的环保行政部门为被告提起行政诉讼。

行 政 裁 决

行政裁决是指行政机关依照法律的授权,对当事人之间发生的、与行政管理活动密切相关的民事纠纷进行审查,并作出处理决定的行政行为。

行政裁决是行政机关依法行使行政裁判权的活动,具有强制性法律效力。行政裁决权的行使具有一般行政权的特征,民事纠纷当事人是否

> 同意或承认裁决决定,不影响行政裁决决定的法律效力。当事人对行政裁决不服,只能向法院提起诉讼。
>
> 参考文献:姜明安.行政法与行政诉讼法(第五版).北京大学出版社、高等教育出版社,2013.

上述"行政处理"因立法用语的模糊,曾引起法学界不同理解和争论,司法实践中,也发生过不服行政处理向法院起诉,法院作为行政诉讼以环保部门为被告的案例。为此,1992年1月全国人民代表大会法制工作委员会就原国家环保局关于如何正确理解和执行《环境保护法》第四十一条第二款的请示答复:因环境污染引起的赔偿责任和赔偿金额的纠纷属于民事纠纷,当事人不服的,可以向人民法院提起民事诉讼,不能以作出处理决定的环境保护行政主管部门为被告提起行政诉讼。[①] 此后,1995年通过的《固体废物污染环境防治法》、1996年通过的《环境噪声污染防治法》、2000年修订的《大气污染防治法》、2008年修订的《水污染防治法》中,均将"处理"改为"调解处理",进一步明确了环境纠纷行政处理的调解性质。鉴于调解环境纠纷行政不是行使环境监督管理权的部门的行政职责,2014年修订的《环境保护法》删除了有关环境纠纷行政处理的规定。

在我国的单项自然资源法中,也有一些关于纠纷行政处理机制的规定,但大多是关于自然资源权属争议的行政处理规定。例如,《土地管理法》第十六条和《草原法》第十六条规定了土地与草原所有权、使用权争议的行政处理程序。与环境污染侵权纠纷的行政处理不同,此处的行政处理在法律行政上属于行政裁决,当事人对处理决定不服应当向人民法院提起行政诉讼。

此外,我国在《水法》第五十七条规定了水事纠纷的行政处理程序,即"单位之间、个人之间、单位与个人之间发生的水事纠纷,应当协商解决;当事人不愿协商或者协商不成的,可以申请县级以上地方人民政府或者其授权的部门调

---

① 参见国家环境保护局政策法规司编.中国环境保护法规全书.化学工业出版社,1997:274.

解,也可以直接向人民法院提起民事诉讼。县级以上地方人民政府或者其授权的部门调解不成的,当事人可以向人民法院提起民事诉讼。"

案例 6-5

A公司排放的污水污染了B的鱼塘,导致鱼塘里的鱼大面积死亡。A、B请求当地环保局处理该纠纷。环保局作出了处理决定,但是A不服该处理决定,向当地人民法院提起行政诉讼,要求撤销环保局的处理决定。环保局认为:当事人对环保部门就赔偿纠纷作出的处理决定不服而向人民法院起诉的,不应以环保部门作为被告提起行政诉讼,因为原污染赔偿纠纷属于当事人之间的民事赔偿争议,人民法院也不应作为行政案件受理和审判。

讨论:A或B若不服环保部门的处理决定,是否可以以环保局为被告提起行政诉讼?

(二)环境侵权诉讼

1. 环境侵权诉讼的一般程序

环境侵权诉讼的程序与一般民事诉讼基本相同。环境侵权受害人认为自己的人身权或财产权受到侵害的,可以以污染者为被告向侵权行为发生地或损害结果地的人民法院提起民事诉讼。在提交起诉状时,应当同时提交相应的证据材料。

人民法院对于符合起诉条件的案件,必须立案受理。立案之日起五日内,人民法院应当将起诉状副本送达被告,被告可以在收到起诉状副本之日起十五日内提出答辩状。被告提出答辩状的,人民法院应当在收到之日起五日内将答辩状副本发送原告。被告不提出答辩状的,不影响人民法院审理。

法院审理后作出判决之前,可以先进行调解。调解达成协议的,人民法院应当制作调解书。调解书应当写明诉讼请求、案件的事实和调解结果。调解书送达双方之后即发生法律效力,当事人不得上诉。调解未达成协议或者调解书送达前一方反悔的,人民法院应当及时判决。一审法院作出判决后,当事人如果不服判决,可以在十五日内向上级人民法院提起上诉。二审法院判决为终审判决。

2. 环境污染侵权诉讼的特殊规定

环境污染侵权是一种特殊侵权,其特殊性除了表现为构成要件的特殊之外,也体现为适用一些特殊的诉讼程序。

(1) 特别诉讼时效

诉讼时效是指权利人在法定期间内不行使权利即丧失请求人民法院依法保护其民事权利的法律制度。诉讼时效期间届满,权利人不再享有请求人民法院保护的权利。①

诉讼时效

诉讼时效期间是指权利人不行使权利发生权利功效减损的法律效果需要经过的法定期间。时效制度具有稳定法律秩序、促使权利人行使权利、避免诉讼举证困难等作用。

我国民事诉讼中的诉讼时效一般为两年,但环境污染侵害的诉讼时效为三年,诉讼时效期间从知道或者应当知道权利被侵害时起计算。但是,从权利被侵害之日起超过二十年的,人民法院不予保护。有特殊情况的,人民法院可以延长诉讼时效期间。

诉讼时效中止,又称诉讼时效期间不完成,指在诉讼时效期间进行中,因发生一定的法定事由(见《民法通则》第一百三十九条)使权利人不能行使请求权,暂时停止计算诉讼时效期间,待阻碍时效期间进行的法定事由消除后,继续进行诉讼时效期间的计算。

---

① 魏振瀛.民法.北京大学出版社、高等教育出版社,2000:192.

> 诉讼时效中断,指在诉讼时效进行期间,因发生一定的法定事由(见《民法通则》第一百四十条),使已经经过的时效期间统归无效,待时效期间中断的事由消除后,诉讼时效期间重新计算。
>
> 参考文献:王利明.民法.中国人民大学出版社,2009.

考虑到环境污染损害赔偿案件中因环境污染侵权行为的间接性、潜伏性、隐蔽性、侵权人与受害人地位的不平等性等特征导致收集证据、判明责任的困难性,我国《环境保护法》第六十六条明确规定:"提起环境损害赔偿诉讼的时效期间为三年,从当事人知道或者应当知道其受到损害时起计算。"我国《海商法》第二百六十五条规定:"有关船舶发生油污损害的请求权,时效期间为三年,自损害发生之日起计算;但是,在任何情况下时效期间不得超过从造成损害的事故发生之日起六年。"

(2) 特殊的证据规则

根据一般的举证规则分配原则,原告须就其诉讼原因的事实进行举证,被告就其抗辩的事件事实进行举证。按照这个原则,在环境污染侵权诉讼中,原告应当证明被告有污染行为、自身有人身或财产损害、两者之间存在因果关系。

专栏 6-13

举 证 责 任

举证责任可以分为两个层次,第一层次是提出证据责任,也就是提出证明手段;第二层次是证明责任,也就是说服责任,即说服法官,使之确信其主张的事实为真实,并借此请求法院依其主张请求或答辩为裁判的责任。

我国目前采用的举证责任分配原则是"谁主张,谁举证"原则,即当

> 事人对自己提出的有利于自己的主张负有提供证据,并说服法官的责任,否则将承担对自己不利的裁判后果发生的风险。
>
> 　　在特殊案件里,从当事人的举证能力和社会公正角度出发,法律减轻了一方当事人的举证负担而加重了另一方当事人的举证责任,就产生了举证责任分配原则的例——举证责任倒置,即原告就其主张的部分事实不承担举证责任,而由被告对原告主张事实不存在承担举证责任。
>
> 　　最高人民法院《关于民事诉讼证据的若干规定》第四条规定了八种适用举证责任倒置的情形,其中包括"因环境污染引起的损害赔偿诉讼,由加害人就法律规定的免责事由及其行为与损害后果之间不存在因果关系承担举证责任"。
>
> 　　参考文献:刘家兴,潘剑锋.民事诉讼法学教程(第二版).北京大学出版社,2008.

　　如果按照这一原则分配举证责任,那么环境污染受害人往往会因无法举证因果关系而败诉。一方面,造成环境污染的被告通常是企业,其通常充分地独占资料,并常以企业秘密为借口拒绝向外界提供有关资料,而且他们在技术、资金方面也处于优势地位。另一方面,因果关系的认定具有高度的科学技术性,污染受害人受文化水平、专业知识、证据收集能力等限制,往往不具备这种能力。

　　为此,世界各国大都在因果关系举证责任方面采取了一些特殊规则减轻受害人的举证负担,如举证责任倒置、因果关系推定、证明标准降低等。

　　我国最早对环境污染侵权诉讼的举证责任做出特殊规定的是1992年最高人民法院的《关于适用民事诉讼法若干意见》。根据该意见第七十四条的规定,在因环境污染引起的损害赔偿诉讼中,对原告提出的侵权事实,被告否认的,由被告负责举证。但是由于该意见并未明确"原告提出的侵权事实"的具体范围,导致了司法实践中的不一致。

　　为此,2001年最高人民法院的《关于民事诉讼证据的若干规定》第四条做了进一步明确的规定:"因环境污染引起的损害赔偿诉讼,由加害人就法律规定的免责事由及其行为与损害结果之间不存在因果关系承担举证责任。"通说认为,司法解释的这条规定在环境侵权诉讼中确立了因果关系举证责任倒置。

此后,我国的单项环境与资源保护法均沿用了司法解释的规定。如《固体废物污染环境防治法》第八十六条规定"因固体废物污染环境引起的损害赔偿诉讼,由加害人就法律规定的免责事由及其行为与损害结果之间不存在因果关系承担举证责任。"《水污染防治法》第八十七条规定"因水污染引起的损害赔偿诉讼,由排污方就法律规定的免责事由及其行为与损害结果之间不存在因果关系承担举证责任。"

我国2009年颁布实施的《侵权责任法》第六十六条也明确规定"因污染环境发生纠纷,污染者应当就法律规定的不承担责任或者减轻责任的情形及其行为与损害之间不存在因果关系承担举证责任。"

最高人民法院发布的《关于审理环境侵权责任纠纷案件适用法律若干问题的解释》在上述规定的基础上又对环境侵权诉讼中的证据问题做了进一步的明确规定。

环境侵权诉讼中,被侵权人应当提供证明以下事实的证据材料:污染者排放了污染物,被侵权人的损害,污染者排放的污染物或者其次生污染物与损害之间具有关联性。污染者应当就不承担责任和不存在因果关系承担证明责任。污染者举证证明下列情形之一的,应当认定其污染行为与损害之间不存在因果关系:排放的污染物没有造成该损害可能的,排放的可造成该损害的污染物未到达该损害发生地的,该损害于排放污染物之前已发生的,其他可以认定污染行为与损害之间不存在因果关系的情形。

为查明环境污染案件事实的专门性问题,可以委托具备相关资格的司法鉴定机构出具鉴定意见或者由国务院环境保护主管部门推荐的机构出具检验报告、检测报告、评估报告或者监测数据。当事人申请通知一至两名具有专门知识的人出庭,就鉴定意见或者污染物认定、损害结果、因果关系等专业问题提出意见的,人民法院可以准许。当事人未申请,人民法院认为有必要的,可以进行释明。具有专门知识的人在法庭上提出的意见,经当事人质证,可以作为认定案件事实的根据。负有环境保护监督管理职责的部门或者其委托的机构出具的环境污染事件调查报告、检验报告、检测报告、评估报告或者监测数据等,经当事人质证,可以作为认定案件事实的根据。

对于突发性或者持续时间较短的环境污染行为,在证据可能灭失或者以后难以取得的情况下,当事人或者利害关系人根据《民事诉讼法》第八十一条规定申请证据保全的,人民法院应当准许。

案例 6-6

> A工厂的排污管道直接通往B河。某日B河下游的C养殖场鱼虾大量死亡,C养殖场认为鱼虾死亡系A工厂排放的污水所致,遂向人民法院提起诉讼,要求A工厂赔偿损失。A工厂认C养殖场并未提出证据证明养殖场鱼虾是被其排放的污水毒死的,因此不用承担赔偿责任。C养殖场则主张应当由A工厂就鱼虾死亡与其排污不存在因果关系承担举证责任。
>
> **讨论:**本案应当由哪一方当事人承担鱼虾死亡与排污之间因果关系的举证责任?

此外,为增强污染受害人在污染行为、损害后果方面的举证能力,我国单项污染防治法还规定了环境监测机构提供监测数据的义务,如《固体废物污染环境防治法》第八十七条规定"固体废物污染环境的损害赔偿责任和赔偿金额的纠纷,当事人可以委托环境监测机构提供监测数据。环境监测机构应当接受委托,如实提供有关监测数据。"《水污染防治法》第八十九条规定"因水污染引起的损害赔偿责任和赔偿金额的纠纷,当事人可以委托环境监测机构提供监测数据。环境监测机构应当接受委托,如实提供有关监测数据。"

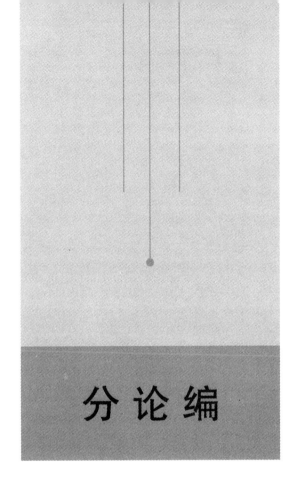

分论编

第七章 污染防治法

 学习目标

了解环境污染以及污染防治法的概念,了解我国大气污染防治、水污染防治、海洋污染防治、噪声污染防治、固体废物污染防治、放射性污染防治、清洁生产与循环经济促进的主要法律规定。

第一节 污染防治法概述

一、环境污染的概念

环境污染通常是指在人类生产、生活中向环境排放了超过环境容量的物质或能量,导致环境质量降低,进而对人体健康、财产以及生态系统平衡等造成不利影响的现象。环境污染的实质就是环境质量恶化,环境质量恶化会改变既有的社会秩序,引发利益冲突和纠纷。法律控制环境污染的目的则是一方面被动型的妥善处理环境污染造成的利益冲突;另一方面预防或消除环境污染,解决纠纷产生的根源。

环境污染须以人类的生产、生活活动为前提而产生,人类活动以外的自然原因或因素释放某种物质或能量而产生污染不属于环境污染防治法所要控制的对象。环境污染通常是因物质、能量从一定的设施、设备向自然界排放或者泄漏而产生,在对环境污染实行法律控制的过程中,区别对待排放行为与泄漏行为,采取不同的控制措施具有重要意义。

依据不同的标准,可以对环境污染进行不同的分类。以产生污染的人类活动为标准,环境污染可以分为工业环境污染、城市环境污染、农业环境污染等。以被污染的环境要素为标准环境污染可以分为大气污染、土壤污染、水污染、海洋污染等。以污染物的性质为标准,环境污染可以分为物质污染和能量污染两大类,前者主要是指有形的污染物所导致的环境污染,例如固体废物污染、废气污染、废水污染、化学物质污染等;后者则主要是指无形的能量所导致的环境污染,例如噪声与振动污染、放射性污染、电磁辐射污染以及光污染等。不同类型的环境污染,需要采取不同的污染防治措施,由此也会导致污染防治立法的差异。

20世纪90年代末期以前,我国环境立法对环境污染一词并没有统一的用语,其较完整的表述是"污染和其他公害"。这种表述形式源于1978年《宪法》第十一条的规定"国家保护环境和自然资源,防治污染和其他公害"。1982年《宪法》和《环境保护法》沿用了"污染和其他公害"的表述方式。

从立法背景看,我国立法中的"污染和其他公害"的概念,只是欧美国家环境立法中的"环境污染"概念和日本环境立法中的"公害"概念的复合词,其本质就是环境污染。[①] 自1996年修订《水污染防治法》开始,我国的环境立法基本不再使用"污染与其他公害"的表述,而趋向于统一使用"环境污染"这一表述方式。

二、污染防治法的概念

由于在控制对象、管理方式以及立法目标和制度重点等方面有所不同,世界各国(地区)污染防治的法律名称各不相同。

美国联邦层面对污染防治法律采用的是"清洁+环境要素"的命名方法,如《清洁空气法》《清洁水法》等;日本则采用的是"环境要素或污染因子+防止(规制)"的命名方法,如《大气污染防止法》《噪音规制法》等;欧洲国家多称"污染控制法"。

无论采取何种名称,污染防治法的本质内涵都是相同的,即以保护环境、进

[①] 金瑞林.环境与资源保护法学.北京大学出版社,2006:211.

而保护人体健康和财产安全为目的,而对产生或可能产生环境污染的人类活动实施控制的法律规范的总称。从环境容量利用的角度,环境污染实际上是人类超过环境容量限制排放污染物的必然结果,因此污染防治法也可以被定义为规范、控制人类环境容量利用行为的法律规范的总称。

在我国,污染防治法有广义和狭义之分。狭义的污染防治法是指以污染因子控制为直接目的的法律,如《大气污染防治法》《水污染防治法》等。广义的污染防治法包括所有与预防或减少污染物排放、恢复和治理环境污染有关的法律,如致力于从源头削减污染的《清洁生产促进法》与致力于在生产、流通和消费全过程中减少废弃物的《循环经济促进法》等。本书采广义污染防治法概念。

目前,我国已制定的涉及污染防治有关的单项法律主要有《水污染防治法》《大气污染防治法》《海洋环境保护法》《环境噪声污染防治法》《放射性污染防治法》《固体废物污染环境防治法》以及《清洁生产促进法》和《循环经济促进法》等。

从内容上看,我国污染防治法的体系主要由海洋污染防治、大气污染防治、水污染防治、固体废物污染环境防治、环境噪声污染防治、放射性污染防治、化学物质环境管理以及清洁生产与循环经济促进等方面的法律、法规、规章所组成的。

三、污染防治的法律制度

污染防治法律制度的核心目标是控制污染物的排放,而控制污染物排放的方法主要有浓度控制与总量控制两种。前者仅通过限制排污口所排放的污染物浓度的方式进行污染控制,后者通过限制一定时期内特定区域污染物排放总量的方式进行污染控制。

浓度控制操作简单,因此在早期的污染防治法律中广泛适用。但是浓度控制方法存在较大缺陷:一方面,浓度控制无法为企业提供额外的动力来更新生产技术、减少排污总量;另一方面,浓度控制无法有效实现污染控制目标,即使所有的排污者均遵守排放标准,排入环境的污染物总量依然可能超过环境的自净能力并导致环境污染。

因此，总量控制方法开始出现。通过总量控制，各个排污者排放的污染物总量不会超过环境容量，也就不会导致环境质量显著下降。但是总量控制的操作更加复杂，如何科学、合理地确定总量以及公平、公正地分配总量都是十分困难的工作。目前，我国已开始在大气污染防治、水污染防治、海洋污染防治领域对主要污染物或重点污染物实施总量控制。

以总量控制为基础，衍生出了排污交易这种市场化的污染控制手段。排污交易又称排污指标交易、排污权交易、可交易的许可等，是指排污者将其依法获得的部分或者全部污染物排放总量通过交易市场或者法定方式出售给购买者，该污染物排放许可的部分或者全部权利也随之转移的行为。综合运用总量控制和排污权交易制度，理论上不但可以实现污染防治的目的，而且可以大幅度减少排污者的守法成本。因为排污者可以自主地根据市场需求决定其生产规模和排污总量，如果一些企业能够以很低的成本减少排放总量，而另一些企业要花很高的成本才能减少排放总量，则后者可以通过向前者购买排污权的方式来实现守法。这样，既实现了国家的环境目标，又节约了企业的经济成本。目前，我国的环境污染防治法尚未规定排污交易制度。实践中，我国南方地区的许多省市开始在实施重点污染物排放许可证制度的基础上试行排污交易。

实际上，污染防治法律制度的确立过程，就是将环境法的基本制度运用于环境污染防治法的过程。规划、标准、环境影响评价、许可、突发事件应急等等环境保护法的基本制度在污染防治法中有不同程度的体现。但是，因为各类环境污染在具体迁移转变规律上、控制对策手段上以及致害特性上存在着一定的差异，各单项污染防治法律的具体对策措施也存在一些差异。

第二节 大气污染防治法

一、概述

1979年，我国《环境保护法（试行）》首次以法律的形式对大气污染防治作出了原则性规定。1987年，我国颁布了《大气污染防治法》，专门规定了防治大气污染的一般原则、监督管理、防治烟尘污染、防治废气、粉尘和恶臭污染、法律责任等方面的内容。1991年,经国务院批准,原国家环境保护局还公布施行了《大气污染防治法实施细则》。

1995年,我国对《大气污染防治法》进行了第一次修改,增加规定了淘汰落后生产工艺和设备制度、酸雨控制区或二氧化硫污染控制区划定制度等内容。2000年,我国对《大气污染防治法》进行了第二次修改,加强了机动车污染防治,实行了禁止超标排污和重点大气污染物排放总量控制和许可制度。

为解决诸如酸雨、灰霾和光化学烟雾等区域性大气污染问题,经国务院同意,环境保护部等部门于2010年联合发布了《关于推进大气污染联防联控工作改善区域空气质量的指导意见》。

随着我国工业化、城镇化的深入推进,能源资源消耗持续增加,大气污染防治压力继续加大。为切实改善空气质量,国务院于2013年9月印发了《大气污染防治行动计划》(国发〔2013〕37号)。

2015年8月29日,全国人大常委会表决通过了修改《大气污染防治法》的决定。新修订的《大气污染防治法》紧紧围绕"改善大气环境质量"这个核心目标,对2000年的《大气污染防治法》进行了大幅修改,由修订前的七章66条扩展到八章129条。

二、大气污染防治的一般规定

(一)大气环境标准

《大气污染防治法》在《环境保护法》关于环境标准的一般规定的基础上,对大气环境标准制定应当考虑的因素、制定程序等问题进行了细化规定。

根据《大气污染防治法》的规定,制定大气环境质量标准、大气污染物排放标准,应当组织专家进行审查和论证,并征求有关部门、行业协会、企业事业单位和公众等方面的意见。省级以上人民政府环境保护主管部门应当在其网站上公布大气环境质量标准、大气污染物排放标准,供公众免费查阅、下载。大气环境质量标准、大气污染物排放标准的执行情况应当定期进行评估,根据评估结果对标准适时进行修订。

针对某些地区机动车船污染特别严重的情况,《大气污染防治法》规定:省、自治区、直辖市人民政府可以在条件具备的地区,提前执行国家机动车大气污染物排放标准中相应阶段排放限值,并报国务院环境保护主管部门备案。

制定燃煤、石油焦、生物质燃料、涂料等含挥发性有机物的产品、烟花爆竹以及锅炉等产品的质量标准,应当明确大气环境保护要求。

(二) 大气污染防治规划

根据《大气污染防治法》的规定,县级以上人民政府应当将大气污染防治工作纳入国民经济和社会发展规划,加大对大气污染防治的财政投入。地方各级人民政府应当对本行政区域的大气环境质量负责,制定规划,采取措施,控制或者逐步削减大气污染物的排放量,使大气环境质量达到规定标准并逐步改善。

未达到国家大气环境质量标准城市的人民政府应当及时编制大气环境质量限期达标规划,采取措施,按照国务院或者省级人民政府规定的期限达到大气环境质量标准。编制城市大气环境质量限期达标规划,应当征求有关行业协会、企业事业单位、专家和公众等方面的意见。城市大气环境质量限期达标规划应当向社会公开。直辖市和设区的市的大气环境质量限期达标规划应当报国务院环境保护主管部门备案。城市大气环境质量限期达标规划应当根据大气污染防治的要求和经济、技术条件适时进行评估、修订。

(三) 重点大气污染物排放实行总量控制

根据《大气污染防治法》的规定,企业事业单位和其他生产经营者建设对大气环境有影响的项目,应当依法进行环境影响评价、公开环境影响评价文件;向大气排放污染物的,应当符合大气污染物排放标准,遵守重点大气污染物排放总量控制要求。

重点大气污染物排放总量控制目标,由国务院环境保护主管部门在征求国务院有关部门和各省、自治区、直辖市人民政府意见后,会同国务院经济综合主管部门报国务院批准并下达实施。省、自治区、直辖市人民政府应当按照国务院下达的总量控制目标,控制或者削减本行政区域的重点大气污染物排放总量。确定总量控制目标和分解总量控制指标的具体办法,由国务院环境保护主管部门会同国务院有关部门规定。

省、自治区、直辖市人民政府可以根据本行政区域大气污染防治的需要,对国家重点大气污染物之外的其他大气污染物排放实行总量控制。

案例 7-1

当地人民政府依法核定了A公司的主要大气污染排放总量并给A公司颁发了主要大气污染物排放许可证。2011年12月,当地环保部门在年终核算时发现A公司排放的主要大气污染物总量已经超过了许可证核定的排放总量,遂决定对A进行处罚。A公司认为,其排放的主要大气污染物并未超过国家和地方规定的排放标准,环保部门不应当对其进行处罚。

讨论:A公司的主张是否成立?

(四)重点排污单位管理

根据《大气污染防治法》的规定,重点排污单位应当安装、使用大气污染物排放自动监测设备,与环境保护主管部门的监控设备联网,保证监测设备正常运行并依法公开排放信息。监测的具体办法和重点排污单位的条件由国务院环境保护主管部门规定。

重点排污单位名录由设区的市级以上地方人民政府环境保护主管部门按照国务院环境保护主管部门的规定,根据本行政区域的大气环境承载力、重点大气污染物排放总量控制指标的要求以及排污单位排放大气污染物的种类、数量和浓度等因素,商有关部门确定,并向社会公布。

重点排污单位应当对自动监测数据的真实性和准确性负责。环境保护主管部门发现重点排污单位的大气污染物排放自动监测设备传输数据异常,应当及时进行调查。

(五)重点区域大气污染联合防治

由于大气污染具有流动性,仅从行政区划的角度考虑单个城市大气污染防治措施已难以解决大气污染问题,实施区域大气污染联合防治才是防治大气污染的根本途径。为此,新修订的《大气污染防治法》专章规定了"重点区域大气污染联合防治"。

根据《大气污染防治法》的规定,国务院环境保护主管部门根据主体功能区划、区域大气环境质量状况和大气污染传输扩散规律,划定国家大气污染防治重点区域,报国务院批准。重点区域内有关省、自治区、直辖市人民政府应当确定牵头的地方人民政府,定期召开联席会议,按照统一规划、统一标准、统一监测、统一的防治措施的要求,开展大气污染联合防治,落实大气污染防治目标责任。国务院环境保护主管部门应当加强指导、督促。

国务院环境保护主管部门会同国务院有关部门、国家大气污染防治重点区域内有关省、自治区、直辖市人民政府,根据重点区域经济社会发展和大气环境承载力,制定重点区域大气污染联合防治行动计划,明确控制目标,优化区域经济布局,统筹交通管理,发展清洁能源,提出重点防治任务和措施,促进重点区域大气环境质量改善。国务院经济综合主管部门会同国务院环境保护主管部门,结合国家大气污染防治重点区域产业发展实际和大气环境质量状况,进一步提高环境保护、能耗、安全、质量等要求。

重点区域内有关省、自治区、直辖市人民政府应当实施更严格的机动车大气污染物排放标准,统一在用机动车检验方法和排放限值,并配套供应合格的车用燃油。重点区域内新建、改建、扩建用煤项目的,应当实行煤炭的等量或者减量替代。

编制可能对国家大气污染防治重点区域的大气环境造成严重污染的有关工业园区、开发区、区域产业和发展等规划,应当依法进行环境影响评价。规划编制机关应当与重点区域内有关省、自治区、直辖市人民政府或者有关部门会商。重点区域内有关省、自治区、直辖市建设可能对相邻省、自治区、直辖市大气环境质量产生重大影响的项目,应当及时通报有关信息,进行会商。会商意见及其采纳情况作为环境影响评价文件审查或者审批的重要依据。

国务院环境保护主管部门应当组织建立国家大气污染防治重点区域的大气环境质量监测、大气污染源监测等相关信息共享机制,利用监测、模拟以及卫星、航测、遥感等新技术分析重点区域内大气污染来源及其变化趋势,并向社会公开。

(六)重污染天气应对

为了减少重污染天气可能导致的损害,新修订的《大气污染防治法》主要从监测预警与应急预案两个方面专门对重污染天气的应急应对措施进行了规定。

重污染天气监测预警方面,《大气污染防治法》规定,国务院环境保护主管部门会同国务院气象主管机构等有关部门、国家大气污染防治重点区域内有关省、自治区、直辖市人民政府,建立重点区域重污染天气监测预警机制,统一预警分级标准。可能发生区域重污染天气的,应当及时向重点区域内有关省、自治区、直辖市人民政府通报。省、自治区、直辖市、设区的市人民政府环境保护主管部门会同气象主管机构等有关部门建立本行政区域重污染天气监测预警机制。

省、自治区、直辖市、设区的市人民政府依据重污染天气预报信息,进行综合研判,确定预警等级并及时发出预警。预警等级根据情况变化及时调整。任何单位和个人不得擅自向社会发布重污染天气预报预警信息。预警信息发布后,人民政府及其有关部门应当通过电视、广播、网络、短信等途径告知公众采取健康防护措施,指导公众出行和调整其他相关社会活动。

重污染天气应急预案方面,《大气污染防治法》规定,省、自治区、直辖市、设区的市人民政府以及可能发生重污染天气的县级人民政府,应当制定重污染天气应急预案,向上一级人民政府环境保护主管部门备案,并向社会公布。县级以上地方人民政府应当依据重污染天气的预警等级,及时启动应急预案,根据应急需要可以采取责令有关企业停产或者限产、限制部分机动车行驶、禁止燃放烟花爆竹、停止工地土石方作业和建筑物拆除施工、停止露天烧烤、停止幼儿园和学校组织的户外活动、组织开展人工影响天气作业等应急措施。

(七)监督机制

针对之前环境保护法律实施不力的状况,新修订的《大气污染防治法》强化了对政府及其有关部门的执法监督,规定了人大监督、行政约谈、政绩考核等监督机制。

根据《大气污染防治法》的规定,城市人民政府每年在向本级人民代表大会或者其常务委员会报告环境状况和环境保护目标完成情况时,应当报告大气环境质量限期达标规划执行情况,并向社会公开。

对超过国家重点大气污染物排放总量控制指标或者未完成国家下达的大气环境质量改善目标的地区,省级以上人民政府环境保护主管部门应当会同有关部门约谈该地区人民政府的主要负责人,并暂停审批该地区新增重点大气污染物排放总量的建设项目环境影响评价文件。约谈情况应当向社会公开。

国务院环境保护主管部门会同国务院有关部门,按照国务院的规定,对省、自治区、直辖市大气环境质量改善目标、大气污染防治重点任务完成情况进行考核。省、自治区、直辖市人民政府制定考核办法,对本行政区域内地方大气环境质量改善目标、大气污染防治重点任务完成情况实施考核。考核结果应当向社会公开。

三、防治燃煤和其他能源污染的法律规定

为防治燃煤污染,《大气污染防治法》主要规定了煤炭开采控制、煤炭使用控制、锅炉和城市供热管理等方面的措施。

在煤炭开采控制方面,《大气污染防治法》规定,国家推行煤炭洗选加工,降低煤炭的硫分和灰分,限制高硫分、高灰分煤炭的开采。新建煤矿应当同步建设配套的煤炭洗选设施,使煤炭的硫分、灰分含量达到规定标准;已建成的煤矿除所采煤炭属于低硫分、低灰分或者根据已达标排放的燃煤电厂要求不需要洗选的以外,应当限期建成配套的煤炭洗选设施。禁止开采含放射性和砷等有毒有害物质超过规定标准的煤炭。

煤炭使用控制方面,《大气污染防治法》规定,国家禁止进口、销售和燃用不符合质量标准的煤炭,鼓励燃用优质煤炭。单位存放煤炭、煤矸石、煤渣、煤灰等物料,应当采取防燃措施,防止大气污染。地方各级人民政府应当采取措施,加强民用散煤的管理,禁止销售不符合民用散煤质量标准的煤炭,鼓励居民燃用优质煤炭和洁净型煤,推广节能环保型炉灶。

城市人民政府可以划定并公布高污染燃料禁燃区,并根据大气环境质量改善要求,逐步扩大高污染燃料禁燃区范围。高污染燃料的目录由国务院环境保

护主管部门确定。在禁燃区内,禁止销售、燃用高污染燃料;禁止新建、扩建燃用高污染燃料的设施,已建成的,应当在城市人民政府规定的期限内改用天然气、页岩气、液化石、油气、电或者其他清洁能源。

锅炉和城市供热管理方面,《大气污染防治法》规定,城市建设应当统筹规划,在燃煤供热地区,推进热电联产和集中供热。在集中供热管网覆盖地区,禁止新建、扩建分散燃煤供热锅炉;已建成的不能达标排放的燃煤供热锅炉,应当在城市人民政府规定的期限内拆除。县级以上人民政府质量监督部门应当会同环境保护主管部门对锅炉生产、进口、销售和使用环节执行环境保护标准或者要求的情况进行监督检查;不符合环境保护标准或者要求的,不得生产、进口、销售和使用。

四、防治工业污染的法律规定

《大气污染防治法》规定:钢铁、建材、有色金属、石油、化工等企业生产过程中排放粉尘、硫化物和氮氧化物的,应当采用清洁生产工艺,配套建设除尘、脱硫、脱硝等装置,或者采取技术改造等其他控制大气污染物排放的措施。生产、进口、销售和使用含挥发性有机物的原材料和产品的,其挥发性有机物含量应当符合质量标准或者要求。

产生含挥发性有机物废气的生产和服务活动,应当在密闭空间或者设备中进行,并按照规定安装、使用污染防治设施;无法密闭的,应当采取措施减少废气排放。石油、化工以及其他生产和使用有机溶剂的企业,应当采取措施对管道、设备进行日常维护、维修,减少物料泄漏,对泄漏的物料应当及时收集处理。储油储气库、加油加气站、原油成品油码头、原油成品油运输船舶和油罐车、气罐车等,应当按照国家有关规定安装油气回收装置并保持正常使用。钢铁、建材、有色金属、石油、化工、制药、矿产开采等企业,应当加强精细化管理,采取集中收集处理等措施,严格控制粉尘和气态污染物的排放。工业生产企业应当采取密闭、围挡、遮盖、清扫、洒水等措施,减少内部物料的堆存、传输、装卸等环节产生的粉尘和气态污染物的排放。工业生产、垃圾填埋或者其他活动产生的可燃性气体应当回收利用,不具备回收利用条件的,应当进行污染防治处理。可燃性气体回收利用装置不能正常作业的,应当及时修复或者更新。

对违反上述规定者,由县级以上人民政府环境保护主管部门责令改正,处二万元以上二十万元以下的罚款;拒不改正的,责令停产整治。

五、防治机动车船污染的法律规定

机动车船污染防治是此次《大气污染防治法》修改的重点,修订之后《大气污染防治法》主要规定了新车船污染排放控制、在用车船污染排放控制、燃料控制等方面的措施。

新车船污染排放控制方面,《大气污染防治法》规定,禁止生产、进口或者销售大气污染物排放超过标准的机动车船、非道路移动机械。机动车、非道路移动机械生产企业应当对新生产的机动车和非道路移动机械进行排放检验。经检验合格的,方可出厂销售。检验信息应当向社会公开。省级以上人民政府环境保护主管部门可以通过现场检查、抽样检测等方式,加强对新生产、销售机动车和非道路移动机械大气污染物排放状况的监督检查。工业、质量监督、工商行政管理等有关部门予以配合。

在用机动车船污染控制方面,《大气污染防治法》规定,机动车排放检验机构定期对在用机动车进行排放检验,经检验合格的,方可上道路行驶。县级以上地方人民政府环境保护主管部门可以在机动车集中停放地、维修地对在用机动车的大气污染物排放状况进行监督抽测;在不影响正常通行的情况下,可以通过遥感监测等技术手段对在道路上行驶的机动车的大气污染物排放状况进行监督抽测,公安机关交通管理部门予以配合。在用机动车排放大气污染物超过标准的,应当进行维修;经维修或者采用污染控制技术后,大气污染物排放仍不符合国家在用机动车排放标准的,应当强制报废。

国家建立机动车和非道路移动机械环境保护召回制度。生产、进口企业获知机动车、非道路移动机械排放大气污染物超过标准,属于设计、生产缺陷或者不符合规定的环境保护耐久性要求的,应当召回;未召回的,由国务院质量监督部门会同国务院环境保护主管部门责令其召回。

城市人民政府可以根据大气环境质量状况,划定并公布禁止使用高排放非道路移动机械的区域。在禁止使用高排放非道路移动机械的区域使用高排放非道路移动机械的,由城市人民政府环境保护等主管部门依法予以处罚。

燃料控制方面,《大气污染防治法》规定,石油炼制企业应当按照燃油质量标准生产燃油。禁止进口、销售和燃用不符合质量标准的石油焦。制定燃油质量标准,应当符合国家大气污染物控制要求,并与国家机动车船、非道路移动机械大气污染物排放标准相互衔接,同步实施。禁止生产、进口、销售不符合标准的机动车船、非道路移动机械用燃料;禁止向汽车和摩托车销售普通柴油以及其他非机动车用燃料;禁止向非道路移动机械、内河和江海直达船舶销售渣油和重油。发动机油、氮氧化物还原剂、燃料和润滑油添加剂以及其他添加剂的有害物质含量和其他大气环境保护指标,应当符合有关标准的要求,不得损害机动车船污染控制装置效果和耐久性,不得增加新的大气污染物排放。

此外,《大气污染防治法》还规定,国家倡导环保驾驶,鼓励燃油机动车驾驶人在不影响道路通行且需停车三分钟以上的情况下熄灭发动机,减少大气污染物的排放。

六、防治扬尘污染的法律规定

目前我国城市大气总悬浮颗粒物的很大一部分来自扬尘,《大气污染防治法》对建设施工、运输、料堆和渣土堆放等领域的防治扬尘污染控制措施做了规定。

建设施工扬尘控制方面,《大气污染防治法》规定,建设单位应当将防治扬尘污染的费用列入工程造价,并在施工承包合同中明确施工单位扬尘污染防治责任。施工单位应当制定具体的施工扬尘污染防治实施方案。施工单位应当在施工工地设置硬质围挡,并采取覆盖、分段作业、择时施工、洒水抑尘、冲洗地面和车辆等有效防尘降尘措施。建筑土方、工程渣土、建筑垃圾应当及时清运;在场地内堆存的,应当采用密闭式防尘网遮盖。工程渣土、建筑垃圾应当进行资源化处理。

道路运输扬尘控制方面,《大气污染防治法》规定,运输煤炭、垃圾、渣土、砂石、土方、灰浆等散装、流体物料的车辆应当采取密闭或者其他措施防止物料遗撒造成扬尘污染,并按照规定路线行驶。对违反者,由县级以上地方人民政府确定的监督管理部门责令改正,处二千元以上二万元以下的罚款;拒不改正的,车辆不得上道路行驶。

料堆和渣土堆放扬尘控制方面,《大气污染防治法》规定,贮存煤炭、煤矸石、煤渣、煤灰、水泥、石灰、石膏、砂土等易产生扬尘的物料应当密闭;不能密闭的,应当设置不低于堆放物高度的严密围挡,并采取有效覆盖措施防治扬尘污染。码头、矿山、填埋场和消纳场应当实施分区作业,并采取有效措施防治扬尘污染。

建筑施工或者贮存易产生扬尘的物料未采取有效措施防治扬尘污染的,根据具体情形由县级以上人民政府住房城乡建设或环境保护等主管部门按照职责责令改正,处一万元以上十万元以下的罚款;拒不改正的,责令停工整治或者停业整治。受到罚款处罚,被责令改正,拒不改正的,依法作出处罚决定的行政机关可以自责令改正之日的次日起,按照原处罚数额按日连续处罚。

七、其他重要大气污染防治的法律规定

农业污染防治方面,《大气污染防治法》规定,地方各级人民政府应当推动转变农业生产方式,发展农业循环经济,加大对废弃物综合处理的支持力度,加强对农业生产经营活动排放大气污染物的控制。农业生产经营者应当改进施肥方式,科学合理施用化肥并按照国家有关规定使用农药,减少氨、挥发性有机物等大气污染物的排放。禁止露天焚烧秸秆、落叶等产生烟尘污染的物质。禁止在人口集中地区对树木、花草喷洒剧毒、高毒农药。畜禽养殖场、养殖小区应当及时对污水、畜禽粪便和尸体等进行收集、贮存、清运和无害化处理,防止排放恶臭气体。对违反者,由县级以上地方人民政府确定的监督管理部门责令改正,并可以处五百元以上二千元以下的罚款。

为履行《保护臭氧层的维也纳公约》和《关于消耗臭氧层物质的蒙特利尔议定书》,《大气污染防治法》中加入了对消耗臭氧层物质管制的原则性规定,即国家鼓励、支持消耗臭氧层物质替代品的生产和使用,逐步减少直至停止消耗臭氧层物质的生产和使用。国家对消耗臭氧层物质的生产、使用、进出口实行总量控制和配额管理。2010年,国务院颁布了《消耗臭氧层物质管理条例》;2014年国务院颁布了《消耗臭氧层物质进出口管理办法》。

第三节 水污染防治法

一、概述

1979年,我国《环境保护法》(试行)首次以法律的形式对水污染的防治作出了原则性的规定。1984年,我国制定了第一部防治水污染的专门法律《水污染防治法》,1989年我国又颁布了与之配套的《水污染防治法实施细则》。

鉴于实行社会主义市场经济以后我国水污染防治的对象等发生了重大变化,水污染在总体上呈继续恶化趋势等现实情况,1996年我国对《水污染防治法》进行了第一次修改,主要强化或新增了水污染防治的流域管理、城市污水的集中治理、对饮用水源保护等方面的内容。2000年3月,国务院制定了新的《水污染防治法实施细则》。

针对水污染持续恶化的状况,2008年我国对《水污染防治法》进行了第二次修改,进一步加强了对饮用水水源和其他特殊水体的保护,实行了禁止超标排污和重点水污染物排放总量控制和许可制度,并加大了对违法行为的处罚力度。

我国立法中所谓的"水污染"特指陆地水污染,即江河、湖泊、运河、渠道、水库等地表水体和地下水体的污染,海洋污染防治适用《海洋环境保护法》。

二、水污染防治的一般规定

(一)水污染防治的监督管理体制

水污染防治实施统一监督管理与分部门监督管理相结合的管理体制。环保部门对水污染防治实施统一监督管理,海事部门对船舶污染防治实施监督管理,水行政、国土资源、卫生、建设、农业、渔业等部门以及重要江河、湖泊的流域管理机构,在各自的职责范围内,对有关水污染防治实施监督管理。

国家实行水环境保护目标责任制和考核评价制度,水环境保护目标完成情况是对地方人民政府及其负责人考核评价的内容之一。

(二) 水环境标准制度

水环境标准体系的核心是《地表水环境质量标准》，该标准将地表水水域功能区划分为五类：Ⅰ类—主要适用于源头水、国家自然保护区；Ⅱ类—主要适用于集中式生活饮用水地表水源地一级保护区、珍稀水生生物栖息地、鱼虾类产卵场、仔稚幼鱼的索饵场等；Ⅲ类—主要适用于集中式生活饮用水地表水源地二级保护区、鱼虾类越冬场、洄游通道、水产养殖区等渔业水域及游泳区；Ⅳ类—主要适用于一般工业用水区及人体非直接接触的娱乐用水区；Ⅴ类—主要适用于农业用水区及一般景观要求水域。

《地表水环境质量标准》主要对 24 种项目规定了具体的标准限值。与五类水域功能区相对应，地表水环境质量标准的基本项目标准值也分为五类，不同功能类别分别执行相应类别的标准值。同一水域兼有多类使用功能的，执行最高功能类别对应的标准值。

除综合性的《地表水质量标准》外，我国还分别制定了《渔业水质标准》《景观娱乐用水水质标准》《地下水质量标准》《农田灌溉水质标准》等水质标准。

在水污染物排放标准方面，最重要的是《污水综合排放标准》。该标准按照污水排放去向，分年限规定了 69 种水污染物最高允许排放浓度及部分行业最高允许排水量。另外，我国还制定了《造纸工业水污染物排放标准》《畜禽养殖业污染物排放标准》等行业水污染物排放标准。

超标排污的，责令限期治理，处应缴纳排污费数额二倍以上五倍以下的罚款。限期治理期限最长不得超过一年。

(三) 水污染防治规划制度

防治水污染应当按流域或者按区域进行统一规划。

流域水污染防治规划的内容应当包括水体的环境功能要求、分阶段达到的水质目标及时限、水污染防治的重点控制区域和重点污染源以及具体实施措施、流域城市排水与污水处理设施建设规划等。

国家确定的重要江河、湖泊的流域水污染防治规划，由国务院环保部门会同国务院经济综合宏观调控、水行政等部门和有关省、自治区、直辖市人民政府编制,报国务院批准。

其他跨省、自治区、直辖市江河、湖泊的流域水污染防治规划,根据国家确定的重要江河、湖泊的流域水污染防治规划和本地实际情况,由有关省、自治区、直辖市人民政府环保部门会同同级水行政等部门和有关市、县人民政府编制,经有关省、自治区、直辖市人民政府审核,报国务院批准。

省、自治区、直辖市内跨县江河、湖泊的流域水污染防治规划,根据国家确定的重要江河、湖泊的流域水污染防治规划和本地实际情况,由省、自治区、直辖市人民政府环境保护主管部门会同同级水行政等部门编制,报省、自治区、直辖市人民政府批准,并报国务院备案。

经批准的水污染防治规划是防治水污染的基本依据,规划的修订须经原批准机关批准。县级以上地方人民政府应当根据依法批准的江河、湖泊的流域水污染防治规划,组织制定本行政区域的水污染防治规划。

(四)重点水污染物排放总量控制制度

省级人民政府可以根据本行政区域水环境质量状况和水污染防治工作的需要,确定本行政区域实施总量削减和控制的重点水污染物。然后按照国务院的规定削减和控制本行政区域的重点水污染物排放总量,并将重点水污染物排放总量控制指标分解落实到市、县人民政府。市、县人民政府根据本行政区域重点水污染物排放总量控制指标的要求,将重点水污染物排放总量控制指标分解落实到排污单位。

对超过重点水污染物排放总量控制指标的地区,有关人民政府环保部门应当暂停审批新增重点水污染物排放总量的建设项目的环境影响评价文件。

国务院环保部门对未按照要求完成重点水污染物排放总量控制指标的省、自治区、直辖市予以公布。省级人民政府环保部门对未按照要求完成重点水污染物排放总量控制指标的市、县予以公布。县级以上人民政府环保部门对违反本法规定、严重污染水环境的企业予以公布。

(五)水污染物排污许可制度

直接或者间接向水体排放工业废水和医疗污水以及其他按照规定应当取得排污许可证方可排放的废水、污水的企业事业单位,应当取得排污许可证。

城镇污水集中处理设施的运营单位,也应当取得排污许可证。

向水体排放污染物的企业事业单位和个体工商户,应当按照法律、行政法规和国务院环保部门的规定设置排污口;在江河、湖泊设置排污口的,还应当遵守国务院水行政主管部门的规定。

禁止企业事业单位无排污许可证或者违反排污许可证的规定向水体排放前款规定的废水、污水。禁止私设暗管或者采取其他规避监管的方式排放水污染物。

(六)污染源监测制度

排放工业废水的企业,应当对其所排放的工业废水进行监测,并保存原始监测记录;重点排污单位应当安装水污染物排放自动监测设备,与环保部门的监控设备联网,并保证监测设备正常运行。违反者,处一万元以上十万元以下的罚款。

重点排污单位名录,由设区的市级以上地方人民政府环保部门根据本行政区域的环境容量、重点水污染物排放总量控制指标的要求以及排污单位排放水污染物的种类、数量和浓度等因素,商同级有关部门确定。

三、城镇污水集中处理的法律规定

城镇污水集中处理设施的运营单位按照国家规定向排污者提供污水处理的有偿服务,收取污水处理费用,保证污水集中处理设施的正常运行。

向城镇污水集中处理设施排放污水、缴纳污水处理费用的,不再缴纳排污费。收取的污水处理费用应当用于城镇污水集中处理设施的建设和运行,不得挪作他用。

向城镇污水集中处理设施排放水污染物,应当符合国家或者地方规定的水污染物排放标准。城镇污水集中处理设施的出水水质达到国家或者地方规定的水污染物排放标准的,可以按照国家有关规定免缴排污费。

城镇污水集中处理设施的运营单位,应当对城镇污水集中处理设施的出水水质负责。环保部门应当对城镇污水集中处理设施的出水水质和水量进行监督检查。

 案例 7-2

A公司与B污水处理厂签订了服务协议,由A缴纳污水处理费,B提供废水处理服务。2009年6月,因设备故障,污水处理厂的出水严重超标,导致排污口下游养殖户C的水产死亡。

讨论:C的损失应当由谁赔偿?

四、饮用水源保护的法律规定

饮用水水源保护区的划定,由有关市、县人民政府提出划定方案,报省级人民政府批准;跨区域饮用水水源保护区的划定,由有关人民政府协商提出划定方案,报共同的上一级人民政府批准;协商不成的,上级人民政府环保部门会同同级水行政、国土资源、卫生、建设等部门提出划定方案,征求同级有关部门的意见后,报该人民政府批准。

国务院和省级人民政府可以根据保护饮用水水源的实际需要,调整饮用水水源保护区的范围,确保饮用水安全。有关地方人民政府应当在饮用水水源保护区的边界设立明确的地理界标和明显的警示标志。

饮用水水源保护区分为一级保护区和二级保护区;必要时,可以在饮用水水源保护区外围划定一定的区域作为准保护区。

在饮用水水源保护区内,禁止设置排污口。对违反者,责令限期拆除,处十万元以上五十万元以下的罚款;逾期不拆除的,强制拆除,所需费用由违法者承担,处五十万元以上一百万元以下的罚款,并可以责令停产整顿。

禁止在饮用水水源一级保护区内新建、改建、扩建与供水设施和保护水源无关的建设项目;禁止在饮用水水源二级保护区内新建、改建、扩建排放污染物的建设项目;禁止在饮用水水源准保护区内新建、扩建对水体污染严重的建设项目,改建建设项目不得增加排污量。对违反者,处十万元以上五十万元以下罚款,并报经有批准权的人民政府批准,责令拆除或者关闭。

禁止在饮用水水源一级保护区内从事网箱养殖、旅游、游泳、垂钓或者其他可能污染饮用水水体的活动。对违反者,处二万元以上十万元以下罚款,个人违反的可处五百元以下的罚款。

县级以上地方人民政府应当根据保护饮用水水源的实际需要,在准保护区内采取工程措施或者建造湿地、水源涵养林等生态保护措施,防止水污染物直接排入饮用水水体,确保饮用水安全。

案例 7-3

某市人大常委会据此制定的有关引水渠环境保护条例规定:引水渠一级保护区为非建设区和非旅游区,禁止在引水渠两侧各水平外延100米以内地区新建、改建、扩建除水利或者供水工程以外的工程项目。

2009年,该市为了实施修建输电线工程的计划,在引水渠一级保护区100米内新建数十座高压线铁塔。对此许多公众提出了反对意见。争议的焦点在于"高压线铁塔"是否属于法律和地方性法规禁止在引水渠两侧各水平外延100米以内地区新建的项目。

对此,该市人民政府依照条例的授权作出了这样的解释:该条例规定的禁止建设的工程项目是指用于生产、经营、生活、工作、居住等对引水渠的水质产生污染的建设项目,不包括对水质不产生污染或污染威胁的市政基础设施建设项目。

讨论:某市人民政府的上述解释正确吗?

五、防治农村和农业水污染的法律规定

使用农药应当符合国家有关农药安全使用的规定和标准。运输、存贮农药和处置过期失效农药,应当加强管理,防止造成水污染。县级以上地方人民政府农业主管部门和其他有关部门,应当采取措施,指导农业生产者科学、合理地施用化肥和农药,控制化肥和农药的过量使用,防止造成水污染。

畜禽养殖场、养殖小区应当保证其畜禽粪便、废水的综合利用或者无害化处理设施正常运转,保证污水达标排放,防止污染水环境。从事水产养殖应当保护水域生态环境,科学确定养殖密度,合理投饵和使用药物,防止污染水环境。

向农田灌溉渠道排放工业废水和城镇污水,应当保证其下游最近的灌溉取水点的水质符合农田灌溉水质标准。利用工业废水和城镇污水进行灌溉,应当防止污染土壤、地下水和农产品。

六、防治船舶水污染的法律规定

船舶排放含油污水、生活污水,应当符合船舶污染物排放标准。从事海洋航运的船舶进入内河和港口的,应当遵守内河的船舶污染物排放标准。船舶的残油、废油应当回收,禁止排入水体。禁止向水体倾倒船舶垃圾。船舶装载运输油类或者有毒货物,应当采取防止溢流和渗漏的措施,防止货物落水造成水污染。

船舶应当按照国家有关规定配置相应的防污设备和器材,并持有合法有效的防止水域环境污染的证书与文书。对违反者,处二千元以上二万元以下的罚款;逾期不改正的,责令船舶临时停航。船舶进行涉及污染物排放的作业,应当严格遵守操作规程,并在相应的记录簿上如实记载。对违反者,处二千元以上二万元以下的罚款。

港口、码头、装卸站和船舶修造厂应当备有足够的船舶污染物、废弃物的接收设施。从事船舶污染物、废弃物接收作业,或者从事装载油类、污染危害性货物船舱清洗作业的单位,应当具备与其运营规模相适应的接收处理能力。

七、水污染事故应急处理的法律规定

可能发生水污染事故的企业事业单位,应当制定有关水污染事故的应急方案,做好应急准备,并定期进行演练。对违反者,责令改正;情节严重的,处二万元以上十万元以下的罚款。

生产、储存危险化学品的企业事业单位,应当采取措施,防止在处理安全生产事故过程中产生的可能严重污染水体的消防废水、废液直接排入水体。

企业事业单位发生事故或者其他突发性事件,造成或者可能造成水污染事故的,应当立即启动本单位的应急方案,采取应急措施,并向事故发生地的县级以上地方人民政府或者环保部门报告。环保部门接到报告后,应当及时向本级人民政府报告,并抄送有关部门。

造成渔业污染事故或者渔业船舶造成水污染事故的,应当向事故发生地的渔业主管部门报告,接受调查处理。其他船舶造成水污染事故的,应当向事故发生地的海事管理机构报告,接受调查处理;给渔业造成损害的,海事管理机构应当通知渔业主管部门参与调查处理。

企业事业单位造成水污染事故的,处以罚款,责令限期采取治理措施,消除污染;对造成重大或者特大水污染事故的,可以报经有批准权的人民政府批准,责令关闭;对直接负责的主管人员和其他直接责任人员可以处上一年度从本单位取得的收入百分之五十以下的罚款。对造成一般或者较大水污染事故的,按照水污染事故造成的直接损失的百分之二十计算罚款;对造成重大或者特大水污染事故的,按照水污染事故造成的直接损失的百分之三十计算罚款。

造成渔业污染事故或者渔业船舶造成水污染事故的,由渔业主管部门进行处罚;其他船舶造成水污染事故的,由海事管理机构进行处罚。

第四节 海洋污染防治法

一、概述

我国的海洋污染防治立法始于20世纪70年代。1974年,国务院批准发布了《防止沿海水域污染暂行规定》,对沿海水域的污染防治作了较详细的规定。

1982年,我国颁布实施了《海洋环境保护法》,这是我国第一部以海洋环境污染防治为主要内容的专门法律。此后我国又陆续颁布了《防止船舶污染海域管理条例》(1983年,已失效)、《海洋石油勘探开发环境保护管理条例》(1983年)、《海洋倾废管理条例》(1985年)、《防止拆船污染环境管理条例》(1988年)、《防治陆源污染物污染损害海洋环境管理条例》(1990年)、《防治海岸工程建设项目污染损害海洋环境管理条例》(1990年)等行政法规。

1999年,我国对《海洋环境保护法》进行了大幅修改,增加了重点海域污染物总量控制制度、海洋污染事故应急制度、船舶油污损害民事赔偿制度和船舶油污保险制度和海洋环境污染民事损害赔偿制度等内容。同时,也配套制定了《防治海洋工程建设项目污染损害海洋环境管理条例》(2006年)、《防治船舶污染海洋环境管理条例》(2009年),并于2007年修改了《防治海岸工程建设项目污染损害海洋环境管理条例》。

为落实十二届全国人大一次会议通过的关于国务院机构改革和职能转变方案的决定,依法推进行政审批制度改革和政府职能转变,2013年全国人大常委会对《海洋环境保护法》进行了小幅修改。

《海洋环境保护法》适用于中华人民共和国内水、领海、毗连区、专属经济区、大陆架以及中华人民共和国管辖的其他海域。在中华人民共和国管辖海域以外,造成中华人民共和国管辖海域污染的,也适用该法。

专栏 7-1

内水、领海、毗连区、专属经济区、大陆架

内水是领海基线向陆一面的水域,它构成国家领水的一部分,由港口、海湾、河口以及领海基线与海岸之间的其他海域组成。内水是国家领土的一部分,其法律地位与陆地领土相同,沿海国对其享有完全和排他的主权。

领海为沿海国的主权及于其陆地领土以及内水外邻接的一带海域,在群岛国的情形下及于群岛水域以外邻接的一带海域。1982年《联合国海洋法公约》规定,"每一国家有权确定其领海宽度,直至从按照本公约确定的基线量起不超过12海里的界限为止。"我国1958年《关于领海的声明》和1992年《领海及毗连区法》都规定,我国的领海宽度为12海里。

> 毗连区是邻接领海并由沿海国对某些事项行使必要管制的一定宽度的海域。我国《领海及毗连区法》规定,我国毗连区的宽度为12海里。
>
> 专属经济区是指领海以外并邻接领海的一个区域,其宽度从测算领海宽度的基线量起,不超过200海里。沿海国在专属经济区内的权利主要是与自然资源和经济活动有关的权利。
>
> 大陆架指从海岸向海自然延伸到大陆坡为止的,一段坡度比较平坦的海底区域。1982年《联合国海洋法公约》第76条规定,"沿海国的大陆架包括其领海以外依其陆地领土的全部自然延伸,扩展到大陆外缘的海底区域的海床和底土。如果从测算领海宽度的基线量起到大陆边的外缘的距离不到200海里,则扩展到200海里的距离。"
>
> 参考文献:邵沙平.国际法(第二版).中国人民大学出版社,2010.

二、海洋污染防治的一般规定

(一)海洋污染防治的监督管理体制

国务院环保部门主管全国海洋环境的保护工作;沿海省、自治区、直辖市环保部门负责组织协调、监督检查本行政区内的海洋环境保护工作,并主管防止海岸工程和陆源污染物污染损害海洋环境的环境保护工作。

国家海洋行政主管部门负责海洋环境的监督管理,组织海洋环境的调查、监测、监视、评价和科学研究,负责全国防治海洋工程建设项目和海洋倾倒废弃物对海洋污染损害的环境保护工作。

国家海事行政主管部门负责所辖港区水域内非军事船舶和港区水域外非渔业、非军事船舶污染海洋环境的监督管理,并负责污染事故的调查处理;对在中华人民共和国管辖海域航行、停泊和作业的外国籍船舶造成的污染事故登轮检查处理。船舶污染事故给渔业造成损害的,应当吸收渔业行政主管部门参与调查处理。

国家渔业行政主管部门负责渔港水域内非军事船舶和渔港水域外渔业船

舶污染海洋环境的监督管理,负责保护渔业水域生态环境工作,并调查处理前款规定的污染事故以外的渔业污染事故。

军队环境保护部门负责军事船舶污染海洋环境的监督管理及污染事故的调查处理。

(二)海洋环境标准制度

1997年,我国制定了《海水水质标准》,对35类海洋污染物的限制做了具体规定,并按照海域的不同使用功能和保护目标将海水水质功能区分为四类:第一类适用于海洋渔业水域,海上自然保护区和珍稀濒危海洋生物保护区;第二类适用于水产养殖区,海水浴场,人体直接接触海水的海上运动或娱乐区,以及与人类食用直接有关的工业用水区;第三类适用于一般工业用水区,滨海风景旅游区;第四类适用于海洋港口水域,海洋开发作业区。

由于我国海洋污染物主要来源于陆地排放,因此《海洋环境保护法》规定,国家和地方水污染物排放标准的制定,应当将国家和地方海洋环境质量标准作为重要依据之一。在国家建立并实施排污总量控制制度的重点海域,水污染物排放标准的制定,应当将主要污染物排海总量控制指标作为重要依据。目前专门针对海洋污染的排放标准主要有《海洋石油开发工业含油污水排放标准》和《污水海洋处置工程污染控制标准》等。

(三)海洋功能区制度

国家海洋行政主管部门会同国务院有关部门和沿海省、自治区、直辖市人民政府拟定全国海洋功能区划,报国务院批准。沿海地方各级人民政府应当根据全国和地方海洋功能区划,科学合理地使用海域。

海洋功能区划实行分级审批。全国海洋功能区划,报国务院批准。沿海省、自治区、直辖市海洋功能区划,经该省级人民政府审核同意后,报国务院批准。沿海市、县海洋功能区划,经该市、县人民政府审核同意后,报所在的省级市人民政府批准,报国务院海洋行政主管部门备案。海洋功能区划的修改,由原编制机关会同同级有关部门提出修改方案,报原批准机关批准;未经批准,不得改变海洋功能区划确定的海域功能。

养殖、盐业、交通、旅游等行业规划涉及海域使用的,应当符合海洋功能区划。沿海土地利用总体规划、城市规划、港口规划涉及海域使用的,应当与海洋功能区划相衔接。国家根据海洋功能区划制定全国海洋环境保护规划和重点海域区域性海洋环境保护规划。

三、防治陆源污染的法律规定

《海洋环境保护法》从入海排污口设置、入海排污行为管制两个方面规定了陆源污染控制的措施。

设置入海排污口应当根据海洋功能区划、海水动力条件和有关规定,经科学论证后,报设区的市级以上人民政府环保部门审查批准。对违反者,责令其关闭,并处二万元以上十万元以下的罚款。

环保部门在批准设置入海排污口之前,必须征求海洋、海事、渔业行政主管部门和军队环境保护部门的意见。在海洋自然保护区、重要渔业水域、海滨风景名胜区和其他需要特别保护的区域,不得新建排污口。在有条件的地区,应当根据海洋功能区划、海水动力条件和海底工程设施的具体情况,将排污口深海设置,实行离岸排放。

陆源污染物排放的禁止性措施主要包括:禁止向海域排放油类、酸液、碱液、剧毒废液和高、中水平放射性废水;禁止经中华人民共和国内水、领海转移危险废物。

陆源污染物排放的限制性措施主要包括:严格限制向海域排放低水平放射性废水,确需排放的必须严格执行国家辐射防护规定;严格控制向海域排放含有不易降解的有机物和重金属的废水;含病原体的医疗污水、生活污水和工业废水必须经过处理,符合国家有关排放标准后,方能排入海域;含有机物和营养物质的工业废水、生活污水,应当严格控制向海湾、半封闭海及其他自净能力较差的海域排放;向海域排放含热废水,必须采取有效措施,保证邻近渔业水域的水温符合国家海洋环境质量标准,避免热污染对水产资源的危害;沿海农田、林场施用化学农药,必须执行国家农药安全使用的规定和标准;沿海农田、林场应当合理使用化肥和植物生长调节剂。

对违反上述规定者,除由政府有关部门责令限期改正外,可根据情节并处二万至二十万元的罚款。

四、防治海岸工程污染的法律规定

海岸工程①必须在建设项目可行性研究阶段,对海洋环境进行科学调查,根据自然条件和社会条件,合理选址,编报环境影响报告书,报环境保护行政主管部门审查批准。环境保护行政主管部门在批准环境影响报告书之前,必须征求海洋、海事、渔业行政主管部门和军队环境保护部门的意见。对违反者,责令停止建设和采取补救措施,并处五万元以上二十万元以下的罚款;或者责令限期拆除。

海岸工程建设项目的环境保护设施,必须与主体工程同时设计、同时施工、同时投产使用。对违反者,责令停止生产或者使用,并处二万元以上十万元以下的罚款。

在依法划定的海洋自然保护区、海滨风景名胜区、重要渔业水域及其他需要特别保护的区域,不得从事污染环境、破坏景观的海岸工程项目建设或者其他活动。禁止在沿海陆域内新建不具备有效治理措施的化学制浆造纸、化工、印染、制革、电镀、酿造、炼油、岸边冲滩拆船以及其他严重污染海洋环境的工业生产项目。严格限制在海岸采挖砂石,露天开采海滨砂矿和从岸上打井开采海底矿产资源,必须采取有效措施,防止污染海洋环境。

此外,建造海岸工程必须采取保护国家和地方重点保护的野生动植物及其生存环境和海洋水产资源措施。新建、改建、扩建海岸工程建设项目,必须把防治污染所需资金纳入建设项目投资计划。

五、防治海洋工程污染的法律规定

海洋工程建设项目②必须符合海洋功能区划、海洋环境保护规划和国家有关环境保护标准,在可行性研究阶段,编报海洋环境影响报告书,由海洋行政主

---

① 海岸工程建设项目,是指位于海岸或者与海岸连接,为控制海水或者利用海洋完成部分或者全部功能,并对海洋环境有影响的基本建设项目、技术改造项目和区域开发工程建设项目。
② 海洋工程建设是指在海岸线以下施工兴建的各类海洋工程建设项目。

管部门核准,并报环境保护行政主管部门备案,接受环境保护行政主管部门监督。海洋行政主管部门在核准海洋环境影响报告书之前,必须征求海事、渔业行政主管部门和军队环境保护部门的意见。

海洋工程建设项目的环境保护设施,必须与主体工程同时设计、同时施工、同时投产使用。拆除或者闲置环境保护设施,必须事先征得海洋行政主管部门的同意。对违反者,责令停止施工或者生产、使用,并处五万元以上二十万元以下的罚款。

海洋工程建设项目,不得使用含超标准放射性物质或者易溶出有毒有害物质的材料。对违反者,处五万元以下的罚款,并责令停止该建设项目的运行,直到消除污染危害。

海洋石油钻井船、钻井平台和采油平台的含油污水和油性混合物,必须经过处理达标后排放;残油、废油必须予以回收,不得排放入海;经回收处理后排放的,其含油量不得超过国家规定的标准;钻井所使用的油基泥浆和其他有毒复合泥浆不得排放入海;水基泥浆和无毒复合泥浆及钻屑的排放,必须符合国家有关规定;海洋石油钻井船、钻井平台和采油平台及其有关海上设施,不得向海域处置含油的工业垃圾;处置其他工业垃圾,不得造成海洋环境污染。海上试油时,应当确保油气充分燃烧,油和油性混合物不得排放入海;勘探开发海洋石油,必须按有关规定编制溢油应急计划,报国家海洋行政主管部门的海区派出机构备案。对违反上述规定进行海洋石油勘探开发活动,造成海洋环境污染的,予以警告,并处二万元以上二十万元以下的罚款。

六、防治海洋倾废污染的法律规定

需要进行海洋倾废①的单位,必须向国家海洋行政主管部门提出书面申请,经国家海洋行政主管部门审查批准,发给许可证后,方可倾倒。

向海洋倾倒废弃物,按照废弃物的类别和数量实行分级管理。根据废弃物的毒性、有害物质含量和对海洋环境的影响等因素,我国将向海洋倾倒的废弃

---

① 海洋倾废是指,通过船舶、航空器、平台或者其他载运工具,向海洋处置废弃物和其他有害物质的行为,包括弃置船舶、航空器、平台及其辅助设施和其他浮动工具的行为。

物及其相应的倾废许可证分为三类:第一类是禁止倾倒的废弃物,主要是指毒性大或长期不能分解及严重妨害海上航行、渔业等活动的物质;当出现紧急情况,在陆地上处置这类物质会严重危及人民健康时,经国家海洋局批准,获得紧急许可证,可到指定的区域按规定的方法倾倒。第二类是需要获得特别许可证才能倾倒的废弃物,主要是指对海洋生物没有剧毒性,但能通过生物富集污染水产品或危害航行、渔业等活动的物质;第三类是事先获得普通许可证即可倾倒的废弃物,主要是指前两类物质之外的其他低毒性或无毒的废弃物。

可以向海洋倾倒的废弃物名录,由国家海洋行政主管部门拟定,经国务院环境保护行政主管部门提出审核意见后,报国务院批准。

海洋倾倒区分为一、二、三类倾倒区、试验倾倒区和临时倾倒区。一、二、三类倾倒区是为处置一、二、三类废弃物而相应确定的,其中一类倾倒区是为紧急处置一类废弃物而确定的;试验倾倒区是为倾倒试验而确定的(使用期不超过两年);临时倾倒区是因工程需要等特殊原因而划定的一次性专用倾倒区。

国家海洋行政主管部门按照科学、合理、经济、安全的原则选划海洋倾倒区,经国务院环境保护行政主管部门提出审核意见后,报国务院批准。临时性海洋倾倒区由国家海洋行政主管部门批准,并报国务院环保部门备案。

国家海洋行政主管部门监督管理倾倒区的使用,组织倾倒区的环境监测。对经确认不宜继续使用的倾倒区,国家海洋行政主管部门应当予以封闭,终止在该倾倒区的一切倾倒活动,并报国务院备案。

获准倾倒废弃物的单位,必须按照许可证注明的期限及条件,到指定的区域进行倾倒;详细记录倾倒的情况,并在倾倒后向批准部门作出书面报告。对违反者,予以警告,并处三万元以上二十万元以下的罚款;对情节严重的,可以暂扣或者吊销许可证。

禁止在海上焚烧废弃物;禁止在海上处置放射性废弃物或者其他放射性物质,废弃物中的放射性物质的豁免浓度由国务院制定。

七、防治船舶污染的法律规定

任何船舶及相关作业不得违法向海洋排放污染物、废弃物和压载水、船舶垃圾及其他有害物质。船舶必须按照有关规定持有防止海洋环境污染的证书与文书,在进行涉及污染物排放及操作时,应当如实记录。载运具有污染危害性货物进出港口的船舶,其承运人、货物所有人或者代理人,必须事先向海事行政主管部门申报;需要船舶装运污染危害性不明的货物,应当按照有关规定事先进行评估,经批准后,方可进出港口、过境停留或者装卸作业;交付船舶装运污染危害性货物的单证、包装、标志、数量限制等,必须符合对所装货物的有关规定;装卸油类及有毒有害货物的作业,船岸双方必须遵守安全防污操作规程。对违反者,予以警告,或者处以二万元以上二十万元以下罚款。

当船舶发生海难事故,造成或者可能造成海洋环境重大污染损害的,国家海事行政主管部门有权强制采取避免或者减少污染损害的措施。对在公海上因发生海难事故,造成中华人民共和国管辖海域重大污染损害后果或者具有污染威胁的船舶、海上设施,国家海事行政主管部门有权采取与实际的或者可能发生的损害相称的必要措施。

所有船舶均有监视海上污染的义务,在发现海上污染事故或者违反本法规定的行为时,必须立即向就近的依照本法规定行使海洋环境监督管理权的部门报告。民用航空器发现海上排污或者污染事件,必须及时向就近的民用航空空中交通管制单位报告。接到报告的单位,应当立即向依照本法规定行使海洋环境监督管理权的部门通报。

此外,为有效补偿和赔偿油污损害,根据《海洋环境环保法》的规定,我国按照船舶油污损害赔偿责任由船东和货主共同承担风险的原则,建立船舶油污保险、油污损害赔偿基金制度。

第五节 固体废物污染环境防治法

一、概述

固体废物是指在生产、生活和其他活动中产生的丧失原有利用价值或者虽未丧失利用价值但被抛弃或者放弃的固态、半固态和置于容器中的气态的物品、物质以及法律、行政法规规定纳入固体废物管理的物品、物质。

从 20 世纪 70 年代开始,我国全面地开展了有关固体废物的综合利用和管理工作,但是在固体废物管理方面并没有统一的法律规范。1982 年,我国颁布了《城市市容环境卫生管理条例(试行)》对市容环境卫生和城市生活垃圾的管理作出了规定;1985 年我国制定了《海洋倾废管理条例》对向海洋倾废行为及其方法作出了规定;1989 年我国制定了《传染病防治法》对传染病病原体污染的垃圾等的卫生处理作出了规定。但上述规定远不能满足我国防治固体废物污染环境的实际需要。为此,1995 年我国专门颁布实施了《固体废物污染环境防治法》。

进入 21 世纪以来,为适应国家环境和产业政策的发展,加强对固体废物的再生利用,维护生态安全,促进经济社会可持续发展,我国于 2004 年对《固体废物污染环境防治法》进行了修订。

固体废物污染海洋环境的防治和放射性固体废物污染环境的防治分别适用《海洋环境保护法》和《放射性污染防治法》的规定。液态废物的污染防治,适用《固体废物污染环境防治法》,但是排入水体的废水的污染防治适用《水污染防治法》的规定。

二、固体废物污染防治的一般规定

(一)固体废物管理的原则

1. "三化"管理原则

对固体废物管理所实行的减少固体废物的产生量和危害性、充分合理利用固体废物和无害化处置固体废物的原则,被简称为"三化"管理原则,即减量化、资源化和无害化。

减量化是指在对资源能源的利用过程中,要最大限度地利用资源或能源,以尽可能地减少固体废物的产生量和排放量。资源化是指对已经成为固体废物的各种物质采取措施,进行回收、加工使其转化成为二次原料或能源予以再利用的过程。无害化是指对于那些不能再利用或依靠当前技术水平无法予以再利用的固体废物进行妥善的贮存或处置,使其不对环境以及人身、财产的安全造成危害。

2. 全过程管理原则

固体废物的全过程管理是指,对固体废物从产生、收集、贮存、运输、利用直到最终处置的全部过程实行一体化的管理。产生固体废物的单位和个人,应当采取措施,防止或者减少固体废物对环境的污染。收集、贮存、运输、利用、处置固体废物的单位和个人,必须采取防扬散、防流失、防渗漏或者其他防止污染环境的措施。对于可能成为固体废物的产品的管理,规定应当采用易回收利用、易处置或者在环境中易消纳的包装物。

3. 分类管理原则

我国《固体废物污染环境防治法》将固体废物分为工业固体废物、生活垃圾以及危险废物三类,其中对危险废物采取更为严格的管理措施。

(二)固体废物污染环境防治的监督管理体制

固体废物管理实施统一监督管理与分部门监督管理相结合的管理体制。各级环保部门对固体废物污染环境的防治工作实施统一监督管理,其他有关部门在各自的职责范围内负责固体废物污染环境防治的监督管理工作。

国务院建设行政主管部门和县级以上地方人民政府环境卫生行政主管部门负责生活垃圾清扫、收集、贮存、运输和处置的监督管理工作。

(三)固体废物转移的管制

固体废物转移是指将固体废物从某一地域搬运到另一地域的过程,但不包括在同一固体废物产生源内部的转移。由于固体废物转移会导致污染转移,并可能导致新的环境污染发生,因此受到严格的管制。

转移固体废物出省级行政区域贮存、处置的,应当向固体废物移出地的省级人民政府环保部门提出申请;移出地的省级人民政府环保部门应当商经接受地的省级人民政府环境保护行政主管部门同意后,方可批准转移该固体废物出省级行政区域。未经批准的,不得转移。对违反者,处一万元以上十万元以下的罚款。

禁止进口不能用作原料或者不能以无害化方式利用的固体废物;对可以用作原料的固体废物实行限制进口和自动许可进口的分类管理。国务院环保部门会同有关部门制定、调整并公布禁止进口、限制进口和自动许可进口的固体废物目录。禁止进口列入禁止进口目录的固体废物;进口列入限制进口目录的固体废物,应当经国务院环保部门会同对外贸易主管部门审查许可;进口列入自动许可进口目录的固体废物,应当依法办理自动许可手续。对违反者,由海关责令退运该固体废物,可以并处十万元以上一百万元以下的罚款。

三、工业固体废物管理的法律规定

企业事业单位应当合理选择和利用原材料、能源和其他资源,采用先进的生产工艺和设备,以达到减少工业固体废物产生量的目的。

产生工业固体废物的单位必须按照国务院环保部门的规定,向所在地县级以上地方人民政府环保部门提供工业固体废物的种类、产生量、流向、贮存、处置等有关资料。对违反者,处五千元以上五万元以下的罚款。

禁止擅自关闭、闲置或者拆除工业固体废物污染环境防治设施、场所;确有必要关闭、闲置或者拆除的,必须经所在地县级以上地方人民政府环保部门核准,并采取措施,防止污染环境。企业事业单位应当根据经济、技术条件对其产生的工业固体废物加以利用;对暂时不利用或者不能利用的,必须按照国务院环保部门的规定建设贮存设施、场所,安全分类存放,或者采取无害化处置措施。对违反者,处一万元以上十万元以下的罚款。

案例 7-4

A公司将其产生的大量工业固体废物堆放在厂区附近。2005年,A公司被B公司兼并,但B公司并未对这些固体废物及时进行妥善处置。2010年,因经营不善,B公司破产,堆放了大量固体废物的地块使用权经法院拍卖由C公司取得。

讨论:本案中固体废物的处置责任应当由谁承担?

产生工业固体废物的单位需要终止的,应当事先对工业固体废物的贮存、处置的设施、场所采取污染防治措施,并对未处置的工业固体废物作出妥善处置,防止污染环境。产生工业固体废物的单位发生变更的,变更后的单位应当按照国家有关环境保护的规定对未处置的工业固体废物及其贮存、处置的设施、场所进行安全处置或者采取措施保证该设施、场所安全运行。变更前当事人对工业固体废物及其贮存、处置的设施、场所的污染防治责任另有约定的,从其约定;但是,不得免除当事人的污染防治义务。

对《固体废物污染环境防治法》施行前已经终止的单位未处置的工业固体废物及其贮存、处置的设施、场所进行安全处置的费用,由有关人民政府承担;但是,该单位享有的土地使用权依法转让的,应当由土地使用权受让人承担处置费用。当事人另有约定的,从其约定;但是,不得免除当事人的污染防治义务。

四、生活垃圾管理的法律规定

城市生活垃圾应当在指定地点放置,不得随意倾倒、抛撒或者堆放。县级以上地方人民政府环境卫生行政主管部门应当组织对城市生活垃圾进行清扫、收集、运输和处置,其可以通过招标等方式选择具备条件的单位从事生活垃圾的清扫、收集、运输和处置。对违反者,处五千元以上五万元以下的罚款。

建设生活垃圾处置的设施、场所,必须符合国务院环保部门和国务院建设行政主管部门规定的环境保护和环境卫生标准。禁止擅自关闭、闲置或者拆除生活垃圾处置的设施、场所;确有必要关闭、闲置或者拆除的,必须经所在地县级以上地方人民政府环境卫生行政主管部门和环保部门核准,并采取措施,防止污染环境。对违反者,处一万元以上十万元以下的罚款。

城市人民政府有关部门应当统筹规划,合理安排收购网点,促进生活垃圾的回收利用工作。从生活垃圾中回收的物质必须按照国家规定的用途或者标准使用,不得用于生产可能危害人体健康的产品。

五、危险废物管理的法律规定

危险废物,是指列入国家危险废物名录或者根据国家规定的危险废物鉴别标准和鉴别方法认定的具有危险特性的废物。基于危险废物的危害,危险废物的管理比一般固体废物更为严格。

(一) 危险废物名录和标识制度

国家危险废物名录由国务院环保部门会同国务院有关部门制定。危险废物的容器和包装物以及收集、贮存、运输、处置危险废物的设施、场所,必须设置危险废物识别标志。危险废物识别标志上除了要标注明显具有警告性、针对性的通用图案外,还应当简要记载危险废物的名称、种类及其危险特性的文字说明。对违反者,处一万元以上十万元以下的罚款。

(二) 危险废物申报和许可

产生危险废物的单位必须按照国家有关规定制定危险废物管理计划,并向所在地县级以上地方人民政府环保部门申报危险废物的种类、产生量、流向、贮存、处置等有关资料。对违反者,处一万元以上十万元以下的罚款。

从事收集、贮存、处置危险废物经营活动的单位,必须向县级以上人民政府环保部门申请领取经营许可证;从事利用危险废物经营活动的单位,必须向国务院环保部门或者省、自治区、直辖市人民政府环保部门申请领取经营许可证。禁止无经营许可证或者不按照经营许可证规定从事危险废物收集、贮存、利用、处置的经营活动。对违反者没收违法所得,可以并处违法所得三倍以下的罚款,还可以吊销经营许可证。禁止将危险废物提供或者委托给无经营许可证的单位从事收集、贮存、利用、处置的经营活动。对违反者,处二万元以上二十万元以下的罚款。

(三) 危险废物处置

产生危险废物的单位,必须按照国家有关规定处置危险废物,不得擅自倾倒、堆放;不处置的,由所在地县级以上地方人民政府环保部门责令限期改正;逾期不处置或者处置不符合国家有关规定的,由所在地县级以上地方人民政府环保部门指定单位按照国家有关规定代为处置,处置费用由产生危险废物的单位承担,并可处代为处置费用一倍以上三倍以下的罚款。

以填埋方式处置危险废物不符合国务院环境保护行政主管部门规定的,应当缴纳危险废物排污费。对违反者,责令限期缴纳,逾期不缴纳的,处应缴纳危险废物排污费金额一倍以上三倍以下的罚款。

(四)危险废物转移

转移危险废物的,必须按照国家规定填写危险废物转移联单,并向危险废物移出地设区的市级以上环保部门提出申请。移出地设区的市级以上环保部门应当商经接受地设区的市级以上环保部门同意后,方可批准转移该危险废物。未经批准的不得转移。对违反者,处二万元以上二十万元以下的罚款。转移危险废物途经移出地、接受地以外行政区域的,危险废物移出地设区的市级以上环保部门应当及时通知沿途经过的设区的市级以上环保部门。

禁止经中华人民共和国过境转移危险废物。对违反者,由海关责令退运该危险废物,可以并处五万元以上五十万元以下的罚款。

(五)危险废物污染事故应急与处理

产生、收集、贮存、运输、利用、处置危险废物的单位,应当制定意外事故的防范措施和应急预案,并向所在地县级以上地方人民政府环保部门备案。因发生事故或者其他突发性事件,造成危险废物严重污染环境的单位,必须立即采取措施消除或者减轻对环境的污染危害,及时通报可能受到污染危害的单位和居民,并向所在地县级以上地方人民政府环境保护行政主管部门和有关部门报告,接受调查处理。

在发生或者有证据证明可能发生危险废物严重污染环境、威胁居民生命财产安全时,县级以上环保部门或者其他固体废物污染环境防治工作的监管部门必须立即向本级和上一级有关行政主管部门报告,由人民政府采取防止或者减轻危害的有效措施。有关人民政府可以根据需要责令停止导致或者可能导致环境污染事故的作业。

造成固体废物污染环境事故的,处二万元以上二十万元以下的罚款;造成重大损失的,按照直接损失的百分之三十计算罚款,但是最高不超过一百万元;造成固体废物污染环境重大事故的,并由县级以上人民政府按照国务院规定的权限决定停业或者关闭。

第六节　化学物质环境管理法

一、概述

随着人类对化学物质危害性认识的提高,20世纪中后期对化学物质的环境管理开始出现。过去我国主要是从生产和使用安全的角度考虑对化学物质实施管理的。1987年我国制定了《化学危险物品安全管理条例》,2002年修改为《危险化学品安全管理条例》,并于2011年进行了修订;1997年我国还制定了《农药管理条例》,并于2001年进行了修订。

在化学物质的环境管理方面,1994年我国制定了《化学品首次进口及有毒化学品进出口环境管理规定》;2003年我国制定了《新化学物质环境管理办法》,并于2009年进行了修订。

二、危险化学品安全管理的法律规定

《危险化学品安全管理条例》主要对生产、贮存、使用、经营、运输危险化学品[①]的行为进行了严格管制,同时还规定了危险化学品登记与事故应急救援制度。

在对危险化学品进行监督管理的过程中,各个部门的职责分工分述如下。

安全生产监督管理部门负责危险化学品安全监督管理综合工作,组织确定、公布、调整危险化学品目录,对新建、改建、扩建生产、贮存危险化学品(包括使用长输管道输送危险化学品,下同)的建设项目进行安全条件审查,核发危险化学品安全生产许可证、危险化学品安全使用许可证和危险化学品经营许可证,并负责危险化学品登记工作。

公安机关负责危险化学品的公共安全管理,核发剧毒化学品购买许可证、

[①] 该条例所谓的危险化学品,是指具有毒害、腐蚀、爆炸、燃烧、助燃等性质,对人体、设施、环境具有危害的剧毒化学品和其他化学品。危险化学品目录,由国务院安全生产监督管理部门会同国务院工业和信息化、公安、环境保护、卫生、质量监督检验检疫、交通运输、铁路、民用航空、农业主管部门,根据化学品危险特性的鉴别和分类标准确定、公布,并适时调整。

剧毒化学品道路运输通行证,并负责危险化学品运输车辆的道路交通安全管理。

质量监督检验检疫部门负责核发危险化学品及其包装物、容器(不包括储存危险化学品的固定式大型储罐,下同)生产企业的工业产品生产许可证,并依法对其产品质量实施监督,负责对进出口危险化学品及其包装实施检验。

环境保护主管部门负责废弃危险化学品处置的监督管理,组织危险化学品的环境危害性鉴定和环境风险程度评估,确定实施重点环境管理的危险化学品,负责危险化学品环境管理登记和新化学物质环境管理登记;依照职责分工调查相关危险化学品环境污染事故和生态破坏事件,负责危险化学品事故现场的应急环境监测。

交通运输主管部门负责危险化学品道路运输、水路运输的许可以及运输工具的安全管理,对危险化学品水路运输安全实施监督,负责危险化学品道路运输企业、水路运输企业驾驶人员、船员、装卸管理人员、押运人员、申报人员、集装箱装箱现场检查员的资格认定。铁路主管部门负责危险化学品铁路运输的安全管理,负责危险化学品铁路运输承运人、托运人的资质审批及其运输工具的安全管理。民用航空主管部门负责危险化学品航空运输以及航空运输企业及其运输工具的安全管理。

卫生主管部门负责危险化学品毒性鉴定的管理,负责组织、协调危险化学品事故受伤人员的医疗卫生救援工作。

工商行政管理部门依据有关部门的许可证件,核发危险化学品生产、储存、经营、运输企业营业执照,查处危险化学品经营企业违法采购危险化学品的行为。

邮政管理部门负责依法查处寄递危险化学品的行为。

在以上分工负责的基础上,同时规定:县级以上人民政府应当建立危险化学品安全监督管理工作协调机制,支持、督促负有危险化学品安全监督管理职责的部门依法履行职责,协调、解决危险化学品安全监督管理工作中的重大问题。负有危险化学品安全监督管理职责的部门应当相互配合、密切协作,依法加强对危险化学品的安全监督管理。

在管制原则上,《危险化学品安全管理条例》坚持"安全第一,预防为主,综合治理"的方针。在管制措施上,主要通过一系列的禁限措施和行政许可制度,对危险化学品的登记、生产、贮存、使用、经营、运输以及发生事故后的应急救援作了详细的规定。

三、化学品首次进口及有毒化学品进出口环境管理的法律规定

化学品首次进口是指外商或其代理人向中国出口其未曾在中国登记过的化学品,即使同种化学品已有其他外商或其代理人在中国进行了登记,仍被视为化学品首次进口。有毒化学品,是指进入环境后通过环境蓄积、生物累积、生物转化或化学反应等方式损害健康和环境,或者通过接触对人体具有严重危害和具有潜在危险的化学品。

国务院环保部门对化学品首次进口和有毒化学品进出口实施统一的环境监督管理。对经国务院环保部门审查,认为我国不适于进口的化学品不予登记发证,并通知申请人;对经审查,认为需经进一步试验和较长时间观察方能确定其危险性的首次进口化学品,可给予临时登记并发给临时登记证。对未取得化学品进口环境管理登记证和临时登记证的化学品,一律不得进口。

因包装损坏或者不符合要求而造成或者可能造成口岸污染的,口岸主管部门应立即采取措施,防止和消除污染,并及时通知当地环保部门,进行调查处理。防止和消除其污染的费用由有关责任人承担。

四、新化学物质环境管理的法律规定

所谓新化学物质,是指未列入《中国现有化学物质名录》的化学物质。我国对新化学物质实行风险分类管理、申报登记和跟踪控制制度。

新化学物质的生产者或者进口者,必须在生产前或者进口前进行申报,领取新化学物质环境管理登记证。未取得登记证的新化学物质,禁止生产、进口和加工使用。未取得登记证或者未备案申报的新化学物质,不得用于科学研究。

新化学物质申报,分为常规申报、简易申报和科学研究备案申报。新化学

物质年生产量或者进口量1吨以上的,应当在生产或者进口前向环保部化学品登记中心提交新化学物质申报报告,办理常规申报。新化学物质年生产量或者进口量不满1吨的,应当在生产或者进口前,向登记中心办理简易申报。以科学研究为目的,新化学物质年生产量或者进口量不满0.1吨的或者为了在中国境内用中国的供试生物进行新化学物质生态毒理学特性测试而进口新化学物质测试样品的,应当在生产或者进口前,向登记中心提交新化学物质科学研究备案表,办理科学研究备案申报。

环保部门应当将新化学物质登记,作为审批生产或者加工使用该新化学物质建设项目环境影响评价文件的条件。常规申报的登记证持有人,不得将获准登记的新化学物质转让给没有能力采取风险控制措施的加工使用者。

常规申报的登记证持有人,应当在首次生产活动三十日内,或者在首次进口并已向加工使用者转移三十日内,向登记中心报送新化学物质首次活动情况报告表。重点环境管理危险类新化学物质[1]的登记证持有人,还应当在每次向不同加工使用者转移重点环境管理危险类新化学物质之日起三十日内,向登记中心报告新化学物质流向信息。

登记证持有人未进行生产、进口活动或者停止生产、进口活动的,可以向登记中心递交注销申请,说明情况,并交回登记证。环保部在确认没有生产、进口活动发生或者没有环境危害影响时,给予注销,并公告注销新化学物质登记的信息。

一般类新化学物质自登记证持有人首次生产或者进口活动之日起满五年,由环保部公告列入《中国现有化学物质名录》。

危险类新化学物质登记证持有人应当自首次生产或者进口活动之日起满五年的六个月前,向登记中心提交实际活动情况报告。环保部组织评审委员会专家对实际活动情况报告进行回顾性评估,依据评估结果将危险类新化学物质公告列入《中国现有化学物质名录》。简易申报登记和科学研究备案的新化学物质不列入《中国现有化学物质名录》。

---

[1] 根据化学品危害特性鉴别、分类标准,新化学物质分为一般类新化学物质与危险类新化学物质。

第七节 环境噪声污染防治法

一、概述

环境噪声是指在工业生产、建筑施工、交通运输和社会生活中所产生的干扰周围生活环境的声音。环境噪声是一种令人感觉不愉快的声音,因此也被称为感觉性公害。

1973年,在国务院发布的《关于保护和改善环境的若干规定(试行草案)》中专门对工业和交通噪声的控制作出了规定。1979年,《环境保护法(试行)》对噪声控制作出了原则性规定。1989年,我国又专门制定了《环境噪声污染防治条例》,为全面开展防治环境噪声污染的行政管理提供了行政法规的依据。1996年,在全面总结环境噪声污染防治工作经验的基础上,我国制定了《环境噪声污染防治法》。

案例 7-5

> A的住宅附近有一家歌舞厅,每晚从六点开始一直营业到深夜二点为止,严重干扰了A的正常学习和休息。A向法院起诉,要求歌舞厅加装隔音设备,停止侵害。法院委托环保部门对歌舞厅的噪声进行监测,监测得出的结果是:噪声最高值为49分贝,平均为39.6分贝。法院据此认为,A所住的楼房地处二类区域,夜间的噪声限值为50分贝,该歌舞厅噪声排放没有超标,驳回A的诉讼请求。
>
> 讨论:法院的判决是否正确?

由于人类对环境噪声的感觉因人而异,所以对各种环境噪声应当在何种程度上进行行政管制就需要有一个明确的标准数值。为此,我国《环境噪声污染防治法》明确区分了"环境噪声"与"环境噪声污染"这两个概念,只有所产生的环境噪声超过国家规定的环境噪声排放标准,并干扰他人正常生活、工作和学习时才构成环境噪声污染。

区分环境噪声与环境噪声污染的意义在于,对构成环境噪声污染的行为,环保部门或者其他行政主管部门可以依据《环境噪声污染防治法》的规定进行查处。对环境噪声排放并未超标,但事实上又影响他人正常生活、工作和学习的,应当分别不同情况由环保部门或者其他主管机关作出相应的处理,以维护邻里之间良好的相邻关系。

二、噪声污染防治的一般规定

(一)噪声污染防治的监督管理体制

噪声污染防治实施统一监督管理与分部门监督管理相结合的管理体制。各级环保部门对环境噪声污染防治实施统一监督管理,各级公安、交通、铁路、民航等主管部门和港务监督机构根据各自的职责对交通运输和社会生活噪声污染防治实施监督管理。

(二)声环境质量标准制度

我国的《声环境质量标准》将声环境功能区分为五类,分别适用不同的声环境质量标准。0类声环境功能区,指康复疗养区等特别需要安静的区域。1类声环境功能区,指以居民住宅、医疗卫生、文化教育、科研设计、行政办公为主要功能,需要保持安静的区域。2类声环境功能区,指以商业金融、集市贸易为主要功能,或者居住、商业、工业混杂,需要维护住宅安静的区域。3类声环境功能区,指以工业生产、仓储物流为主要功能,需要防止工业噪声对周围环境产生严重影响的区域。4类声环境功能区,指交通干线两侧一定距离之内,需要防止交通噪声对周围环境产生严重影响的区域,包括4a类和4b类两种类型:4a类为高速公路、一级公路、二级公路、城市快速路、城市主干路、城市次干路、城市轨道交通(地面段)、内河航道两侧区域;4b类为铁路干线两侧区域。

除此之外,我国还制定了《城市港口及江河两岸区域环境噪声标准》《机场周围飞机噪声环境标准》等特殊区域的声环境质量标准。

声环境质量标准是衡量区域环境是否受到环境噪声污染的客观判断标准,

也是制订环境噪声排放标准的主要依据。同时,声环境质量标准还是城市规划部门划定建筑物与交通干线防噪声距离的法定标准之一。

目前我国声污染物排放标准主要包括《建筑施工场界环境噪声排放标准》《工业企业厂界环境噪声排放标准》《社会生活环境噪声排放标准》等。

(三) 偶发性噪声排放控制

在城市范围内从事生产活动确需排放偶发性强烈噪声的,必须事先向当地公安机关提出申请,经批准后方可进行。当地公安机关应当向社会公告。对违反者,由公安机关根据不同情节给予警告或者处以罚款。

三、工业噪声污染防治的法律规定

在城市范围内向周围生活环境排放工业噪声[①]的,应当符合国家规定的工业企业厂界环境噪声排放标准,即《工业企业厂界噪声标准》的规定。

在工业生产中因使用固定的设备造成环境噪声污染者,必须向所在地环境保护部门申报拥有的造成环境噪声污染的设备的种类、数量以及正常作业条件下所发出的噪声值和防治环境噪声污染的设施情况,并提供防治噪声污染的技术资料。当造成环境噪声污染的设备的种类、数量、噪声值和防治设施有重大改变时,也必须及时申报,并采取应有的防治措施。对违反者,根据不同情节给予警告或者罚款。

对可能产生环境噪声污染的工业设备,国家有关主管部门应当根据声环境保护的要求和国家的经济、技术条件,逐步在依法制定的产品的国家标准、行业标准中规定噪声限值。

四、建筑施工噪声污染防治的法律规定

在城市市区范围内向周围生活环境排放建筑施工噪声[②]的,应当符合国家规定的建筑施工厂界环境噪声排放标准,即《建筑施工厂界噪声限值》的规定。

在城市市区范围内,当建筑施工过程中使用的机械设备可能产生环境噪声

---

① 工业噪声是指在工业生产活动中使用固定的设备时产生的干扰周围生活环境的声音。
② 建筑施工噪声是指在建筑施工过程中产生的干扰周围生活环境的声音。

污染时,施工单位必须在工程开工以前十五日之内,向工程所在地县级以上地方环境保护部门申报该工程的项目名称、施工场所和期限、可能产生的环境噪声值以及所采取的环境噪声污染防治措施的情况。

非为抢修、抢险作业和因生产工艺上要求或者特殊需要必须连续作业者,禁止夜间[①]在城市市区噪声敏感建筑物集中区域内进行产生环境噪声污染的建筑施工作业。对违反者,责令改正,可以并处罚款。

对于"因特殊需要"而必须连续作业的工程,施工单位必须向环境保护部门出具县级以上人民政府或者其有关主管部门的证明。某种建筑施工作业是否属于生产工艺要求必须夜间连续作业,应由施工单位提出,报环保部门认定。某项建筑施工是否用于必须夜间连续作业的"特殊需要",以县级以上人民政府或者其有关主管部门出具的证明作为判断依据。

五、交通运输噪声污染防治的法律规定

禁止制造、销售或者进口超过规定的噪声限值的汽车。在城市市场范围内行驶的机动车辆所使用的消声器和喇叭,也必须符合国家规定的要求。

机动车辆在城市市区范围内行驶、机动船舶在城市市区的内河航道航行、铁路机车驶经或者进入城市市区、疗养区时,必须按照规定使用声响装置。对违反者,根据不同情节给予警告或者处以罚款。

警车、消防车、工程抢险车、救护车等机动车辆安装、使用警报器,必须符合国务院公安部门的规定;在执行非紧急任务时,禁止使用警报器。城市人民政府公安机关可以根据本地城市市区区域声环境保护的需要,划定禁止机动车辆行驶和禁止其使用声响装置的路段和时间,并向社会公告。

对于建设途经已有噪声敏感建筑物集中区域的高速公路、城市高架或轻轨道路,有可能造成环境噪声污染的,道路建设方规定应当设置声屏障或者采取其他有效的控制环境噪声污染的措施。对于在已有的城市交通干线的两侧建设噪声敏感建筑物的,建设单位应当按照国家规定间隔一定距离,并采取减轻、避免交通噪声影响的措施。

---

① 根据《环境噪声污染防治法》的规定,夜间是指晚二十二点至晨六点之间的期间。

除起飞、降落或者依法规定的情形以外,民用航空器不得飞越城市市区上空。城市人民政府应当在航空器起飞、降落的净空周围划定限制建设噪声敏感建筑物的区域;在该区域内建设噪声敏感建筑物的,建设单位应当采取减轻、避免航空器运行时产生的噪声影响的措施。

六、社会生活噪声污染防治的法律规定

新建营业性文化娱乐场所的边界噪声必须符合国家规定的环境噪声排放标准;不符合国家规定的环境噪声排放标准的,文化行政主管部门不得核发文化经营许可证,工商行政管理部门不得核发营业执照。经营中的文化娱乐场所,其经营管理者必须采取有效措施,使其边界噪声不超过国家规定的环境噪声排放标准。

禁止在商业经营活动中使用高音广播喇叭或者采用其他发出高噪声的方法招揽顾客。在商业经营活动中使用空调器、冷却塔等可能产生环境噪声污染的设备、设施的,其经营管理者应当采取措施,使其边界噪声不超过国家规定的环境噪声排放标准。使用家用电器、乐器或者进行其他家庭室内娱乐活动时,应当控制音量或者采取其他有效措施,避免对周围居民造成环境噪声污染。在已竣工交付使用的住宅楼进行室内装修活动,应当限制作业时间,并采取其他有效措施,以减轻、避免对周围居民造成环境噪声污染。对违反者,由公安机关给予警告,可以并处罚款。

第八节 放射性污染防治法

一、概述

为了控制放射性物质及相关活动,我国 1986 年制定了《民用核设施安全监督管理条例》、1987 年制定了《核材料管理条例》与《城市放射性废物管理办法》、1989 年制定了《放射性同位素与射线装置放射防护条例》(2005 年 9 月修改成为《放射性同位素与射线装置安全和防护条例》)、1990 年制定了《放射环境管理办法》(2007 年被废止)、1993 年制定了《核电厂核事故应急管理条例》。

为了防治放射性污染,保护环境,保障人体健康,促进核能、核技术的开发与和平利用,2003年我国专门制定了《放射性污染防治法》,对核设施、核技术利用、铀(钍)矿和伴生放射性矿开发利用以及放射性废物的管理作出了规定。

此后,2009年我国制定了《放射性物品运输安全管理条例》、2011年我国制定了《放射性废物安全管理条例》,进一步完善了放射性污染防治的法律体系。

二、放射性污染防治的一般规定

(一) 放射性污染防治的监督管理体制

放射性污染防治实行统一监督管理与分部门监督管理相结合的管理体制。国务院环保部门对全国放射性污染防治工作依法实施统一监督管理。国务院卫生行政部门和其他有关部门依据国务院规定的职责,对有关的放射性污染防治工作依法实施监督管理。

(二) 放射性标准制度

国家放射性污染防治标准由国务院环保部门根据环境安全要求、国家经济技术条件制定。

目前,我国主要制定有《核动力厂环境辐射防护规定》《核电厂放射性液态流出物排放技术要求》《放射性废物的分类》《核热电厂辐射防护规定》《放射性废物管理规定》《辐射防护规定》《核设施流出物监测的一般规定》《核辐射环境质量评价一般规定》等标准。其中,涉及放射工作、辐射应用、放射性废物的综合性标准主要是《辐射防护规定》。

(三) 放射性标识与警示说明义务

放射性物质和射线装置[①]应当设置明显的放射性标识和中文警示说明。生产、销售、使用、贮存、处置放射性物质和射线装置的场所,以及运输放射性物质和含放射源的射线装置的工具,应当设置明显的放射性标志。对违反者,责令限期改正;逾期不改正的,责令停产停业,并处二万元以上十万元以下罚款。

[①] 依照《放射性污染防治法》的规定,射线装置是指X线机、加速器、中子发生器以及含放射源的装置。

三、核设施管理的法律规定

核设施①选址,应当进行科学论证,并按照国家有关规定办理审批手续。核设施营运单位在进行核设施建造、装料、运行、退役等活动前,必须按照国务院有关核设施安全监督管理的规定,申请领取核设施建造、运行许可证和办理装料、退役等审批手续。对违反者,处二十万元以上五十万元以下罚款。办理上述许可或审批手续前,应当编制环境影响报告书,报国务院环境保护行政主管部门审查批准;未经批准,有关部门不得颁发许可证和办理批准文件。

进口核设施,应当符合国家放射性污染防治标准;没有相应的国家放射性污染防治标准的,采用国务院环境保护行政主管部门指定的国外有关标准。

核设施营运单位应当对核设施周围环境中所含的放射性核素的种类、浓度以及核设施流出物中的放射性核素总量实施监测,并定期向国务院环境保护行政主管部门和所在地省级人民政府环境保护行政主管部门报告监测结果。国务院环境保护行政主管部门负责对核动力厂等重要核设施实施监督性监测,并根据需要对其他核设施的流出物实施监测。

核设施主管部门、环境保护行政主管部门、卫生行政部门、公安部门以及其他有关部门,在本级人民政府的组织领导下,按照各自的职责依法做好核事故应急工作。中国人民解放军和中国人民武装警察部队按照国务院、中央军事委员会的有关规定在核事故应急中实施有效的支援。

核设施营运单位应当制定核设施退役计划。核设施的退役费用和放射性废物处置费用应当预提,列入投资概算或者生产成本。

四、核技术利用②管理的法律规定

生产、销售、使用放射性同位素和射线装置的单位,应当申请领取许可证,

---

① 核设施,是指核动力厂(核电厂、核热电厂、核供汽供热厂等)和其他反应堆(研究堆、实验堆、临界装置等);核燃料生产、加工、贮存和后处理设施;放射性废物的处理和处置设施等。
② 核技术利用,是指密封放射源、非密封放射源和射线装置在医疗、工业、农业、地质调查、科学研究和教学等领域中的使用。核技术利用主要表现为放射性同位素和射线装置使用与放射源使用管理两个方面。

办理登记手续。转让、进口放射性同位素和射线装置的单位以及装备有放射性同位素的仪表的单位,应当按照国务院有关放射性同位素与射线装置放射防护的规定办理有关手续。对违反者,责令停止违法行为,限期改正;逾期不改正的,责令停产停业或者吊销许可证;有违法所得的,没收违法所得;违法所得十万元以上的,并处违法所得一倍以上五倍以下罚款;没有违法所得或者违法所得不足十万元的,并处一万元以上十万元以下罚款。

生产、销售、使用放射性同位素和加速器、中子发生器以及含放射源的射线装置的单位,应当在申请领取许可证前编制环境影响评价文件,报省级人民政府环境保护行政主管部门审查批准;未经批准,有关部门不得颁发许可证。

放射性同位素应当单独存放,不得与易燃、易爆、腐蚀性物品等一起存放,其贮存场所应当采取有效的防火、防盗、防射线泄漏的安全防护措施,并指定专人负责保管。贮存、领取、使用、归还放射性同位素时,应当进行登记、检查,做到账物相符。

生产、使用放射性同位素和射线装置的单位,应当按照国务院环境保护行政主管部门的规定对其产生的放射性废物进行收集、包装、贮存。

生产放射源的单位,应当按照国务院环境保护行政主管部门的规定回收和利用废旧放射源;使用放射源的单位,应当按照国务院环境保护行政主管部门的规定将废旧放射源交回生产放射源的单位或者送交专门从事放射性固体废物贮存、处置的单位。

生产、销售、使用、贮存放射源的单位,应当建立健全安全保卫制度,指定专人负责,落实安全责任制,制定必要的事故应急措施。发生放射源丢失、被盗和放射性污染事故时,有关单位和个人必须立即采取应急措施,并向公安部门、卫生行政部门和环境保护行政主管部门报告。公安部门、卫生行政部门和环境保护行政主管部门接到放射源丢失、被盗和放射性污染事故报告后,应当报告本级人民政府,并按照各自的职责立即组织采取有效措施,防止放射性污染蔓延,减少事故损失。当地人民政府应当及时将有关情况告知公众,并做好事故的调查、处理工作。

五、铀(钍)矿和伴生放射性矿①开发利用管理的法律规定

开发利用或者关闭铀(钍)矿的单位,应当在申请领取采矿许可证或者办理退役审批手续前编制环境影响报告书,报国务院环保部门审查批准。

开发利用伴生放射性矿的单位,应当在申请领取采矿许可证前编制环境影响报告书,报省级以上人民政府环保部门审查批准。

铀(钍)矿开发利用单位应当对铀(钍)矿的流出物和周围的环境实施监测,并定期向国务院环保部门和所在地省、自治区、直辖市人民政府环保部门报告监测结果。

对铀(钍)矿和伴生放射性矿开发利用过程中产生的尾矿,应当建造尾矿库进行贮存、处置;建造的尾矿库应当符合放射性污染防治的要求。

铀(钍)矿开发利用单位应当制定铀(钍)矿退役计划。铀矿退役费用由国家财政预算安排。

六、放射性废物②管理的法律规定

核设施营运单位、核技术利用单位、铀(钍)矿和伴生放射性矿开发利用单位,应当合理选择和利用原材料,采用先进的生产工艺和设备,尽量减少放射性废物的产生量。

产生放射性废气、废液的单位向环境排放放射性废气、废液,必须符合国家放射性污染防治标准,并向审批环境影响评价文件的环境保护行政主管部门申请放射性核素排放量,并定期报告排放计量结果。

产生放射性废液的单位,必须按照国家放射性污染防治标准的要求,对不得向环境排放的放射性废液进行处理或者贮存;向环境排放符合国家放射性污染防治标准的放射性废液,必须采用符合国务院环境保护行政主管部门规定的排放方式。禁止利用渗井、渗坑、天然裂隙、溶洞或者国家禁止的其他方式排放

---

① 伴生放射性矿是指含有较高水平天然放射性核素浓度的非铀矿(如稀土矿和磷酸盐矿等)
② 放射性废物,是指含有放射性核素或者被放射性核素污染,其浓度或者比活度大于国家确定的清洁解控水平,预期不再使用的废弃物。

放射性废液。

低、中水平放射性固体废物在符合国家规定的区域实行近地表处置。高水平放射性固体废物、α放射性固体废物实行集中的深地质处置。禁止在内河水域和海洋上处置放射性固体废物。

国务院核设施主管部门会同国务院环保部门根据地质条件和放射性固体废物处置的需要,在环境影响评价的基础上编制放射性固体废物处置场所选址规划,报国务院批准后实施。有关地方人民政府应当根据放射性固体废物处置场所选址规划,提供放射性固体废物处置场所的建设用地,并采取有效措施支持放射性固体废物的处置。

产生放射性固体废物的单位,应当按照国务院环境保护行政主管部门的规定,对其产生的放射性固体废物进行处理后,送交放射性固体废物处置单位处置,并承担处置费用。设立专门从事放射性固体废物贮存、处置的单位,必须经国务院环境保护行政主管部门审查批准,取得许可证。禁止未经许可或者不按照许可的有关规定从事贮存和处置放射性固体废物的活动。禁止将放射性固体废物提供或者委托给无许可证的单位贮存和处置。对违反者,责令停产停业或者吊销许可证;有违法所得的,没收违法所得;违法所得十万元以上的,并处违法所得一倍以上五倍以下罚款;没有违法所得或者违法所得不足十万元的,并处五万元以上十万元以下罚款。

禁止将放射性废物和被放射性污染的物品输入中华人民共和国境内或者经中华人民共和国境内转移。

第九节　清洁生产与循环经济促进法

一、清洁生产促进法

（一）概述

清洁生产是国际社会在总结了传统生产方式高投入、高浪费、高污染和低产出的经验教训后,提出的新型生产理念和污染控制战略。实施清洁生产不仅可以避免重蹈发达国家"先污染,后治理"的覆辙,而且实现了经济效益与环境效益的有机结合,能够调动企业防治污染的积极性,是实现经济和社会可持续发展的最佳途径。

2002年,我国制定了《清洁生产促进法》,并于2012年进行了修订。我国法律上的清洁生产是指不断采取改进设计、使用清洁的能源和原料、采用先进的工艺技术与设备、改善管理、综合利用等措施,从源头削减污染,提高资源利用效率,减少或者避免生产、服务和产品使用过程中污染物的产生和排放,以减轻或者消除对人类健康和环境的危害。

(二)清洁生产促进的法律制度

1. 清洁生产促进的管理体制

我国的清洁生产促进工作实行统一管理与分部门管理相结合的管理体制。各级清洁生产综合协调部门负责组织、协调清洁生产促进工作,各级环保、工业、科学技术、财政和其他有关部门按照各自的职责负责有关的清洁生产促进工作。

2. 政府及其主管部门促进清洁生产的职责

政府及其主管部门是支持、促进清洁生产的行政管理者主体,依照法律规定其主要职权包括:

制定有利于清洁生产的政策和清洁生产推行规划;建立清洁生产表彰奖励制度;制定有利于实施清洁生产的财政税收政策;定期制定和发布清洁生产技术、工艺、设备和产品导向目录和指南;批准设立节能、节水、废物再生利用等环境与资源保护方面的产品标志,并按照国家规定制定相应标准;组织和支持建立清洁生产信息系统和技术咨询服务体系,向社会提供有关清洁生产方法和技术、可再生利用的废物供求以及清洁生产政策等方面的信息和服务;组织清洁生产技术研究开发和示范,组织开展清洁生产教育和宣传;组织编制有关行业或者地区的清洁生产指南和技术手册,指导实施清洁生产;优先采购节能、节水、废物再生利用等有利于环境与资源保护的产品;定期公布污染严重企业名单。

3. 生产经营者的清洁生产义务

《清洁生产促进法》规定了对生产经营者实施清洁生产的要求,这些要求可以分为指导性、自愿性和强制性规范三种。

指导性规范，即不附带消极法律后果（即无须承担法律责任）的选择性行为模式。包括：有关建设和设计活动应当优先考虑清洁生产；企业进行技术改造应当采取清洁生产措施；一般企业开展清洁生产审核等。

自愿性规范，即不附带任何法律义务且具有积极法律后果（以政府奖励、表彰等形式表现）的选择性行为模式，主要目的在于鼓励企业自愿实施清洁生产，改善企业及产品形象，同时可以相应地依照有关规定得到奖励和享受政策优惠。如除了应当实施强制性清洁生产审核的企业以外的企业，可以自愿与清洁生产综合协调部门和环境保护部门签订进一步节约资源、削减污染物排放量的协议。该清洁生产综合协调部门和环境保护部门应当在本地区主要媒体上公布该企业的名称以及节约资源、防治污染的成果。此外，企业还可以自愿申请环境管理体系认证。

强制性规范，即附带消极法律后果（违反将受到法律制裁）的行为模式。强制性规范要求生产经营者必须履行下列义务：对产品进行合理包装，包装的材质、结构和成本应当与内装产品的质量、规格和成本相适应，减少包装性废物的产生，不得进行过度包装。对污染物排放超过国家和地方规定的排放标准或者超过经有关地方人民政府核定的污染物排放总量控制指标、超过单位产品能源消耗限额标准构成高耗能、使用有毒有害原料进行生产或者在生产中排放有毒有害物质的企业，应当实施强制性清洁生产审核；实施强制性清洁生产审核的企业，应当将审核结果向所在地县级以上地方人民政府负责清洁生产综合协调的部门、环境保护部门报告，并在本地区主要媒体上公布，接受公众监督，但涉及商业秘密的除外；县级以上地方人民政府有关部门应当对企业实施强制性清洁生产审核的情况进行监督，必要时可以组织对企业实施清洁生产的效果进行评估验收，所需费用纳入同级政府预算。承担评估验收工作的部门或者单位不得向被评估验收企业收取费用；对违反者，责令限期改正，拒不改正的，处以五万元以上五十万元以下的罚款。

《清洁生产促进法》还规定了信息通报与公众监督机制。一方面，省级人民政府负责清洁生产综合协调的部门、环保部门，根据促进清洁生产工作的需要，在本地区主要媒体上公布未达到能源消耗控制指标、重点污染物排放控制指标的企业的名单,为公众监督企业实施清洁生产提供依据;另一方面,上述企业应当按照国务院清洁生产综合协调部门、环保部门的规定公布能源消耗或者重点污染物产生、排放情况,接受公众监督。对违反者,责令公布,可以处十万元以下的罚款。

二、循环经济促进法

(一)概述

发展循环经济是转变经济增长方式的突破口,是贯彻科学发展观构建资源节约型和环境友好型社会的重要举措,是推进可持续发展战略的重要途径。循环经济强调以循环发展模式替代传统的线性增长模式,表现为以"资源—产品—再生资源"和"生产—消费—再循环"的模式有效地利用资源和保护环境,最终达到以较小发展成本获取较大的经济效益、社会效益和环境效益。

为了进一步促进循环经济的发展,我国于2008年颁布了《循环经济促进法》。该法所谓的循环经济是指在生产、流通和消费等过程中进行的减量化、再利用、资源化活动的总称。减量化,是指在生产、流通和消费等过程中减少资源消耗和废物产生;再利用,是指将废物直接作为产品或者经修复、翻新、再制造后继续作为产品使用,或者将废物的全部或者部分作为其他产品的部件予以使用;而资源化,是指将废物直接作为原料进行利用或者对废物进行再生利用。

(二)循环经济促进的法律制度

1. 一般规定

循环经济发展综合管理部门会同环保等有关部门编制循环经济发展规划,循环经济发展规划应当包括规划目标、适用范围、主要内容、重点任务和保障措施等,并规定资源产出率、废物再利用和资源化率等指标。

循环经济发展综合管理部门会同统计、环保等有关部门建立和完善循环经济评价指标体系,上级人民政府将主要评价指标完成情况作为对地方人民政府及其负责人考核评价的内容。

国家加强资源消耗、综合利用和废物产生的统计管理,并将主要统计指标定期向社会公布。标准化主管部门会同循环经济发展综合管理和环保等有关部门建立健全循环经济标准体系,制定和完善节能、节水、节材和废物再利用、资源化等标准。建立健全能源效率标识等产品资源消耗标识制度。

国家对钢铁、有色金属、煤炭、电力、石油加工、化工、建材、建筑、造纸、印染等行业年综合能源消费量、用水量超过国家规定总量的重点企业,实行能耗、水耗的重点监督管理制度。

2. 减量化的法律规定

从事工艺、设备、产品及包装物设计,应当按照减少资源消耗和废物产生的要求,优先选择采用易回收、易拆解、易降解、无毒无害或者低毒低害的材料和设计方案,并应当符合有关国家标准的强制性要求。

对在拆解和处置过程中可能造成环境污染的电器电子等产品,不得设计使用国家禁止使用的有毒有害物质。禁止在电器电子等产品中使用的有毒有害物质名录,由国务院循环经济发展综合管理部门会同国务院环保等有关主管部门制定。对违反者,责令限期改正;逾期不改正的,处二万元以上二十万元以下的罚款;情节严重的,依法吊销营业执照。

工业企业应当采用先进或者适用的节水技术、工艺和设备,制定并实施节水计划,加强节水管理,对生产用水进行全过程控制。工业企业应当加强用水计量管理,配备和使用合格的用水计量器具,建立水耗统计和用水状况分析制度。

电力、石油加工、化工、钢铁、有色金属和建材等企业,必须在国家规定的范围和期限内,以洁净煤、石油焦、天然气等清洁能源替代燃料油,停止使用不符合国家规定的燃油发电机组和燃油锅炉。对违反者,责令限期改正;逾期不改正的,责令拆除该燃油发电机组或者燃油锅炉,并处五万元以上五十万元以下的罚款。

开采矿产资源,应当统筹规划,制定合理的开发利用方案,采用合理的开采顺序、方法和选矿工艺。采矿许可证颁发机关应当对申请人提交的开发利用方案中的开采回采率、采矿贫化率、选矿回收率、矿山水循环利用率和土地复垦率等指标依法进行审查;审查不合格的,不予颁发采矿许可证。矿山企业未达到经依法审查确定的开采回采率、采矿贫化率、选矿回收率、矿山水循环利用率和土地复垦率等指标的,责令限期改正,处五万元以上五十万元以下的罚款;逾期不改正的,由采矿许可证颁发机关依法吊销采矿许可证。

国家机关及使用财政性资金的其他组织应当厉行节约、杜绝浪费,带头使用节能、节水、节地、节材和有利于保护环境的产品、设备和设施,节约使用办公用品。国务院和县级以上地方人民政府管理机关事务工作的机构会同本级人民政府有关部门制定本级国家机关等机构的用能、用水定额指标,财政部门根据该定额指标制定支出标准。

国家鼓励和支持使用再生水。在有条件使用再生水的地区,限制或者禁止将自来水作为城市道路清扫、城市绿化和景观用水使用。

国家在保障产品安全和卫生的前提下,限制一次性消费品的生产和销售。具体名录由国务院循环经济发展综合管理部门会同国务院财政、环境保护等有关主管部门制定。

3. 再利用和资源化的法律规定

各类产业园区应当组织区内企业进行资源综合利用,促进循环经济发展。国家鼓励各类产业园区的企业进行废物交换利用、能量梯级利用、土地集约利用、水的分类利用和循环使用,共同使用基础设施和其他有关设施。

建设利用余热、余压、煤层气以及煤矸石、煤泥、垃圾等低热值燃料的并网发电项目,应当依照法律和国务院的规定取得行政许可或者报送备案。电网企业应当按照国家规定,与综合利用资源发电的企业签订并网协议,提供上网服务,并全额收购并网发电项目的上网电量。对违反者,责令限期改正;造成企业损失的,依法承担赔偿责任。

建设单位应当对工程施工中产生的建筑废物进行综合利用;不具备综合利用条件的,应当委托具备条件的生产经营者进行综合利用或者无害化处置。

国家支持生产经营者建立产业废物交换信息系统,促进企业交流产业废物信息。企业对生产过程中产生的废物不具备综合利用条件的,应当提供给具备条件的生产经营者进行综合利用。

回收的电器电子产品,经过修复后销售的,必须符合再利用产品标准,并在显著位置标识为再利用产品。回收的电器电子产品,需要拆解和再生利用的,应当交售给具备条件的拆解企业。国家支持企业开展机动车零部件、工程机械、机床等产品的再制造和轮胎翻新。销售的再制造产品和翻新产品的质量必须符合国家规定的标准,并在显著位置标识为再制造产品或者翻新产品。对违反者,责令限期改正,可以处五千元以上五万元以下的罚款;逾期不改正的,依法吊销营业执照;造成损失的,依法承担赔偿责任。

4. 促进循环经济发展的激励措施

国务院和省级人民政府设立发展循环经济的有关专项资金,支持循环经济的科技研究开发、循环经济技术和产品的示范与推广、重大循环经济项目的实施、发展循环经济的信息服务等。

国家对促进循环经济发展的产业活动给予税收优惠,并运用税收等措施鼓励进口先进的节能、节水、节材等技术、设备和产品,限制在生产过程中耗能高、污染重的产品的出口。企业使用或者生产列入国家清洁生产、资源综合利用等鼓励名录的技术、工艺、设备或者产品的,按照国家有关规定享受税收优惠。

县级以上人民政府循环经济发展综合管理部门在制定和实施投资计划时,应当将节能、节水、节地、节材、资源综合利用等项目列为重点投资领域。对符合国家产业政策的节能、节水、节地、节材、资源综合利用等项目,金融机构应当给予优先贷款等信贷支持,并积极提供配套金融服务。对生产、进口、销售或者使用列入淘汰名录的技术、工艺、设备、材料或者产品的企业,金融机构不得提供任何形式的授信支持。

国务院和省级人民政府的价格主管部门应当按照国家产业政策,对资源高消耗行业中的限制类项目,实行限制性的价格政策。对利用余热、余压、煤层气以及煤矸石、煤泥、垃圾等低热值燃料的并网发电项目,价格主管部门按照有利于资源综合利用的原则确定其上网电价。

省级人民政府可以根据本行政区域经济社会发展状况,实行垃圾排放收费制度。收取的费用专项用于垃圾分类、收集、运输、贮存、利用和处置,不得挪作他用。

国家实行有利于循环经济发展的政府采购政策。使用财政性资金进行采购的,应当优先采购节能、节水、节材和有利于保护环境的产品及再生产品。

第八章 生态保护法

 学习目标

了解生态保护法的概念;了解野生生物保护、特殊区域保护、水土保持与防沙治沙的立法沿革与主要法律规定。

第一节 生态保护法概述

生态保护法是指以防止人为原因造成生态系统破坏,为保存生物多样性而制定的法律规范的总称。生态保护法立法的出发点主要是强调生态系统的完整性,保护生态系统内部各要素及其相互间存在的内在的生态价值。

根据联合国《生物多样性公约》所下的定义,生物多样性是指"所有来源的形形色色生物体,这些来源除其他外,包括陆地、海洋和其他水生生态系统及其所构成的生态综合体。"生物多样性主要包括物种多样性、遗传多样性和生态系统多样性这三个组成部分。其中,物种多样性是指动物、植物以及微生物种类的丰富性,它是人类生存和发展的基础;遗传多样性是指存在于生物个体内、单个物种内以及物种之间的基因多样性,包括分子、细胞和个体三个水平上的遗传变异度,它是生命进化、物种分化的基础;[①]生态系统的多样性是指森林、草原、荒漠、农田、湿地和海洋以及竹林和灌丛等生态系统的多样化特性。所有的

---

① 中国生物多样性保护行动计划总报告编写组.中国生物多样性保护行动计划.中国环境科学出版社,1994:"前言".

生态系统都保持着各自的生态过程,包括生命所必需的化学元素的循环和生态系统个组成部分之间能量流动的维持。由于生态过程对于所有生物的生存、进化和持续发展至关重要,因此维持生态系统的多样性对于维持物种和基因的多样性是必不可少的。

从保护目的看,生态保护立法中"保护"的内涵有"保持"(conservation)和"保存"(preservation)之分。保持的目的是保持自然环境要素经常处于可供人类持续利用的状态,而保存的目的则是保存生态系统或自然界其他历史或人文古迹处于原始的状态。尽管保持和保存的意义是一致和积极的,但是它们二者之间也存在着如下区别:在保持的原则下,人类可以对自然界以及生态进行非开发或生产性的利用,如休闲、运动、娱乐、观光等活动。而在保存的原则下,非为科学研究不允许人类对自然界以及生态进行一般性利用,包括人们对自然界进行的所谓"养护"①等的工作。

案例 8-1

> 2010 年 8 月,由于降水减少,再加上气温异常升高,某国家级自然保护区核心区内的原始森林发生火灾。自然保护区管理部门在决定是否采取措施灭火时,出现了两种意见。一种意见认为,自然保护区的核心区适用保存原则,不应采取灭火措施;另一种意见认为,自然保护区核心区应适用保持原则,应当采取灭火措施。
>
> 讨论:如果你是自然保护区管理机构的负责人,你如何决策?

从保护方法看,有所谓就地保护与迁地保护之分。所谓就地保护,是指以各种类型的自然保护区包括风景名胜区的方式,对有价值的自然生态系统和野生生物及其生境予以保护,以保持生态系统内生物的繁衍与进化,维持系统内

---

① 人为对自然界的原生生物及其环境进行的诸如给饵、投食、救助、扑救山火等的养护活动,现在也被科学家们认为是改变自然状态的行为。

的物质能量流动与生态过程。① 建立自然保护区和各种类型的风景名胜区是实现这种保护目标的重要措施。所谓迁地保护,是指在自然生态系统已经受到破坏或可能受到严重破坏威胁的地域,以人工方式对那些不迁移就会灭绝的野生生物物种,从该地域迁往另一地域予以保护的过程。② 就保护策略的比较而言,就地保护比迁地保护更为重要。因为在就地保护的条件下,可以使全部生物物种及其整个生态系统都得到保护。而在迁地保护情况下,仅仅只能保存单一的目标物种。原则上迁地保护只适用于对受到高度威胁的动植物物种的紧急拯救,不然它们就可能灭绝。此外,使濒危的野生物种得到迁地保护,对公众也具有生态教育的意义。

由于地球上所有的物种都是各种生态系统的组成部分,所以除无生命物质外,生态保护的实质是保护生物多样性,而生物多样性的保护又被广泛地融和于动、植物及其生境的保护之中。因此,各国生态(自然)保护立法所确立的保护对象,主要包括特殊自然区域和物种两大类,为此各国的生态保护法律也主要包括特殊自然区域的法律保护和物种的法律保护两方面的内容。此外,在我国有关水土保持和防沙治沙的立法也是生态保护法的重要内容。

第二节 野生生物保护法

目前,我国在野生生物保护方面除制定有《野生动物保护法》(1988年制定,2004年修订)外,国务院还制定有《野生植物保护条例》(1996年)等。近几年来,由于外来物种入侵造成对我国生态环境安全的危害,国务院有关部门还分别制定了防治外来物种入侵的相关立法。

一、野生动物保护法

(一)野生动物保护及其方法

在一般意义上,野生动物是指非人工驯养、在自然状态下生存的各种动物,

---

① 参见中国生物多样性保护行动计划总报告编写组.中国生物多样性保护行动计划.中国环境科学出版社,1994:16.

② 参见同上书,第21页。

包括哺乳类动物、鸟类、爬行动物、两栖动物、鱼类、软体动物、昆虫、腔肠动物以及其他动物。

在20世纪中叶以前,人类对野生动物的保护主要是为了保护它们的经济价值。例如许多国家过去都制定有狩猎法,以保持人类的狩猎对象——野生动物的繁殖、增加,维护正常狩猎的秩序,使野生动物得以有效利用。到20世纪中叶以后,随着生态学的发展,人类逐渐认识到野生动植物在作为自然资源为人类提供经济价值的同时,对保持生物多样性和维持生态系统平衡也具有重要的生态价值。为此,许多国家对狩猎法进行了修改或予以废除,并且制定了野生动物保护法或者在有关的法律中修改制定了以强调保护野生动物和维护生态系统平衡为目的的法律规范。1973年在美国华盛顿签署的《濒危野生动植物物种国际贸易公约》是这种转变的集中体现。

为保护、拯救珍贵、濒危野生动物,保护、发展和合理利用野生动物资源,维护生态平衡,我国于1988年11月制定了《野生动物保护法》,该法于2004年8月进行了小幅修改[①],2009年8月《全国人民代表大会常务委员会关于修改部分法律的决定》又对其部分条款进行了修正。

《野生动物保护法》所称野生动物,是指珍贵、濒危的陆生、水生野生动物和有益的或者有重要经济、科学研究价值的陆生野生动物。也就是说,该法所要保护的野生动物,既包括处于自然状态下尚未受到人们通过合法途径获取、控制而成为私有财产所有权客体的各类野生陆生、水生动物,也包括人们通过合法手段豢养、狩猎或养殖的野生动物。至于珍贵、濒危的水生野生动物以外的其他水生野生动物的保护,则适用《渔业法》的规定。

除野生动物保护法外,我国还分别制定了《陆生野生动物保护实施条例》《水生野生动物保护实施条例》《濒危野生动植物进出口管理条例》《国家重点保护野生动物驯养繁殖许可证管理办法》《陆生野生动物资源保护管理费收费办法》《鸟类环志管理办法(试行)》等行政法规与规章。

[①] 修改的内容,是将原第二十六条第二款"建立对外国人开放的猎捕场所,必须经国务院野生动物行政主管部门批准",修改为"建立对外国人开放的猎捕场所,应当报国务院野生动物行政主管部门备案。"

(二)野生动物保护的一般规定

1. 野生动物的权属规定

在传统法理论中,野生动物是一种对人类具有各种经济价值的资源,属于"谁猎谁有,谁占谁有"的无主物。由于我国《野生动物保护法》将野生动物作为一种自然资源对待,因此《野生动物保护法》规定:"野生动物资源属于国家所有。国家保护依法开发利用野生动物资源的单位和个人的合法权益。"

2. 野生动物的保护方针

国家对野生动物实行加强资源保护、积极驯养繁殖、合理开发利用的方针,鼓励开展野生动物科学研究。

为了保护野生动物及其生存环境,野生动物保护法规定,禁止任何单位和个人非法猎捕或者破坏。同时,国家对珍贵、濒危的野生动物实行重点保护。中国公民有保护野生动物资源的义务,对侵占或者破坏野生动物资源的行为有权检举和控告。对非法捕杀国家重点保护野生动物者,依照《刑法》规定追究刑事责任。为保护、发展和合理利用野生动物资源,国家实行野生动物资源规划制度。

(三)野生动物保护的具体措施

1. 重点保护野生动物名录制

野生动物种类繁多,并不是每一类、每一个野生动物都需要法律同等保护。因此,我国《野生动物保护法》规定了重点保护野生动物名录制度,即通过国务院野生动物部门制定并公布《国家重点保护野生动物名录》,将国家重点保护的野生动物分为一级保护野生动物和二级保护野生动物。

1988年12月,国务院批准了《国家重点保护野生动物名录》,该名录于2003年2月由国务院做了调整。现行《国家重点保护野生动物名录》共列出了一级保护野生动物97种、二级保护野生动物161种。[1] 为履行濒危野生动植物种国际贸易公约的义务,我国于1993年还将该公约附录一和附录二所列非原产我国的所有野生动物分别核准为国家一级和国家二级保护野生

---

[1] 参见2003年2月由国务院颁布的《国家重点保护野生动物名录》。

动物。

此外,经国务院林业部门核准,可以将从国外引进的珍贵、濒危野生动物视为国家重点保护野生动物。对这些野生动物及其产品(包括任何可辨认部分或其衍生物)的管理,同原产我国的国家一级和国家二级保护野生动物一样,按照国家现行法律、法规和规章的规定实施管理。

除国家外,地方也可以制定地方重点保护野生动物名录。所谓地方重点保护野生动物,是指国家重点保护野生动物以外由省、自治区、直辖市重点保护的野生动物。

2. 野生动物生境保护措施

首先,在国家和地方重点保护野生动物的主要生息繁衍的地区和水域,由国务院主管部门划定自然保护区,以加强对国家和地方重点保护野生动物及其生存环境的保护管理。对违法在自然保护区、禁猎区破坏国家或者地方重点保护野生动物主要生息繁衍场所的,由野生动物部门责令停止破坏行为,限期恢复原状,处以罚款。

其次,对野生动物及其生境实行监视性保护措施。监视性保护措施主要是监视、监测环境对野生动物的影响。由于环境影响对野生动物造成危害时,应当由野生动物部门应当会同有关部门进行调查处理。当国家和地方重点保护野生动物受到自然灾害威胁时,当地政府应当及时采取拯救措施。

3. 野生动物致害补偿制度

《野生动物保护法》规定,因保护国家和地方重点保护野生动物,造成农作物或者其他损失的,由当地政府给予补偿。补偿办法由省、自治区、直辖市政府制定。

但是,自1988年《野生动物保护法》颁布实施以来自今,除北京、陕西、云南等少数省市外,我国各地尚未制定相应的补偿办法。

案例 8-2

1997年6月,某省某县金丝猴(国家重点保护野生动物)保护区发生森林火灾,猴群外逃至紧邻保护区的某村觅食,毁坏了大片的农作物,还有几个村民因为驱赶金丝猴而被抓伤。村民遂要求乡政府赔偿损失。乡政府则认为金丝猴是野生的,并非政府饲养的动物,金丝猴造成的损害属于天灾,拒绝赔偿村民的损失。

讨论:村民的损失应当如何补偿?

4. 野生动物资源利用管理制度

《野生动物保护法》规定的野生动物资源利用管理措施,主要是针对开发利用野生动物资源的行为实施的控制措施。这些控制措施主要包括:

第一,建立野生动物资源档案,并定期组织对野生动物资源的调查。目前,中国的野生动物资源普查工作每十年进行一次。

第二,对驯养繁殖国家重点保护野生动物的,规定应当持有许可证。

第三,野生动物猎捕的禁限措施。禁止猎捕、杀害国家重点保护野生动物。因科学研究、驯养繁殖、展览或者其他特殊情况,需要捕捉、捕捞国家一级保护野生动物的,必须向国务院野生动物部门申请特许猎捕证;猎捕国家二级保护野生动物的,必须向省、自治区、直辖市政府野生动物部门申请特许猎捕证。

猎捕非国家重点保护野生动物的,必须取得狩猎证,并且服从猎捕量限额管理,按照特许猎捕证、狩猎证规定的种类、数量、地点和期限进行猎捕。禁止使用军用武器、毒药、炸药进行猎捕。对违法在禁猎区、禁猎期或者使用禁用的工具、方法猎捕野生动物的,由野生动物部门没收猎获物、猎捕工具和违法所得,处以罚款;情节严重、构成犯罪的,依照刑法规定追究刑事责任。对违法未取得狩猎证或者未按狩猎证规定猎捕野生动物的,由野生动物部门没收猎获物和违法所得,处以罚款,并可以没收猎捕工具,吊销狩猎证。因猎捕野生动物造成农作物或者其他损失的,由猎捕者负责赔偿。

第四,野生动物或者产品贸易的管制。禁止任何人出售、收购国家重点保护野生动物或者其产品。

因科学研究、驯养繁殖、展览等需要出售、收购、利用国家一级保护野生动物或者其产品的,必须经国务院野生动物部门或者其授权的单位批准;需要出售、收购、利用国家二级保护野生动物或者其产品的,必须经省、自治区、直辖市政府野生动物部门或者其授权的单位批准。

驯养繁殖国家重点保护野生动物的,可以凭驯养繁殖许可证向政府指定的收购单位出售国家重点保护野生动物或者其产品。2003年8月,国家林业局公布了梅花鹿等54种人工驯养繁殖技术成熟、可商业性驯养繁殖和经营利用的陆生野生动物名单。

运输、携带国家重点保护野生动物或者其产品出县境的,必须经省、自治区、直辖市政府野生动物部门或者其授权的单位批准。

出口国家重点保护野生动物或者其产品的,进出口中国参加的国际公约所限制进出口的野生动物或者其产品的,必须经国务院野生动物部门或者国务院批准,并取得国家濒危物种进出口管理机构核发的允许进出口证明书。海关凭允许进出口证明书查验放行。

经营利用野生动物或者其产品的,应当缴纳野生动物资源保护管理费。

第五,对在我国境内从事野生动物相关行为的境外人员的管理。《野生动物保护法》规定,外国人在中国境内对国家重点保护野生动物进行野外考察或者在野外拍摄电影、录像,必须经国务院野生动物部门批准。建立对外国人开放的猎捕场所,应当报国务院野生动物部门备案。

5. 水生野生动物保护的特别规定

根据《野生动物保护法》的规定,水生野生动物的管理工作由渔业部门负责,珍贵、濒危的水生野生动物以外的其他水生野生动物的保护,适用《渔业法》的规定。

我国《渔业法》规定,国家对白鳍豚等珍贵、濒危水生野生动物实行重点保护,防止其灭绝。禁止捕杀、伤害国家重点保护的水生野生动物。1993年国务院批准实施的《水生野生动物保护实施条例》,对珍贵、濒危的水生生物及其产

品(即珍贵、濒危的水生生物的任何部分及其衍生物)规定了如下保护性措施:

第一,定期组织野生动物资源调查,建立资源档案,为制定水生野生动物资源保护发展规划、制定和调整国家和地方重点保护水生野生动物名录提供依据。

第二,维护和改善水生野生动物的生存环境,保护和增殖水生野生动物。

第三,对于受伤、搁浅和因误入港湾、河汊而被困的水生野生动物实行紧急救护措施;对于在捕捞作业中误捕的水生野生动物,应当立即无条件放生。

第四,对因保护国家或地方重点保护的水生野生动物受到损失者,由人民政府给予补偿。

第五,在国家或地方重点保护的水生野生动物的主要生息繁衍的地区河水域,划定水生野生动物自然保护区,加强对国家或地方重点保护的水生野生动物及其生存环境的保护管理。

二、野生植物保护法

(一) 野生植物保护及其立法

野生植物一般指在自然状态下生长且无法证明为人工栽培的植物,包括藻类、菌类、地衣、苔藓、蕨类和种子等植物。由于人口压力的迅速增加,以及人类对自然环境和资源的开发利用强度的不断增大,野生植物资源也日益受到人为的破坏,许多物种已经处于濒危的状态,甚至灭绝。

1984年原国务院环境保护委员会公布了《中国珍稀濒危保护植物名录》,1991年我国编写了《中国植物红皮书》,对国家重点保护的野生植物的名录及其范围做出了具体的规定。1983年国务院发布了《植物检疫条例》(1993年修订)。1987年国务院发布了《野生药材资源保护管理条例》,对濒危野生药材资源做出了保护性的规定。1997年国务院又发布了《植物新品种保护条例》。2002年农业部发布了《农业野生植物保护办法》(2004年修订)。

为了保护、发展和合理利用野生植物资源,保护生物多样性,维护生态平衡,国务院于1996年制定了《野生植物保护条例》。

《野生植物保护条例》所保护的野生植物,是指原生地天然生长的珍贵植物和原生地天然生长并具有重要经济、科学研究、文化价值的濒危、稀有植物。同时,药用野生植物和城市园林、自然保护区、风景名胜区内的野生植物的保护,同时适用有关的法律、行政法规。

(二)野生植物保护的法律规定

1. 野生植物的保护措施

《野生植物保护条例》确立了"国家对野生植物资源实行加强保护、积极发展、合理利用的方针"。国家保护依法开发利用和经营野生植物资源的单位和个人的合法权益。同时,国家鼓励和支持野生植物科学研究、野生植物的就地保护和迁地保护。其具体的保护措施包括:

第一,建立野生植物保护名录制度和分级保护制度。根据保护程度的不同,条例将野生植物分为国家重点保护野生植物和地方重点保护野生植物。其中,国家重点保护野生动物又分为国家一级保护野生植物和国家二级保护野生植物。国家重点保护野生植物是指列入国家重点保护野生植物名录而被采取特别措施加以保护的植物。地方重点保护野生植物是指除国家重点保护野生植物以外的列入地方重点保护野生植物名录而被省、自治区、直辖市特别保护的植物。

1999年8月4日,国务院批准并由国家林业局和农业部发布了《国家重点保护野生植物名录(第一批)》(2001年修订)。

第二,保护野生植物及其生境。禁止任何单位和个人非法采集野生植物或者破坏其生长环境。对于违反《野生植物保护条例》,未取得采集证或者未按照采集证的规定采集国家重点保护野生动物的,由野生植物行政主管部门没收采集物和违法所得、处以罚款,或者吊销采集证。

在国家重点保护野生植物物种和地方重点保护野生植物物种的天然集中分布区域,应当依法建立自然保护区;在其他区域,县级以上地方人民政府野生植物行政主管部门和其他有关部门可以根据实际情况建立国家重点保护野生植物和地方重点保护野生植物的保护点或者保护标志。

对野生植物的监视制度。条例规定有关部门应当监视、监测环境对国家重点保护野生植物生长和地方重点保护野生植物生长的影响,并采取措施,维护和改善国家重点保护野生植物和地方重点保护野生植物的生长条件。当野生植物的生长受到威胁时,有关部门应当采取拯救措施,保护或者恢复其生长环境,必要时应当建立繁育基地、种质资源库或者采取迁地保护措施。

2. 野生植物资源利用的管理措施

野生植物也是一直重要的自然资源,《野生植物保护条例》对野生植物资源的利用规定了相应的管理措施。具体包括:

第一,建立野生植物资源档案制度。野生植物资源档案是记载野生植物种类、数量、质量、地区分布、利用和保护状况等资料的文书。它不仅是管理、保护、发展和合理利用开发野生植物资源的依据,也是整个自然资源开发利用的基础资料。野生植物行政主管部门应当定期组织国家重点保护野生植物和地方重点保护野生植物资源调查,建立资源档案。

第二,重点保护野生植物采集管制。禁止采集国家一级保护野生植物。因科学研究、人工培育、文化交流等特殊需要,采集国家一级保护野生植物、国家二级保护野生植物、城市园林或者风景名胜区的国家一级或者二级保护野生植物、珍贵野生树木或者林区内、草原上的野生植物的,必须依法定程序向有关部门申请采集证,并按照采集证规定的种类、数量、地点、期限和方法采集。

第三,重点保护野生植物进出口管制。出口国家重点保护野生植物或者进出口中国参加的国际公约所限制进出口的野生植物的,必须经法定程序,取得国家濒危物种进出口管理机构核发的允许进出口证明书或者标签。禁止出口未定名的或者新发现并有重要价值的野生植物。对于违法出售、收购国家重点保护野生植物的,伪造、倒卖、转让采集证、允许进出口证明书或者有关批准文件、标签的,由相关主管部门没收野生植物和违法所得,可以并处罚款。

第四,野生植物贸易管制。禁止出售、收购国家一级保护野生植物。出售、收购国家二级保护野生植物的,必须经省、自治区、直辖市人民政府野生植物行政主管部门或者其授权机构批准。外国人不得在中国境内采集或者收购国家重点保护野生植物。

第五,外国人从事野生植物相关活动的管制。外国人在中国境内对国家重点保护野生植物进行野外考察的,必须经法定程序向有关部门申请批准。外国人在中国境内采集、收购国家重点保护野生植物、或者未经批准对国家重点保护野生植物进行野外考察的,由相关主管部门没收野生植物和违法所得,可以并处罚款。对于非法进出口野生植物的,由海关依照海关法的规定处罚。

案例 8-3

> A在徒步旅行中喜好采集植物样本并制作标本。一次旅行结束后,A发现其所采集的一例植物样本并未收录在《中国植物辞典》中,A遂通过网络求助。数日后一位美国的植物学家发邮件告诉他此为一种极为罕见的植物品种,并愿意出高价购买。A为利所动,遂在收到预付款后将该植物邮寄给该美国人,但在出境时被中国海关查获。
>
> 讨论:应当如何处理A采集和出售此植物样本的行为?

三、外来物种入侵的法律控制

(一)外来物种入侵概况

所谓外来物种,是相对于本地物种而言的,它是指出现在其自然分布范围(过去或现在)和分布位置以外(即在原分布范围以外自然定殖的,或没有直接或间接引进,或没有人类活动就不能定殖)的一种物种、亚种、或低级分类群,包括这些物种能生存和繁殖的任何部分、配子或繁殖体。

依据世界自然保护同盟(IUCN)2000年公布的《防止外来入侵物种导致生物多样性丧失的指南》的解释,外来入侵物种是指在自然、半自然生态系统或栖息地中,建立种群并影响和威胁到本地生物多样性的一种外来物种。[①] 在全球范围内,外来物种入侵已经成为除栖息地破坏以外造成生物多样性丧失的第二位原因。

外来物种入侵的途径主要有三种:有意引进、无意引进和自然侵入。外来

---

① 汪劲.环境法学(第二版).北京大学出版社,2011:243.

物种通过以上三种途径到达新环境,再通过侵入、定居、适应和扩散四个阶段生存并致害。外来物种通过压制或排挤本地物种,危害本地物种的生存,加快物种多样性和遗传多样性的丧失,破坏生态系统的结构和功能,进而造成巨大的生态环境和经济损失。经济损失包括直接经济损失和间接经济损失两大类。直接经济损失是指外来病虫害和杂草对农林牧渔业、交通等行业或人类健康造成的物品损毁、实际价值的减少或防护费用的增加等;间接经济损失是指对生态系统服务功能、物种多样性和遗传多样性造成的经济损失。

根据2001年至2003年我国首次对外来入侵物种开展的全国调查显示,在已查明的283种外来入侵物种中,39.6%是属于有意引进造成的,49.3%是属于无意引进造成的,自然入侵仅占3.1%。而在外来入侵的植物中,有一半左右是作为有用植物引进的。其中,外来入侵物种的最大来源地为美洲,占总频次的55.1%。

(二)外来物种入侵的法律规定

外来物种入侵已成为一个全球性问题。自20世纪50年代以来,许多国家开始订立国际公约以及区域性协议与措施以保护生物多样性,并通过成立联合管理机构等国家合作方式对外来物种入侵问题进行有效预防和管理。其中,对外来物种入侵规定最为充分的是1992年的《生物多样性公约》。公约在"就地保护"条款中规定,成员国必须对那些威胁生态系统、栖息地或物种的外来物种进行预防引进、控制或根除。此外,于2000年开始签署的《卡塔赫纳生物安全议定书》也为生物技术改性活生物体的越境转移、过境、装卸和使用等的控制确立了法律框架。

1997年,由联合国环境规划署和世界环境科学委员会等共同发起成立了"全球入侵物种项目"。该项目的法律与制度框架项目工作组于2000年完成了《关于设计外来入侵物种立法和制度框架的指南》。这份指南虽不具有约束力,但对完善防止外来物种入侵的国际和国内立法都具有重要的参考意义。2002年,在荷兰海牙召开的《生物多样性公约》缔约方大会第六次会议上通过了《关于预防引进对生态系统、栖息地或物种构成威胁的外来物种并减轻其影响的指导原则》,协助各国政府共同采取措施抵御外来物种入侵,并分别就外来物种入侵的预防与分级处理,国家的作用,监视、边境控制与检疫,情报交流与合作,有意引进与无意引进,减轻影响及其根除、围堵、遏制等确立了十五项对策措施。

《生物多样性公约》与上述履约执行文件以及国际文件,为各国防治外来物种入侵奠定了国内立法和确立行政规制模式的基础。[1]

我国有关外来物种入侵的相关规定主要集中在野生动植物保护与病虫害、杂草检疫和传染病防疫的法律法规中,目前尚未制定专门针对外来物种入侵的法律规定。主要采取的是由国务院和各部门制定条例或者部门规章的方式对防治外来物种入侵做出具体规定,包括《进出境动植物检疫法》《动物检疫法》《海洋环境保护法》《草原法》《农业法》《种子法》《渔业法》《畜牧法》《植物检疫条例》《家畜家禽防疫条例》《农业转基因生物安全管理条例》《陆生野生动物保护实施条例》以及相关实施细则等。

1999年修订的《海洋环境保护法》规定"引进海洋动植物物种,应当进行科学论证,避免对海洋生态系统造成危害"(第二十五条)。2002年修订的《草原法》规定"从境外引进草种必须依法进行审批"(第二十九条第二款)。同年修订的《农业法》规定"从境外引进生物物种资源应当依法进行登记或者审批,并采取相应安全控制措施""农业转基因生物的研究、试验、生产、加工、经营及其他应用,必须依照国家规定严格实行各项安全控制措施"(第六十四条)。2004年修订的《渔业法》规定"水产苗种的进口、出口由国务院渔业行政主管部门或者省、自治区、直辖市人民政府渔业行政主管部门审批"(第十六条第二款),"引进转基因水产苗种必须进行安全性评价"(第十七条第二款)。同年修订的《种子法》规定对"转基因植物品种的选育、试验、审定和推广应当进行安全性评价,并采取严格的安全控制措施"(第十四条)。2005年修订的《畜牧法》规定从境外引进畜禽遗传资源或者种畜禽的,应当主向管部门提出申请;主管部门经审核后,报国务院相关部门经评估论证后批准。引进的畜禽遗传资源或者种畜禽"被发现对境内畜禽遗传资源、生态环境有危害或者可能产生危害的",主管部门应当

---

[1] 汪劲.抵御外来物种入侵:我国立法模式的合理选择——基于国际社会与外国法律规制模式的比较分析.载《现代法学》,2007,2:25.

"采取相应的安全控制措施"(第十五条)。以上法律法规基本确定了我国对境外引进物种的审批、检疫、论证和采取安全措施的防治外来物种入侵制度。2014年修订的《环境保护法》第三十条第二款也明确规定,"引进外来物种以及研究、开发和利用生物技术,应当采取措施,防止对生物多样性的破坏。"

此外,原国家环境保护总局曾分别在《全国生态环境保护纲要》(2000年)、《2003年全国环境保护工作要点》和《关于加强外来入侵物种防治工作的通知》(2003年)中,要求建立对转基因生物活体及其产品的进出口管理制度和风险评估制度,防治外来物种入侵,并要求各级环境保护部门加强对物种引进的监督管理工作。2011年,环境保护部在《国家环境保护"十二五"科技发展规划》中更进一步要求"研究外来物种入侵途径、扩散机制、危害机理、预警机制及其生态风险评价、管理与防除控制技术,以及有效应对外来物种入侵的国家政策与法律框架。研究转基因生物安全监管及风险评估与控制技术,开展转基因改性活生物体生产、转移、食用、处理和环境释放的监管机制研究。"

但是,对于外来物种有意引进的控制、外来物种入侵的治理和生态环境的恢复等重要问题,我国现行法律还没有作出具体的规定。因此,我国应当在比较外国外来物种入侵防治立法与管理实践的基础上,尽快建立起一套行之有效的外来入侵种防治体制,并制定一部综合性外来入侵物种防治法律及相应的国家战略,对预防外来物种入侵的法律原则、监管制度,引进外来物种的风险评估制度、外来入侵物种的名录制度、损失赔偿制度等作出明确的规定。

第三节　特殊区域保护法

特殊区域保护是生态保护法的核心内容之一。2014年修订的《环境保护法》首次规定了"生态保护红线"这一概念,要求在重点生态功能区、生态环境敏感区和脆弱区等区域划定生态保护红线,实行严格保护。目前,我国有关特殊区域保护的立法主要涉及自然保护区、风景名胜区与自然遗产、海洋生态与海岛等方面。

一、自然保护区法

（一）自然保护区及其立法

我国从20世纪50年代起开始设立自然保护区,例如1956年在广东鼎湖山就设立了中国最早的自然保护区。但是,我国并未就自然保护区的建设和管理作出相应的法律规定。从1979年颁布《环境保护法》(试行)开始,我国开始在有关自然资源和生态保护法律法规中对自然保护区进行了原则性规定。

从80年代开始,我国根据土地、海洋、森林、野生动植物保护等法律的规定,陆续设立了不同类型的自然保护区,并且还制定了《自然保护区土地管理办法》和《森林和野生动物类型自然保护区管理办法》等法规和规章。

为履行《生物多样性公约》所规定的国际义务,加强自然保护区的建设和管理,保护自然环境和自然资源,我国于1994年制定了《自然保护区条例》。

按照《自然保护区条例》的规定,自然保护区是指对有代表性的自然生态系统、珍稀濒危野生动植物物种的天然集中分布区、有特殊意义的自然遗迹等保护对象所在的陆地、陆地水体或者海域,依法划出一定面积予以特殊保护和管理的区域。

（二）自然保护区的设立

1. 设立自然保护区的条件

凡是具有下列条件之一的,应当建立自然保护区:第一,典型的自然地理区域、有代表性的自然生态系统区域以及已经遭受破坏但经保护能够恢复的同类自然生态系统区域;第二,珍稀、濒危野生动植物物种的天然集中分布区域;第三,具有特殊保护价值的海域、海岸、岛屿、湿地、内陆水域、森林、草原和荒漠;第四,具有重大科学文化价值的地质构造、著名溶洞、化石分布区、冰川、火山、温泉等自然遗迹;第五,经国务院或者省级人民政府批准,需要予以特殊保护的其他自然区域。

2. 自然保护区的分级

依照《自然保护区类型与级别划分原则》的规定,自然保护区分为国家级、省(自治区、直辖市)级、市(自治州)级和县(自治县、旗、县级市)级四级。在国内外有典型意义、在科学上有重大国际影响或者有特殊科学研究价值的自然保护区,列为国家级自然保护区。除列为国家级自然保护区的外,其他具有典型意义或者重要科学研究价值的自然保护区列为地方级自然保护区。

确立自然保护区的范围和界限时,应当兼顾保护对象的完整性和适度性,以及当地经济建设和居民生产、生活的需要。

自然保护区的命名采用自然保护区所在地地名加"国家级自然保护区"或者"地方级自然保护区"的方式。有特殊保护对象的自然保护区,可以在自然保护区所在地地名后加特殊保护对象的名称。

3. 自然保护区的设立程序

根据《自然保护区条例》的规定,国家级自然保护区的建立,由自然保护区所在的省、自治区、直辖市人民政府或者国务院有关自然保护区主管部门提出申请,经国家级自然保护区评审委员会评审后,由国务院环境保护主管部门进行协调并提出审批建议,报国务院批准。

地方级自然保护区的建立,由自然保护区所在的县、自治县、市、自治州人民政府或者省、自治区、直辖市人民政府有关自然保护区主管部门提出申请,经地方级自然保护区评审委员会评审后,由省、自治区、直辖市人民政府环境保护主管部门进行协调并提出审批建议,报省、自治区、直辖市人民政府批准,并报国务院环境保护主管部门和国务院有关自然保护区主管部门备案。

跨两个以上行政区域的自然保护区的建立,由有关行政区域的人民政府协商一致后提出申请,并按照前两款规定的程序审批。建立海上自然保护区,须经国务院批准。

(三) 自然保护区的管理

1. 自然保护区的管理机构

按照《自然保护区条例》的规定,国务院环保部门负责全国自然保护区的综合管理。国务院林业、农业、地质矿产、水利、海洋等有关部门在各自的职责范围内,主管有关的自然保护区。国家级自然保护区由其所在地的省级人民政府有关自然保护区主管部门或者国务院有关自然保护区主管部门管理;地方级自然保护区由其所在地的县级以上地方人民政府有关自然保护区主管部门管理。

有关自然保护区主管部门应当在自然保护区内设立专门的管理机构,配备专业技术人员,负责自然保护区的具体管理工作。自然保护区的资金来源主要由自然保护区所在地的县级以上地方人民政府的财政安排,国家对国家级自然保护区的管理,给予适当的资金补助。

2. 自然保护区的分区管理措施

自然保护区内部分为核心区、缓冲区和实验区三部分。自然保护区内保存完好的天然状态的生态系统以及珍稀、濒危动植物的集中分布地,应当划为核心区。在自然保护区的核心区外围,可以划定一定面积的缓冲区。在自然保护区的缓冲区外划为实验区。核心区应是最具保护价值或在生态进化中起到关键作用的保护地区,所占面积不得低于该自然保护区总面积的三分之一,实验区所占面积不得超过总面积的三分之一。三区的划分不应人为割断自然生态的连续性,可尽量利用山脊、河流、道路等地形地物作为区划界线。①

核心区禁止任何单位和个人进入,不得建设任何生产设施;非经省级人民政府(指地方级自然保护区)或国务院有关自然保护区主管部门(指国家级自然保护区)批准,也不允许进入从事科学研究的观测、调查活动。对于自然保护区核心区内原有居民确有必要迁出的,由所在地地方人民政府予以妥善安置。

除因教学科研的目的需要、依法批准可以进入缓冲区从事非破坏性的科学研究观测、教学实习和标本采集活动者外,禁止在缓冲区开展旅游和生产经营活动,不得建设任何生产设施。并且,进入缓冲区从事上述活动者还必须向自然保护区管理机关提交活动成果的副本。对于在缓冲区开展参观、旅游活动的,由自然保护区管理机构提出方案,经批准后方可进行。严禁开设与自然保护区保护方向不一致的参观、旅游项目。

实验区可以进入从事科学试验、教学实习、参观考察、旅游以及驯化、繁殖珍稀、濒危野生动植物活动。但是不得建设污染环境、破坏资源或者景观的生产设施;建设其他项目的,其污染物排放不得超过污染物排放标准。对已建成的设施其污染物排放超过排放标准的,应当限期治理;造成损害的,必须采取补救措施。

---

① 参见国家环境保护总局办公厅关于印发《国家级自然保护区总体规划大纲》的通知,2002-06-26.

当原批准建立自然保护区的人民政府认为必要时,可以在自然保护区的外围划定一定面积的外围保护地带。在该外围保护地带建设的项目,不得损害自然保护区的环境质量,已造成损害的,必须限期治理。

擅自移动或者破坏自然保护区界标,或者未经批准进入自然保护区或者在自然保护区内不服从管理机构管理,或者经批准在自然保护区的缓冲区内从事科学研究、教学实习和标本采集的单位和个人,不向自然保护区管理机构提交活动成果副本的,由自然保护区管理机构责令其改正,并可以根据不同情节处以一百元以上五千元以下的罚款。

当发生事故或者其他突然性事件,造成或者可能造成自然保护区污染或者破坏事故的单位和个人,必须立即采取措施处理,及时通报可能受到危害的单位和居民,并向自然保护区管理机构、当地环保部门和自然保护区主管部门报告,接受调查处理。

案例 8-4

A是探险爱好者,在某国家级自然保护区探险时看见一块告示牌,注明此处是自然保护区的核心区,未经批准任何人不得进入。但A仍继续进入该区域探险。返程时A被自然保护区管理部门发现。经查,A并未给自然保护区造成任何损害。

讨论:A的行为是否违法?

二、风景名胜区与自然遗产保护法

(一)风景名胜区保护法

风景名胜区是指具有观赏、文化或者科学价值,自然景观、人文景观比较集中,环境优美,可供人们游览或者进行科学、文化活动的区域。

为了加强对风景名胜区的管理,更好地保护、利用和开发风景名胜资源,我国于1985年制定了《风景名胜区管理暂行条例》,并于2006年修订为《风景名胜区条例》。原建设部还制定了《风景名胜区建设管理规定》《国家级风景名胜区监管信息系统建设管理办法(试行)》《国家级风景名胜区徽志使用管理办法》等部门规章。此外,我国的《环境保护法》《城乡规划法》《矿产资源法》《文物保护法》《历史文化名城名镇名村保护条例》等法律法规中也有风景名胜区保护的相关规定。

1. 风景名胜区的管理机构和管理原则

风景名胜区的管理实行统一监督管理和分工负责相结合的体制。国务院建设主管部门负责全国风景名胜区的监督管理工作。国务院其他有关部门按照国务院规定的职责分工,负责风景名胜区的有关监督管理工作。省、自治区人民政府建设主管部门和直辖市人民政府风景名胜区主管部门,负责本行政区域内风景名胜区的监督管理工作。省、自治区、直辖市人民政府其他有关部门按照规定的职责分工,负责风景名胜区的有关监督管理工作。

风景名胜区由其所在地县级以上地方人民政府设立风景名胜区管理机构,负责风景名胜区的保护、利用和统一管理工作。

国家对风景名胜区实行科学规划、统一管理、严格保护、永续利用的原则。

2. 风景名胜区的设立

风景名胜区按其景物的观赏、文化、科学价值和环境价值、规模大小、游览条件等,划分为国家级风景名胜区和省级风景名胜区。自然景观和人文景观能够反映重要自然变化过程和重大历史文化发展过程,基本处于自然状态或者保持历史原貌,具有国家代表性的,可以申请设立国家级风景名胜区;具有区域代表性的,可以申请设立省级风景名胜区。不同级别的风景名胜区的设立应当遵照不同的审批程序。

新设立的风景名胜区与自然保护区不得重合或者交叉;已设立的风景名胜区与自然保护区重合或者交叉的,风景名胜区规划与自然保护区规划应当相协调。

风景名胜区内的土地、森林等自然资源和房屋等财产的所有权人、使用权人的合法权益受法律保护。申请设立风景名胜区的人民政府应当在报请审批前,与风景名胜区内的土地、森林等自然资源和房屋等财产的所有权人、使用权人充分协商。因设立风景名胜区对风景名胜区内的土地、森林等自然资源和房屋等财产的所有权人、使用权人造成损失的,应当依法给予补偿。

3. 风景名胜区规划

风景名胜区规划分为总体规划和详细规划。国家级风景名胜区规划由省、自治区人民政府建设主管部门或者直辖市人民政府风景名胜区主管部门组织编制。省级风景名胜区规划由县级人民政府组织编制。

风景名胜区总体规划,应当体现人与自然和谐相处、区域协调发展和经济社会全面进步的要求,坚持保护优先、开发服从保护的原则,突出风景名胜资源的自然特性、文化内涵和地方特色。风景名胜区总体规划应当包括下列内容:风景资源评价;生态资源保护措施、重大建设项目布局、开发利用强度;风景名胜区的功能结构和空间布局;禁止开发和限制开发的范围;风景名胜区的游客容量;有关专项规划。风景名胜区应当自设立之日起二年内编制完成总体规划。总体规划的规划期一般为二十年。

风景名胜区详细规划应当符合风景名胜区总体规划,根据核心景区和其他景区的不同要求编制,确定基础设施、旅游设施、文化设施等建设项目的选址、布局与规模,并明确建设用地范围和规划设计条件。

编制风景名胜区规划,应当广泛征求有关部门、公众和专家的意见;必要时,应当进行听证。风景名胜区规划报送审批的材料应当包括社会各界的意见以及意见采纳的情况和未予采纳的理由。

风景名胜区规划未经批准的,不得在风景名胜区内进行各类建设活动。经批准的风景名胜区规划不得擅自修改。确需修改的,应当报原审批机关备案或者批准。

4. 风景名胜区保护的具体规定

在风景名胜区内,禁止进行开山、采石、开矿、开荒、修坟立碑等破坏景观、植被和地形地貌的活动;禁止修建储存爆炸性、易燃性、放射性、毒害性、腐蚀性物品的设施。违反者,由风景名胜区管理机构责令停止违法行为、恢复原状或者限期拆除,没收违法所得,并处五十万元以上一百万元以下的罚款。

禁止在景物或者设施上刻划、涂污;乱扔垃圾。违反者,由风景名胜区管理机构责令恢复原状或者采取其他补救措施,处五十元的罚款。

在风景名胜区内设置、张贴商业广告,举办大型游乐等活动或者从事改变水资源、水环境自然状态的活动和其他影响生态和景观的活动,应当经风景名胜区管理机构审核后依法报有关主管部门批准。违反者,由风景名胜区管理机构责令停止违法行为、限期恢复原状或者采取其他补救措施,没收违法所得,并处五万元以上十万元以下的罚款;情节严重的,并处十万元以上二十万元以下的罚款。

禁止违反风景名胜区规划,在风景名胜区内设立各类开发区和在核心景区内建设宾馆、招待所、培训中心、疗养院以及与风景名胜资源保护无关的其他建筑物;已经建设的,应当按照风景名胜区规划,逐步迁出。违反者,由风景名胜区管理机构责令停止违法行为、恢复原状或者限期拆除,没收违法所得,并处五十万元以上一百万元以下的罚款。

在风景名胜区内从事禁止范围以外的建设活动,未经风景名胜区管理机构审核的,由风景名胜区管理机构责令停止建设、限期拆除,对个人处二万元以上五万元以下的罚款,对单位处二十万元以上五十万元以下的罚款。

在国家级风景名胜区内修建缆车、索道等重大建设工程,项目的选址方案应当报国务院建设主管部门核准。未经国务院建设主管部门核准,县级以上地方人民政府有关部门核发选址意见书的,对直接负责的主管人员和其他直接责任人员依法给予处分;构成犯罪的,依法追究刑事责任。

风景名胜区内的建设项目应当符合风景名胜区规划,并与景观相协调,不得破坏景观、污染环境、妨碍游览。在风景名胜区内进行建设活动的,建设单位、施工单位应当制定污染防治和水土保持方案,并采取有效措施,保护好周围景物、水体、林草植被、野生动物资源和地形地貌。违反者,由风景名胜区管理机构责令停止违法行为、限期恢复原状或者采取其他补救措施,并处二万元以上十万元以下的罚款;逾期未恢复原状或者采取有效措施的,由风景名胜区管理机构责令停止施工。

(二) 自然遗产保护法

1. 自然遗产保护法概述

一般将自然遗产和文化遗产相提并论,指具有一定科学、文化、历史、教育遗迹观赏价值的自然或人文景物、现象及其保留或遗迹地。

我国并没有关于自然遗产保护的专门性法律法规,在现有的法律法规中自然遗产的保护方式段大致有三种:一是分布在自然保护区、风景名胜区范围内的自然遗产,作为自然保护区、风景名胜区的组成部分加以保护;二是对规模较大的自然遗产,划为单独的自然保护区或风景名胜区加以特别保护;三是将自然遗产划定为不同级别的文物保护单位加以保护。

2. 有关自然遗产保护的法律规定

我国《宪法》第二十二条第二款规定:"国家保护名胜古迹、珍贵文物和其他重要历史文化遗产。"《环境保护法》把自然遗迹和人文遗迹纳入"环境"的范畴而明确予以保护,并要求各级人民政府对"具有重大科学文化价值的地质构造、著名溶洞和化石分布区、冰川、火山、温泉等自然遗迹,以及人文遗迹、古树名木,应当采取措施加以保护,严禁破坏。"《自然保护区条例》则明确规定"具有重大科学文化价值的地质构造、著名溶洞、化石分布区、冰川、火山、温泉等自然遗迹,应当建立自然保护区。"

《城乡规划法》《文物保护法》《文物保护法实施条例》《历史文化名城名村保护条例》等法律法规则为文化遗迹地保护提供了相应的法律依据。

《文物保护法》将古文化遗址、古墓葬、古建筑、石窟寺、石刻、壁画、近代现代重要史迹和代表性建筑等不可移动文物,根据它们的历史、艺术、科学价值,通过建立文物保护单位的制度进行保护。《文物保护法》规定,对核定为文物保护单位的革命遗址、纪念建筑物、古文化遗址、古墓葬、古建筑、石窟寺和石刻等(包括建筑物的附属物),在进行修缮、保养、迁移时,必须遵守不改变文物原状的原则。根据保护文物的实际需要,经省、自治区、直辖市人民政府批准,可以在文物保护单位的周围划出一定的建设控制地带,并予以公布。

《城乡规划法》将水源地和水系、基本农田和绿化用地、环境保护、自然与历史文化遗产保护以及防灾减灾等内容作为强制性内容纳入城市总体规划、镇总体规划和乡规划、村庄规划,并采取措施进行实际保护。

《历史文化名城名镇名村保护条例》对符合如下条件的历史文化名城名镇和名村进行重点保护:保存文物特别丰富;历史建筑①集中成片;保留着传统格局和历史风貌;历史上曾经作为政治、经济、文化、交通中心或者军事要地,或者发生过重要历史事件,或者其传统产业、历史上建设的重大工程对本地区的发展产生过重要影响,或者能够集中反映本地区建筑的文化特色、民族特色。

三、海洋生态与海岛保护法

(一)海洋生态保护法

1. 海洋生态保护法概述

海洋生态保护方面的基本法律依据是 1999 年修订的《海洋环境保护法》。此外,我国还制定了《近岸海域环境功能区管理办法》《海洋自然保护区管理办法》《海洋特别保护区管理办法》等规章。

2. 海洋功能区划与近岸海域环境功能区制度

海洋功能区划是根据海区的自然属性并结合社会需求而确定的,它将海洋环境与资源的开发利用和治理保护合而为一,其中自然保护区、特殊功能区和保留区的主要目的在于保护海洋生态环境。因此,海洋功能区划制度也是海洋生态保护的基本制度。

近岸海域环境功能区,是指为适应近岸海域环境保护工作的需要,依据近岸海域的自然属性和社会属性以及海洋自然资源开发利用现状,结合本行政区国民经济、社会发展计划与规划,按照本办法规定的程序,对近岸海域按照不同的使用功能和保护目标而划定的海洋区域。

为保护和改善近岸海域生态环境,执行海水水质标准,规范近岸海域环境功能区的划定工作,加强对近岸海域环境功能区的管理,我国于 1999 年 12 月发布了《近岸海域环境功能区管理办法》,将近岸海域环境功能区分为四类:一

---

① 根据《历史文化名城名镇名村保护条例》第四十七条第一款第一项的规定,历史建筑,是指经城市、县人民政府确定公布的具有一定保护价值,能够反映历史风貌和地方特色,未公布为文物保护单位,也未登记为不可移动文物的建筑物、构筑物。

类近岸海域环境功能区包括海洋渔业水域、海上自然保护区、珍稀濒危海洋生物保护区等;二类近岸海域环境功能区包括水产养殖区、海水浴场、人体直接接触海水的海上运动或娱乐区、与人类食用直接有关的工业用水区等;三类近岸海域环境功能区包括一般工业用水区、海滨风景旅游区等;四类近岸海域环境功能区包括海洋港口水域、海洋开发作业区等。

近海海域环境功能区划与海洋功能区划两者之间是整体与局部、综合与个别的关系。近海海域环境功能区划作为海洋功能区划内容的一个组成部分,它不仅要和海洋功能区划保持衔接和协调,而且要以海洋功能区划为基础和前提条件,并在区划的目的、原则、方法和分类分级与指标体系等方面保持尽可能的一致。

3. 海洋自然保护区制度

根据《海洋环境保护法》的规定,国务院有关部门和沿海省级人民政府应当根据保护海洋生态的需要,选划、建立海洋自然保护区。凡具有下列条件之一的,应当建立海洋自然保护区:(一) 典型的海洋自然地理区域、有代表性的自然生态区域,以及遭受破坏但经保护能恢复的海洋自然生态区域;(二) 海洋生物物种高度丰富的区域,或者珍稀、濒危海洋生物物种的天然集中分布区域;(三) 具有特殊保护价值的海域、海岸、岛屿、滨海湿地、入海河口和海湾等;(四) 具有重大科学文化价值的海洋自然遗迹所在区域;(五) 其他需要予以特殊保护的区域。

此外,《海洋环境保护法》还规定了海洋特别保护区制度,凡具有特殊地理条件、生态系统、生物与非生物资源及海洋开发利用特殊需要的区域,可以建立海洋特别保护区,采取有效的保护措施和科学的开发方式进行特殊管理。

与海洋自然保护区的建设目的和管理方式的不同,海洋特别保护区内的保护,不是单纯保护某一种资源或维护自然生态系统的原始性或现有状态,而是提供科学依据,对所有资源积极地采取综合保护措施,协调各开发利用单位之间及其与某一资源或多项资源的关系,以保证最佳的开发利用秩序和效果。[1]

---

[1] 参见《国务院对海洋特别保护区管理工作方案的批复》,1992-12-07。

4. 海洋资源开发利用中的生态保护措施

开发利用海洋资源,应当根据海洋功能区划合理布局,不得造成海洋生态环境破坏。引进海洋动植物物种,应当进行科学论证,避免对海洋生态系统造成危害。开发海岛及周围海域的资源,应当采取严格的生态保护措施,不得造成海岛地形、岸滩、植被以及海岛周围海域生态环境的破坏。

沿海地方各级人民政府应当结合当地自然环境的特点,建设海岸防护设施、沿海防护林、沿海城镇园林和绿地,对海岸侵蚀和海水入侵地区进行综合治理。禁止毁坏海岸防护设施、沿海防护林、沿海城镇园林和绿地。

在从事海洋渔业、养殖业的环境管理方面,国家鼓励发展生态渔业建设,推广多种生态渔业生产方式,改善海洋生态状况。新建、改建、扩建海水养殖场,应当进行环境影响评价。海水养殖应当科学确定养殖密度,并应当合理投饵、施肥,正确使用药物,防止造成海洋环境的污染。

(二)海岛保护法

1. 海岛保护法概述

海岛是指四面环海水并在高潮时高于水面的自然形成的陆地区域,包括有居民海岛和无居民海岛。由于我国长期存在的"重陆轻海"的思想,我国的海岛管理工作比较落后。

为了保护海岛及其周边海域生态系统,合理开发利用海岛自然资源,维护国家海洋权益,促进经济社会可持续发展,我国于2009年12月制定了《海岛保护法》。此后,国家海洋局等部门先后发布了《关于无居民海岛使用项目审理工作的意见》《无居民海岛开发利用具体方案编制办法》《海岛名称管理办法》《无居民海岛使用权登记办法》《无居民海岛保护和利用指导意见》和《无居民海岛使用金征收使用管理办法》等一系列部门规章和规范性文件。

2. 海岛保护规划

国家对海岛实行科学规划、保护优先、合理开发、永续利用的原则。国务院和沿海地方各级人民政府应当将海岛保护和合理开发利用纳入国民经济和社会发展规划,采取有效措施,加强对海岛的保护和管理,防止海岛及其周边海域生态系统遭受破坏。

国家实行海岛保护规划制度。海岛保护规划是从事海岛保护、利用活动的依据。制定海岛保护规划应当遵循有利于保护和改善海岛及其周边海域生态系统,促进海岛经济社会可持续发展的原则。除涉及国家秘密外,海岛保护规划报送审批前,应当征求有关专家和公众的意见,经批准后应当及时向社会公布。

3. 海岛的分类保护措施

《海岛保护法》将我国海岛分为有居民海岛、无居民海岛和特殊用途海岛三类,实行分类保护制度。

(1) 有居民海岛的保护措施

有居民海岛的开发、建设应当遵守有关城乡规划、环境保护、土地管理、海域使用管理、水资源和森林保护等法律、法规的规定,保护海岛及其周边海域生态系统。其具体措施包括:

第一,对有居民海岛的开发、建设应当对海岛土地资源、水资源及能源状况进行调查评估,依法进行环境影响评价;应当优先采用风能、海洋能、太阳能等可再生能源和雨水集蓄、海水淡化、污水再生利用等技术;应当划定禁止开发、限制开发区域,并采取措施保护海岛生物栖息地,防止海岛植被退化和生物多样性降低。此外,海岛的开发、建设不得超出海岛的环境容量。新建、改建、扩建建设项目,必须符合海岛主要污染物排放、建设用地和用水总量控制指标的要求。

第二,工程建设应当坚持先规划后建设、生活保护设施优先建设或者与工程项目同步建设的原则。进行工程建设若造成生态破坏的,应当负责修复。

第三,严格限制在有居民海岛沙滩建造建筑物或者设施,严格限制在有居民海岛沙滩采挖海砂,严格限制填海、围海等改变有居民海岛海岸线的行为,严格限制填海连岛工程建设。如确有需要建造、采挖或者填海围海、填海连岛的,需要依照有关法律、法规的规定执行。

(2) 无居民海岛的保护措施

对于无居民海岛的保护,《海岛保护法》规定的具体保护措施包括:

第一,明确无居民海岛的权属关系。《海岛保护法》规定无居民海岛属于国家所有,国务院代表国家行使无居民海岛所有权。

第二,无居民海岛的有偿使用制度。除因国防、公务、教学、防灾减灾、非经营性公用基础设施建设和基础测绘、气象观测等公益事业使用无居民海岛的外,经批准开发利用无居民海岛的,应当依法缴纳使用金。

第三,无居民海岛使用权登记制度。无居民海岛使用权登记是指依法对无居民海岛的权属、面积、用途、位置、使用期限、建筑物和设施等情况所作的登记,包括无居民海岛使用权初始登记、变更登记和注销登记。

第四,对无居民海岛开发利用的禁限措施。未经批准利用的无居民海岛,应当维持现状;禁止采石、挖海砂、采伐林木以及进行生产、建设、旅游等活动。严格限制在无居民海岛采集生物和非生物样本;因教学、科学研究确需采集的,应当报经海岛所在县级以上地方人民政府海洋主管部门批准。临时性利用无居民海岛的,不得在所利用的海岛建造永久性建筑物或者设施。在依法确定为开展旅游活动的可利用无居民海岛及其周边海域,不得建造居民定居场所,不得从事生产性养殖活动;已经存在生产性养殖活动的,应当在编制可利用无居民海岛保护和利用规划中确定相应的污染防治措施。

(3) 特殊用途海岛的保护措施

特殊用途海岛包括领海基点所在海岛、国防用途海岛、海洋自然保护区内的海岛等具有特殊用途或者特殊保护价值的海岛。我国对特殊用途海岛实行特别保护,具体的保护措施包括:

禁止在领海基点保护范围内进行工程建设以及其他可能改变该区域地形、地貌的活动;禁止损毁或者擅自移动领海基点标志;禁止破坏国防用途无居民海岛的自然地形、地貌和有居民海岛国防用途区域及其周边的地形、地貌;禁止将国防用途无居民海岛用于与国防无关的目的。

根据海岛自然资源、自然景观以及历史、人文遗迹保护的需要,对具有特殊保护价值的海岛及其周边海域,应当依法批准设立海洋自然保护区或者海洋特别保护区。对于违反《海岛保护法》有关规定,改变自然保护区内海岛的海岸线,填海、围海改变海岛海岸线,或者进行填海连岛的,依照《海域使用管理法》的规定处罚;违法采挖、破坏珊瑚、珊瑚礁,或者砍伐海岛周边海域红树林的,依照《海洋环境保护法》的规定处罚。

第四节　水土保持与防沙治沙法

一、水土保持法

（一）水土保持法概述

水土保持是针对水土流失现象而提出的，是指对自然因素和人为活动造成水土流失所采取的预防和治理措施。

为了预防和治理水土流失，保护和合理利用水土资源，减轻水、旱、风沙灾害，1991年我国制定了《水土保持法》，并于2010年进行了修订。此外，在《环境保护法》《土地管理法》《农业法》《水法》《草原法》《森林法》等法律中也有防治水土流失的相关规定。

（二）水土保持的一般规定

1. 水土保持的方针

根据《水土保持法》的规定，水土保持工作实行预防为主、保护优先、全面规划、综合治理、因地制宜、突出重点、科学管理、注重效益的方针。

2. 水土保持管理体制

国务院水行政部门主管全国的水土保持工作。国务院水行政部门在国家确定的重要江河、湖泊设立的流域管理机构，在所管辖范围内依法承担水土保持监督管理职责。县级以上地方人民政府水行政部门主管本行政区域的水土保持工作。

县级以上人民政府林业、农业、国土资源等有关部门按照各自职责，做好有关的水土流失预防和治理工作。

3. 水土流失调查及水土保持规划

国务院水行政部门应当定期组织全国水土流失调查并公告调查结果。

县级以上人民政府应当依据水土流失调查结果划定并公告水土流失重点预防区和重点治理区。对水土流失潜在危险较大的区域，应当划定为水土流失重点预防区；对水土流失严重的区域，应当划定为水土流失重点治理区。国家在水土流失重点预防区和重点治理区,实行地方各级人民政府水土保持目标责任制和考核奖惩制度。

县级以上人民政府水行政部门会同同级人民政府有关部门编制水土保持规划,报本级人民政府或者其授权的部门批准后,由水行政部门组织实施。水土保持规划应当在水土流失调查结果及水土流失重点预防区和重点治理区划定的基础上,遵循统筹协调、分类指导的原则编制。

(三) 预防水土流失的法律规定

1. 一般性预防措施

地方各级人民政府应当按照水土保持规划,采取封育保护、自然修复等措施,组织单位和个人植树种草,扩大林草覆盖面积,涵养水源,预防和减轻水土流失。加强对取土、挖砂、采石等活动的管理,预防和减轻水土流失。

2. 生产建设活动的管制措施

水土流失严重、生态脆弱的地区,应当限制或者禁止可能造成水土流失的生产建设活动,严格保护植物、沙壳、结皮、地衣等。禁止在崩塌、滑坡危险区和泥石流易发区从事取土、挖砂、采石等可能造成水土流失的活动,违反者,由县级以上地方人民政府水行政部门责令停止违法行为,没收违法所得,对个人处一千元以上一万元以下的罚款,对单位处二万元以上二十万元以下的罚款。

生产建设项目选址、选线应当避让水土流失重点预防区和重点治理区。无法避让的,应当提高防治标准,优化施工工艺,减少地表扰动和植被损坏范围,有效控制可能造成的水土流失。

在山区、丘陵区、风沙区以及水土保持规划确定的容易发生水土流失的其他区域开办可能造成水土流失的生产建设项目,生产建设单位应当编制水土保持方案,报县级以上人民政府水行政部门审批,并按照经批准的水土保持方案,采取水土流失预防和治理措施。水土保持方案经批准后,生产建设项目的地点、规模发生重大变化的,应当补充或者修改水土保持方案并报原审批机关批准。水土保持方案实施过程中,水土保持措施需要作出重大变更的,应当经原审批机关批准。违反者,由县级以上人民政府水行政部门责令停止违法行为,限期补办手续;逾期不补办手续的,处五万元以上五十万元以下的罚款;对生产建设单位直接负责的主管人员和其他直接责任人员依法给予处分。

案例 8-5

> A 企业拟在某山区投资开发一座铜矿,在依法办理了规划、土地、环评、建设、工商、税务等行政审批手续后,该铜矿于 2011 年 3 月 2 日开始建设。然而,开工后不久,A 企业就收到了铜矿所在地水利部门的通知,要求其立即停止建设,并补办水土保持方案的行政审批手续。A 企业则认为,其在报批的环评报告书中已经包括了水土保持的内容,无需再进行水土保持方案的行政审批。
>
> 讨论:你认为该案应当如何处理?

依法应当编制水土保持方案的生产建设项目中的水土保持设施,应当与主体工程同时设计、同时施工、同时投产使用;生产建设项目竣工验收,应当验收水土保持设施;水土保持设施未经验收或者验收不合格的,生产建设项目不得投产使用,违反者,由县级以上人民政府水行政部门责令停止生产或者使用,直至验收合格,并处五万元以上五十万元以下的罚款。

依法应当编制水土保持方案的生产建设项目,其生产建设活动中排弃的砂、石、土、矸石、尾矿、废渣等应当综合利用;不能综合利用,确需废弃的,应当堆放在水土保持方案确定的专门存放地,并采取措施保证不产生新的危害。在水土保持方案确定的专门存放地以外的区域倾倒砂、石、土、矸石、尾矿、废渣等的,由县级以上地方人民政府水行政部门责令停止违法行为,限期清理,按照倾倒数量处每立方米十元以上二十元以下的罚款;逾期仍不清理的,县级以上地方人民政府水行政部门可以指定有清理能力的单位代为清理,所需费用由违法行为人承担。

3. 农业生产活动的管制措施

禁止在 25°以上陡坡地开垦种植农作物。省、自治区、直辖市根据本行政区域的实际情况,可以规定小于 25°的禁止开垦坡度。在违反者,由县级以上地方人民政府水行政部门责令停止违法行为,采取退耕、恢复植被等补救措施;按照开垦或者开发面积,可以对个人处每平方米二元以下的罚款、对单位处每平方米十元以下的罚款。

在25°以上陡坡地种植经济林的,应当科学选择树种,合理确定规模,采取水土保持措施,防止造成水土流失。在5°以上坡地植树造林、抚育幼林、种植中药材等,应当采取水土保持措施。在禁止开垦坡度以下、5°以上的荒坡地开垦种植农作物,应当采取水土保持措施。

林木采伐应当采用合理方式,严格控制皆伐;对水源涵养林等只能进行抚育和更新性质的采伐。在林区采伐林木不依法采取防止水土流失措施的,由县级以上地方人民政府林业主管部门、水行政部门责令限期改正,采取补救措施;造成水土流失的,由水行政部门按照造成水土流失的面积处每平方米二元以上十元以下的罚款。

禁止在水土流失重点预防区和重点治理区铲草皮、挖树兜或者滥挖虫草、甘草、麻黄等,违反者,由县级以上地方人民政府水行政部门责令停止违法行为,采取补救措施,没收违法所得,并处违法所得一倍以上五倍以下的罚款;没有违法所得的,可以处五万元以下的罚款。违法毁林、毁草开垦的,依照《森林法》《草原法》的有关规定处罚。

在侵蚀沟的沟坡和沟岸、河流的两岸以及湖泊和水库的周边,土地所有权人、使用权人或者有关管理单位应当营造植物保护带。禁止开垦、开发植物保护带。

(四)水土流失治理的法律规定

1. 水土保持重点工程建设及管护制度

国家加强水土流失重点预防区和重点治理区的坡耕地改梯田、淤地坝等水土保持重点工程建设,加大生态修复力度。县级以上人民政府水行政部门应当加强对水土保持重点工程的建设管理,建立和完善运行管护制度。

2. 水土保持生态效益补偿制度

国家加强江河源头区、饮用水水源保护区和水源涵养区水土流失的预防和治理工作,多渠道筹集资金,将水土保持生态效益补偿纳入国家建立的生态效益补偿制度。

3. 生产建设者的水土流失治理责任

生产建设活动造成水土流失的,应当进行治理。不进行治理的,由县级以上人民政府水行政部门责令限期治理;逾期仍不治理的,县级以上人民政府水行政部门可以指定有治理能力的单位代为治理,所需费用由违法行为人承担。

生产建设活动,损坏水土保持设施、地貌植被,不能恢复原有水土保持功能的,应当缴纳水土保持补偿费,专项用于水土流失预防和治理。专项水土流失预防和治理由水行政部门负责组织实施。拒不缴纳水土保持补偿费的,由县级以上人民政府水行政部门责令限期缴纳;逾期不缴纳的,自滞纳之日起按日加收滞纳部分万分之五的滞纳金,可以处应缴水土保持补偿费三倍以下的罚款。

4. 鼓励社会力量参与水土流失治理

国家鼓励单位和个人按照水土保持规划参与水土流失治理,并在资金、技术、税收等方面予以扶持。

国家鼓励和支持承包治理荒山、荒沟、荒丘、荒滩,防治水土流失,依法保护土地承包合同当事人的合法权益;承包合同中应当包括预防和治理水土流失责任的内容。国家鼓励和支持在山区、丘陵区、风沙区以及容易发生水土流失的其他区域,采取封禁抚育、发展生物能源、生态移民等有利于水土保持的措施。

二、防沙治沙法

（一）防沙治沙法概述

我国是世界上土地沙化最严重的国家之一。为预防土地沙化,治理沙化土地,我国2001年8月制定颁布了《防沙治沙法》。

该法所称土地沙化,是指主要因人类不合理活动所导致的天然沙漠扩张和沙质土壤上植被及覆盖物被破坏,形成流沙及沙土裸露的过程。该法所称沙化土地,包括已经沙化的土地和具有明显沙化趋势的土地。具体范围,由国务院批准的全国防沙治沙规划确定。

(二)防沙治沙的一般规定

1. 防沙治沙的工作原则

根据《防沙治沙法》的规定,防沙治沙工作应当遵循以下原则:统一规划,因地制宜,分步实施,坚持区域防治与重点防治相结合;预防为主,防治结合,综合治理;保护和恢复植被与合理利用自然资源相结合;遵循生态规律,依靠科技进步;改善生态环境与帮助农牧民脱贫致富相结合;国家支持与地方自力更生相结合,政府组织与社会各界参与相结合,鼓励单位、个人承包防治;以及保障防沙治沙者的合法权益。

2. 防沙治沙监督管理体制

国务院林业主管部门主管全国的防沙治沙工作,对防沙治沙工作进行组织协调和指导。国务院有关部门按照法律规定的职责各负其责,相互配合,共同进行防沙治沙工作。

县级以上地方人民政府组织及其所属有关部门,按照职责分工,各负其责,密切配合,共同做好本行政区域的防沙治沙工作。

3. 防沙治沙规划制度

防沙治沙实行统一规划。从事防沙治沙活动,以及在沙化土地范围内从事开发利用活动,必须遵循防沙治沙规划。

防沙治沙规划分为国家、省(自治区、直辖市)和市、县三个等级进行编制和审批。防沙治沙规划的修改,须经原批准机关批准。编制防沙治沙规划,应当对沙化土地实行分类保护、综合治理和合理利用,且应当与土地利用总体规划相衔接。

(三)预防土地沙化的法律规定

1. 土地沙化监测制度

国务院林业主管部门组织其他有关主管部门对全国土地沙化情况进行监测、统计和分析,并定期公布监测结果。县级以上地方人民政府林业或者其他有关主管部门负责进行监测,并将监测结果向本级人民政府及上一级林业或者其他有关主管部门报告。发现土地发生沙化或者沙化程度加重的,应当及时报告本级人民政府。收到报告的人民政府应当责成有关主管部门制止导致土地沙化的行为,并采取有效措施进行治理。

各级气象主管机构应当组织对气象干旱和沙尘暴天气进行监测、预报,发现气象干旱或者沙尘暴天气征兆时,应当及时报告当地人民政府。收到报告的人民政府应当采取预防措施,必要时公布灾情预报,并组织林业、农(牧)业等有关部门采取应急措施,避免或者减轻风沙危害。

2. 沙化土地封禁保护区制度

在防沙治沙规划期内不具备治理条件的以及因保护生态的需要不宜开发利用的连片沙化土地,应当规划为沙化土地封禁保护区,实行封禁保护。沙化土地封禁保护区的范围,由全国防沙治沙规划以及省、自治区、直辖市防沙治沙规划确定。

在沙化土地封禁保护区范围内,禁止一切破坏植被的活动。违反者,由县级以上地方人民政府林业、农(牧)业主管部门按照各自的职责,责令停止违法行为;有违法所得的,没收其违法所得;构成犯罪的,依法追究刑事责任。

禁止在沙化土地封禁保护区范围内安置移民。未经国务院或者国务院指定的部门同意,不得在沙化土地封禁保护区范围内进行修建铁路、公路等建设活动。

案例 8-6

> A承包了200亩沙化土地从事治沙活动,A为此负债近百万元,正当A准备采伐一些成材林还债时,其所承包的200亩沙地被当地政府划为了保护区,禁止一切采伐活动。A认为,这些树是自己的,政府不让采伐就应当按照市场价收购。
>
> 讨论:你认为该案应当如何处理?

3. 植被营造和管护制度

沙化土地所在地区的县级以上地方人民政府应当按照防沙治沙规划,划出一定比例的土地,因地制宜地营造防风固沙林网、林带,种植多年生灌木和草本植物,制定植被管护制度,严格保护植被,并根据需要在乡(镇)、村建立植被管护组织,确定管护人员。林业主管部门负责确定植树造林的标准和具体任务并逐片组织实施。

除了抚育更新性质的采伐外,林业主管部门不得批准对防风固沙林网、林带进行采伐。对林木更新困难地区已有的防风固沙林网、林带,不得批准采伐。

草原地区的地方各级人民政府,应当加强草原的管理和建设,由农(牧)业主管部门负责指导、组织,推行牲畜圈养和草场轮牧,消灭草原鼠害、虫害,保护草原植被,防止草原退化和沙化。草原实行以产草量确定载畜量的制度。

沙化土地所在地区的县级以上地方人民政府,不得批准在沙漠边缘地带和林地、草原开垦耕地;已经开垦并对生态产生不良影响的,应当有计划地组织退耕还林还草。

4. 其他措施

沙化土地所在地区的县级以上地方人民政府水行政部门,应当加强流域和区域水资源的统一调配和管理,在编制流域和区域水资源开发利用规划和供水计划时考虑防止植被破坏和土地沙化的目标。沙化土地所在地区的地方各级人民政府应当节约用水,发展节水型农牧业和其他产业。

在沙化土地范围内从事开发建设活动的,必须事先就该项目可能对当地及相关地区生态产生的影响进行环境影响评价,依法提交包括防沙治沙内容的环境影响报告。对不具备水源条件,且有可能造成土地沙化、水土流失等灾害,严重破坏生态环境的开发建设项目,不得批准立项。

(四)沙化土地治理的法律规定

1. 政府的治理责任

沙化土地所在地区的地方各级人民政府,应当按照防沙治沙规划,组织有关部门、单位和个人,因地制宜地采取造林种草等措施,恢复和增加植被,治理已经沙化的土地。

国家鼓励单位和个人在自愿的前提下,捐资或者以其他形式开展公益性的治沙活动。县级以上地方人民政府林业或者其他有关主管部门,应当提供治理地点和无偿技术指导。

沙化土地所在地区的地方各级人民政府,可以组织当地农村集体经济组织及其成员在自愿的前提下,对已经沙化的土地进行集中治理。农村集体经济组织及其成员投入的资金和劳力,可以折算为治理项目的股份、资本金,也可以采取其他形式给予补偿。

国务院和沙化土地所在地区的地方各级人民政府应当在本级财政预算中按照防沙治沙规划通过项目预算安排资金,用于本级人民政府确定的防沙治沙工程。在安排扶贫、农业、水利、道路、矿产、能源、农业综合开发等项目时,应当根据具体情况,设立若干防沙治沙子项目。

县级以上地方人民政府应当按照国家有关规定,根据防沙治沙的面积和难易程度,给予从事防沙治沙活动的单位和个人资金补助、财政贴息以及税费减免等政策优惠。

国家根据防沙治沙的需要,组织设立防沙治沙重点科研项目和示范、推广项目,并对防沙治沙、沙区能源、沙生经济作物、节水灌溉、防止草原退化、沙地旱作农业等方面的科学研究与技术推广给予资金补助、税费减免等政策优惠。

2. 沙化土地治理责任的分配

使用已经沙化的国有土地的使用权人和农民集体所有土地的承包经营权人,必须采取治理措施,改善土地质量。沙化土地所在地区的地方各级人民政府及其有关主管部门、技术推广单位,应当为其提供技术指导。未采取防沙治沙措施,造成土地严重沙化的,由县级以上地方人民政府农(牧)业、林业主管部门按照各自的职责,责令限期治理;造成国有土地严重沙化的,县级以上人民政府可以收回国有土地使用权。

已经沙化的土地范围内的铁路、公路、河流和水渠两侧,城镇、村庄、厂矿和水库周围,实行单位治理责任制,由县级以上地方人民政府下达治理责任书,由责任单位负责组织造林种草或者采取其他治理措施。

3. 营利性治沙活动的管理

使用已经沙化的国有土地从事治沙活动的,经县级以上人民政府依法批准,可以享有不超过七十年的土地使用权。且在治理活动开始之前,向治理项目所在地的县级以上地方人民政府林业或相关部门提出治理申请,并附具符合防沙治沙规划的治理方案。

在治理者取得合法土地权属的治理范围内,未经治理者同意,其他任何单位和个人不得从事治理或者开发利用活动。违反者,由县级以上地方人民政府负责受理营利性治沙申请的主管部门责令停止违法行为;给治理者造成损失的,应当赔偿损失。

治沙必须按照治理方案进行治理。治理者完成治理任务后,应当向县级以上地方人民政府受理治理申请的主管部门提出验收申请。经验收合格的取得治理合格证明文件;经验收不合格的,治理者应当继续治理。违反者,由县级以上地方人民政府负责受理营利性治沙申请的主管部门责令停止违法行为,限期改正,可以并处相当于治理费用一倍以上三倍以下的罚款。

进行营利性治沙活动,造成土地沙化加重的,由县级以上地方人民政府负责受理营利性治沙申请的主管部门责令停止违法行为,可以并处每公顷五千元以上五万元以下的罚款。

单位和个人投资进行防沙治沙的,在投资阶段免征各种税收;取得一定收益后,可以免征或者减征有关税收。

因保护生态的特殊要求,将治理后的土地批准划为自然保护区或者沙化土地封禁保护区的,批准机关应当给予治理者合理的经济补偿。

第九章　自然资源法

学习目标

了解自然资源法的概念；了解土地资源、森林资源、草原资源、水资源、渔业资源、海域资源、矿产资源利用与保护的主要法律规定。

第一节　自然资源法概述

自然资源法是指调整人们在自然资源的开发、利用、保护和管理过程中所发生的各种社会关系的法律规范的总称。[1]

由于自然资源同时又是生态系统的构成要素，对自然资源的开发利用必然会对生态系统产生影响。为此各国通行的做法是，一方面制定专门的生态保护法、通过划定保留自然原始状态的保护区域（如自然保护区制度、国家公园制度、自然与人文遗迹制度）和物种保护制度对具有自然价值的区域和物种进行保护；另一方面则是将自然的价值纳入自然资源的公共价值体系之中，通过公权力对开发利用自然资源的限制实现保护自然和经济社会可持续发展的目标。因此，各国的自然资源法中也会有大量的保护性规范。

但是，与生态保护法相比，自然资源法所要保护的并不是作为生态系统构成要素的自然资源，而是作为经济价值载体的自然资源，这些保护性规范的直接目的是维持生态系统中自然资源得以为人类永续利用的价值，生态保护只是

---

[1] 肖乾刚.自然资源法.法律出版社,1992:10.

自然资源经济价值保护的反射利益。

在我国,依照《宪法》第9条的规定,矿藏、水流、森林、山岭、草原、荒地、滩涂等自然资源都属于国家所有(由法律规定属于集体所有的森林和山岭、草原、荒地、滩涂除外)。为此,中国各种自然资源的占有、使用、收益、分配和处分等都是通过国家公权力的干预实现的,这也是与我国的计划经济体制相适应的。从20世纪80年代开始,我国开始了社会主义经济体制改革,逐步由原来实行的计划经济体制转向有计划的商品经济体制,并最终确立了社会主义市场经济体制。但是,由于政府作为自然资源所有权的代表者和自然资源行政管理职权行使者的角色混同、自然资源使用权立法界定不清,使得自然资源权属"虚置"的现象十分严重,自然资源管理混乱、自然资源破坏的现象也十分普遍。

案例 9-1

> 某省《气候资源探测和保护条例》规定:"气候资源,是指能为人类活动所利用的风力风能、太阳能、降水和大气成分等构成气候环境的自然资源。气候资源为国家所有。"该条例公布后,引发公众的强烈质疑。
>
> 讨论:你认为该条例有关风力、太阳能、降水等气候资源属于国家所有的规定是否合理、合法?

目前,我国已制定有《森林法》(1984年制定,1998年修改)、《草原法》(1985年制定,2002年修订)、《渔业法》(1986年制定,2000年、2004年修订)、《矿产资源法》(1986年制定,1996年修订)、《土地管理法》(1986年制定,1998年、2004年修订)、《海域使用管理法》(2001年制定)、《水法》(1988年制定,2002年修订)、《煤炭法》(1996年制定)等自然资源的法律。此外,2007年制定的《物权法》也对自然资源权属进行了规范。

第二节 土 地 法

一、土地法概述

土地是指地球陆地的表层。它是人类赖以生存和发展的物质基础和环境条件,是生活生产活动中最重要的生产资料。同时它又是各种植物生长发育和各种动物栖息、繁衍后代的场所,因而被称为"财富之母"。目前土地资源主要由耕地、林地、草地、荒地、滩涂、山岭、各种建设用地和军事用地等组成,具有位置固定、面积有限和不可替代的基本属性。

目前,我国关于土地资源的立法主要由《土地管理法》(1986年制定,后经1988年、1998年和2004年三次修订)及其实施条例(1998年)、《土地复垦条例》(2011年)、《土地调查条例》(2008年)、《城镇国有土地使用权出让和转让暂行条例》(1990年)、《城镇土地使用税暂行条例》(1988年制定,2006年修订)、《土地增值税暂行条例》(1993年)、《基本农田保护条例》(1998年)等组成。此外,《环境保护法》《农业法》《矿产资源法》等法律中也有一些关于土地资源利用和保护的规定。

二、土地权属

城市市区的土地属于国家所有。农村和城市郊区的土地,除由法律规定属于国家所有的以外,属于农民集体所有;宅基地和自留地、自留山,属于农民集体所有。

国有土地和农民集体所有的土地,可以依法确定给单位或者个人使用。使用土地的单位和个人,有保护、管理和合理利用土地的义务。

农民集体所有的土地依法属于村农民集体所有的,由村集体经济组织或者村民委员会经营、管理;已经分别属于村内两个以上农村集体经济组织的农民集体所有的,由村内各该农村集体经济组织或者村民小组经营、管理;已经属于乡(镇)农民集体所有的,由乡(镇)农村集体经济组织经营、管理。

农民集体所有的土地由本集体经济组织的成员承包经营,从事种植业、林业、畜牧业、渔业生产。土地承包经营期限为三十年。发包方和承包方应当订立承包合同,约定双方的权利和义务。承包经营土地的农民有保护和按照承包合同约定的用途合理利用土地的义务。农民的土地承包经营权受法律保护。

农民集体所有的土地,由县级人民政府登记造册,核发证书,确认所有权。农民集体所有的土地依法用于非农业建设的,由县级人民政府登记造册,核发证书,确认建设用地使用权。单位和个人依法使用的国有土地,由县级以上人民政府登记造册,核发证书,确认使用权;其中,中央国家机关使用的国有土地的具体登记发证机关,由国务院确定。依法改变土地权属和用途的,应当办理土地变更登记手续。

土地所有权和使用权争议,由当事人协商解决;协商不成的,由人民政府处理。单位之间的争议,由县级以上人民政府处理;个人之间、个人与单位之间的争议,由乡级人民政府或者县级以上人民政府处理。当事人对有关人民政府的处理决定不服的,可以自接到处理决定通知之日起三十日内,向人民法院起诉。在土地所有权和使用权争议解决前,任何一方不得改变土地利用现状。

三、土地用途管制和规划制度

国家编制土地利用总体规划,规定土地用途,将土地分为农用地、建设用地和未利用地。严格限制农用地转为建设用地,控制建设用地总量,对耕地实行特殊保护。农用地是指直接用于农业生产的土地,包括耕地、林地、草地、农田水利用地、养殖水面等;建设用地是指建造建筑物、构筑物的土地,包括城乡住宅和公共设施用地、工矿用地、交通水利设施用地、旅游用地、军事设施用地等;未利用地是指农用地和建设用地以外的土地。使用土地的单位和个人必须严格按照土地利用总体规划确定的用途使用土地。

各级人民政府应当依据国民经济和社会发展规划、国土整治和资源环境保护的要求、土地供给能力以及各项建设对土地的需求,组织编制土地利用总体规划。编制土地利用总体规划应当遵循以下原则:严格保护基本农田,控制非农业建设占用农用地;提高土地利用率;统筹安排各类、各区域用地;保护和改善生态环境,保障土地的可持续利用;占用耕地与开发复垦耕地相平衡。

下级土地利用总体规划应当依据上一级土地利用总体规划编制。地方各级人民政府编制的土地利用总体规划中的建设用地总量不得超过上一级土地利用总体规划确定的控制指标，耕地保有量不得低于上一级土地利用总体规划确定的控制指标。省、自治区、直辖市人民政府编制的土地利用总体规划，应当确保本行政区域内耕地总量不减少。

城市总体规划、村庄和集镇规划，以及有关江河、湖泊综合治理和开发利用规划等，都应当与土地利用总体规划相衔接。

四、耕地保护的法律规定

（一）耕地占用补偿制度

国家保护耕地，严格控制耕地转为非耕地。非农业建设经批准占用耕地的，按照"占多少，垦多少"的原则，由占用耕地的单位负责开垦与所占用耕地的数量和质量相当的耕地；没有条件开垦或者开垦的耕地不符合要求的，应当按照省、自治区、直辖市的规定缴纳耕地开垦费，专款用于开垦新的耕地。

（二）耕地减量开垦制度

省、自治区、直辖市人民政府应当严格执行土地利用总体规划和土地利用年度计划，采取措施，确保本行政区域内耕地总量不减少；耕地总量减少的，由国务院责令在规定期限内组织开垦与所减少耕地的数量与质量相当的耕地。

（三）基本农田保护制度

基本农田，是指按照一定时期人口和社会经济发展对农产品的需求，依据土地利用总体规划确定的不得占用的耕地。根据《土地管理法》第三十四条的规定，应当划入基本农田保护区的耕地包括：经国务院有关主管部门或者县级以上地方人民政府批准确定的粮、棉、油、蔬菜生产基地内的耕地；有良好的水利与水土保持设施的耕地，正在实施改造计划以及可以改造的中、低产田；蔬菜生产基地；农业科研、教学试验田；以及国务院规定应当划入基本农田保护区的其他耕地。

基本农田保护区以乡（镇）为单位进行划区定界，由县级人民政府土地主管部门会同同级农业主管部门组织实施。各省、自治区、直辖市划定的基本农田应当占本行政区域内耕地的百分之八十以上。禁止占用基本农田发展林果业和挖塘养鱼。

案例 9-2

A 在未取得经营许可证的情况下开办了一个制砖厂。砖厂所用的泥土全部取自附近的耕地，A 给这些耕地的承包人每亩一万元的补偿。几年以来，已经有数十亩耕地的泥土被用于制砖，基本上丧失了耕地的功能。

讨论：对于 A 的行为应当如何处理？

（四）未利用地开发的管理措施

国家鼓励单位和个人按照土地利用总体规划，在保护和改善生态环境、防止水土流失和土地荒漠化的前提下，开发未利用的土地；适宜开发为农用地的，应当优先开发成农用地。禁止毁坏森林、草原开垦耕地，禁止围湖造田和侵占江河滩地。对破坏生态环境开垦、围垦的土地，有计划有步骤地退耕还林、还牧、还湖。

开发未确定使用权的国有荒山、荒地、荒滩从事种植业、林业、畜牧业、渔业生产的，经县级以上人民政府依法批准，可以确定给开发单位或者个人长期使用。

（五）耕地整理制度

国家鼓励土地整理。县、乡（镇）人民政府应当组织农村集体经济组织，按照土地利用总体规划，对田、水、路、林、村综合整治，提高耕地质量，增加有效耕地面积，改善农业生产条件和生态环境。

地方各级人民政府应当采取措施，改造中、低产田，整治闲散地和废弃地。各级人民政府应当采取措施，维护排灌工程设施，改良土壤，提高地力，防止土地荒漠化、盐渍化、水土流失和污染土地。

（六）土地复垦制度

土地复垦，是指对在生产建设过程中因挖损、塌陷、压占等造成破坏的土地采取整治措施，使其恢复到可供利用状态的活动。它是充分利用土地资源、防止环境破坏、减少土地浪费、缓解土地供求矛盾的重要措施。《土地复垦规定》对土地复垦的对象、原则、土地复垦的填充物、复垦费用的列支、复垦土地的归属和使用及违法责任作出了比较具体的规定。

土地复垦的对象是在生产建设过程中因挖损、塌陷、压占等造成破坏的土地。土地复垦的责任原则是"谁破坏,谁复垦"。在生产建设过程中破坏的土地，可以由企业和个人自行复垦，也可以由其他有条件的单位和个人承包复垦。

土地复垦应当充分利用邻近企业的废弃物。对利用废弃物进行土地复垦和在指定的土地复垦区倾倒废弃物的，拥有废弃物的一方和拥有土地复垦区的一方均不得向对方收取费用。

土地复垦的费用，应根据复垦对象情况和复垦土地的用途加以确定。基本建设过程中破坏的土地，土地复垦费用从基本建设投资中列支；生产过程中破坏的土地，土地复垦费用从企业更新改造资金中列支；经复垦后直接用于基本建设的，土地复垦费用从该项基本建设投资中列支；由国家征用并能够以复垦后的收益形成偿付能力的，土地复垦费用还可以用集资或者向银行贷款的方式筹集。

复垦土地的归属，应根据土地原来的所有权和复垦土地的投资情况加以确定。企业（不含乡村的集体企业和私营企业）在生产过程中破坏的集体所有土地，不能恢复原用途或者复垦后需要用于国家建设的，由国家征用；不能恢复用途但原集体经济组织愿意保留的，可以不实行国家征用；可以恢复原用途，但国家建设不需要的复垦土地，不实行国家征用。生产过程中破坏的国家征用的土地，企业用自有资金或者贷款进行复垦的，复垦后的土地归该企业使用；企业采用承包或者集资方式进行复垦的，复垦后的土地使用权和收益分配，依照承包合同或者集资协议的期限和条件确定；因国家生产建设需要提前收回的，企业应当对承包合同或者集资协议的另一方当事人支付适当的补偿费；生产过程中破坏的国家不征用的土地，复垦后仍归原集体经济组织使用。

国家鼓励生产建设单位优先使用复垦后的土地。复垦后的土地用于农、林、牧、渔业生产的,依照国家有关规定减免农业税;用于基本建设的,依照国家有关规定给予优惠。

对不履行或者不按照规定要求履行土地复垦义务的企业和个人,由土地管理部门责令限期改正;逾期不改正的,由土地管理部门根据情节,处以每亩年二百元至一千元的罚款。对逾期不改正的企业和个人,在其提出新的生产建设用地申请时,土地管理部门可以不予受理。

五、建设用地管理的法律规定

(一) 土地征收管理

征收基本农田、基本农田以外的耕地超过三十五公顷的和其他土地超过七十公顷的,由国务院批准。征收其他土地的,由省、自治区、直辖市人民政府批准,并报国务院备案。征收农用地的,应当依法先行办理农用地转用审批。

对违反土地利用总体规划擅自将农用地改为建设用地的,限期拆除在非法转让的土地上新建的建筑物和其他设施,恢复土地原状,对符合土地利用总体规划的,没收在非法转让的土地上新建的建筑物和其他设施;可以并处罚款。

(二) 国有土地有偿使用制度

除国家机关用地、军事用地等依法以划拨方式取得外,建设单位使用国有土地,应当以出让等有偿使用方式取得。买卖或者以其他形式非法转让土地的,由县级以上人民政府土地主管部门没收违法所得。

建设单位缴纳土地使用权出让金等土地有偿使用费和其他费用后,方可使用土地。土地有偿使用费,百分之三十上缴中央财政,百分之七十留给有关地方人民政府,都专项用于耕地开发。

(三) 乡(镇)建设用地的管制措施

乡(镇)建设用地,应当符合乡(镇)土地利用总体规划和土地利用年度计划,依法办理审批手续。乡镇企业等农村集体经济组织的及乡(镇)村公共设施、公益事业建设需要使用土地的,应当向县级以上地方人民政府土地主管部门提出申请,按照省、自治区、直辖市规定的批准权限,由县级以上地方人民政府批准。

农村村民一户只能拥有一处宅基地,其宅基地的面积不得超过省、自治区、直辖市规定的标准。农村村民未经批准或者采取欺骗手段骗取批准,非法占用土地建住宅的,由县级以上人民政府土地主管部门责令退还非法占用的土地,限期拆除在非法占用的土地上新建的房屋。

第三节 森 林 法

一、森林法概述

森林是指在一定区域内生长的以树木或者其他木本植物为主的植物群落。根据其生活习性的不同,可以将森林分为热带雨林、季雨林、亚热带常绿阔叶林、温带落叶阔叶林、中温带针阔混交林、寒温带针叶林、竹林等。根据其用途的不同,又可以分为防护林、用材林、经济林、薪炭林、特种用途林等。森林是自然界中一类重要的生态系统和自然资源,具有多方面的功能。它除了可以给人们提供林产品,满足人类生产生后的需要外,还具有蓄水保土、防风固沙,调节气候、净化空气,美化环境、降低噪音,保护生物多样性和维护生态平衡等重要作用。

由于森林资源对人类的极端重要性,世界各国都十分重视森林资源保护。新中国成立以后,我国政府制定了许多关于合理利用森林资源的行政法规和部门规章。然而,早期的森林立法主要是出于持续林业产出的目的而规定限制采伐和保证伐后的林木更新。1984年制定的《森林法》调整了对森林功能保护的顺序,明确将森林蓄水保土、调节气候、改善环境的功能放在首要位置,而将森林提供林产品的作用放在了次要位置。1998年修订后的《森林法》更是在内容上强调了对森林生态效益的保护。

目前,我国已基本形成了相对完善的森林法律体系,主要包括1984年9月制定、1998年4月修正的《森林法》,2000年的《森林法实施条例》、1989年的《森林病虫害防治条例》、2003年的《退耕还林条例》、2008年的《森林防火条例》等行政法规;1987年的《森林采伐更新管理办法》、2000年的《林木和林地权属登记管理办法》、2001年的《占用征用林地审核审批管理办法》等行政规章。此外，《野生动物保护法》《野生植物保护条例》《自然保护区条例》等法律法规中也有关于森林资源利用与保护的相关规定。

二、森林权属

森林资源权属，是指森林、林木和林地的所有权和使用权。森林、林木、林地的所有权是指所有人依法对森林、林木、林地的占有、使用、收益和处分的权利。

森林资源主要属于国家所有，国家享有占有、使用、收益和处分国有森林、林木、林地等森林资源的权利。国家所有权的各项职能通常由国家授权给林业主管部门、国有林场、采育场等企事业单位或行政单位行使，其经营使用权受国家保护。

法律规定属于集体所有的森林、林木、林地，属于集体所有。集体所有的森林资源受国家法律保护，任何单位和个人都不得侵占或者无偿占有。森林资源集体所有权各项内容由集体经济组织统一行使，但是根据生产和经营的需要，集体经济组织也可以将其享有的各项权利授权他人行使。

农村居民在房前屋后、自留地、自留山种植的林木，归个人所有。城镇居民和职工在自有房屋的庭院内种植的林木，归个人所有。集体或者个人承包全民所有和集体所有的宜林荒山荒地造林的，承包后种植的林木归承包的集体或者个人所有；承包合同另有规定的，按照承包合同的规定执行。值得注意的是，公民个人不享有森林和林地的所有权，公民只能是林木的所有人和林地的使用人。

我国主要通过森林、林木、林地的所有权和使用权证书（俗称林权证）来实现对森林资源权属的确认和管理，林权证是证明所有人和经营者的合法权益的法定证书。国家所有的和集体所有的森林、林木和林地，个人所有的林木和使用的林地，由县级以上地方人民政府登记造册，发放证书，确认所有权或者使用权。国务院可以授权国务院林业主管部门，对国务院确定的国家所有的重点林区的森林、林木和林地登记造册，发放证书，并通知有关地方人民政府。国家林业局发布的《林木和林地权属登记管理办法》对使用国有的森林、林木和林地，集体所有的森林、林木和林地，以及单位和个人所有或者使用的森林、林木和林地的登记发证程序作了明确规定。

森林资源转让，是指在法律允许的范围内，森林资源所有权或使用权的全部或部分转让。根据《森林法》第十五条的规定，可以转让的森林资源包括用材林、经济林和薪炭林；用材林、经济林、薪炭林的林地使用权；用材林、经济林、薪炭林的采伐迹地、火烧迹地的林地使用权；国务院规定的其他森林、林木和其他林地使用权。森林资源依法转让的，已经取得的林木采伐许可证，可以同时转让。转让的标的包括林木(活立木)的所有权和林地使用权。

森林、林木、林地使用权转让必须符合两个条件：一是用途限制，即转让森林、林木、林地使用权后不得改变林地的用途，不得将林地改为非林地，防止森林资源因转让而流失；二是经营限制，即转让双方都必须遵守关于森林、林木采伐和更新造林的规定，防止在转让过程中森林资源受到破坏。

三、森林利用和保护的一般法律规定

(一)森林资源的行政管理体制

国务院林业主管部门主管全国林业工作。县级以上地方人民政府林业主管部门，主管本地区的林业工作。乡级人民政府设专职或者兼职人员负责林业工作。

有关人民政府在林区可以设立森林公安机关，负责维护辖区社会治安秩序、保护辖区内的森林资源，并代行法定的行政处罚权。武装森林警察部队执行国家赋予的预防和扑救森林火灾的任务。

国务院林业主管部门可以向重点林区派驻森林资源监督机构，负责对重点林区内森林资源保护管理的监督检查。

(二)森林资源的分类管理制度

我国《森林法》把森林分为五类：防护林，即以防护为主要目的的森林、林木和灌木丛，包括水源涵养林，水土保持林，防风固沙林，农田、牧场防护林，护岸林，护路林；用材林，即以生产木材为主要目的的森林和林木，包括以生产竹材

为主要目的的竹林;经济林,即以生产果品,食用油料、饮料、调料,工业原料和药材等为主要目的的林木;薪炭林,即以生产燃料为主要目的的林木;特种用途林,即以国防、环境保护、科学实验等为主要目的的森林和林木,包括国防林、实验林、母树林、环境保护林、风景林,名胜古迹和革命纪念地的林木,自然保护区的森林。

上述五类森林相应地可以划分为生态公益林和商品林两大类,分别按照各自的特点和规律,从林业经营管理体制、运行机制、经济政策、管理手段、经营措施和组织结构形式等方面采取不同的措施和手段进行经营和管理。

(三)森林资源清查和森林资源档案制度

森林资源清查是指在一定时期内对某一地区的各类森林资源的分布、质量等因子的现状和变化情况进行调查和核查。森林资源清查的目的在于为编制林业区划、规划、计划和编制森林采伐限额提供基础资料和依据。森林资源清查实行统一标准,分类调查的制度。森林资源清查分为三类,即全国森林资源清查(一类调查)、规划设计调查(二类调查)、作业设计调查(三类调查)。

森林资源档案制度,是指将森林资源清查所得到的关于各个时期森林资源变化状况和森林生态环境年度状况的资料、成果按照一定的方法进行汇集、整理,并给以妥善保存的制度。各级林业主管部门对森林资源档案工作应当进行检查指导,加强管理。

森林资源清查和森林资源档案制度是科学管理森林资源的基础性手段,是人民政府森林资源管理的职责所在。

(四)林业规划和森林经营方案

林业长远规划是指一个地区、一个部门或一个单位在某一较长时期内的林业生产、建设和发展的纲领性计划,由各级人民政府负责编制和实施。

森林经营方案是以国有林业局、国有林场、牧场、自然保护区、工矿企业、农村集体经济组织、个人林业经营者等为单位,根据林业长远规划或在林业长远规划指导下编制的科学经营森林,进行作业设计的具体方案。

(五)占用或征用林地与森林植被恢复费

国有企业事业单位、机关、团体、部队等单位因进行勘察、开采矿藏和各项建设工程的需要,依法使用林地,在林地所有权不发生改变的情况下使用林地为占用林地;在改变集体林地所有权性质的情况下使用林地,为征用林地。

占用或征收、征用林地的,用地单位应缴纳森林植被恢复费。森林植被恢复费必须专款专用,由林业主管部门依照有关规定统一安排植树造林,恢复森林植被。植树造林面积不得少于因占用、征收、征用林地而减少的森林植被面积。

四、森林采伐的管制措施

(一) 森林采伐限额

国家所有的森林和林木,按照法定的程序和方法,经科学测算编制,经有关地方人民政府审核,报经国务院批准的年采伐消耗森林蓄积的最大限量。全民所有的森林和林木以国营林业企业事业单位、农场、厂矿为单位,集体所有的森林和林木以县为单位,制定年采伐限额,由省、自治区、直辖市林业主管部门汇总,经同级人民政府审核后,报国务院批准。经国务院批准的年森林采伐限额是具有法律约束力的年采伐消耗森林蓄积的最大限量,非经法定程序批准,不得突破。国务院批准的年森林采伐限额每五年核定一次。

森林、林木作为商品销售进行采伐时,必须纳入国家制定统一的年度木材生产计划;年度木材生产计划不得超过批准的年采伐限额。但是农村居民采伐自留山上个人所有的薪炭林和自留地、房前屋后个人所有的零星林木除外。

(二) 森林采伐许可

林木采伐许可证是指由法定国家机关依据森林年采伐限额和年度木材生产计划核发给森林经营单位和个人进行采伐作业的证明文件。除采伐不是以生产竹材为主要目的的竹林以及农村居民采伐自留地和房前屋后个人所有的零星林木外,采伐林木必须申请采伐许可证。

采伐林木的单位或者个人,必须按照采伐许可证规定的面积、株数、树种、期限完成更新造林任务,更新造林的面积和株数必须大于采伐的面积和株数。违反者,发放采伐许可证的部门有权不再发给采伐许可证,直到完成更新造林任务为止;情节严重的,可以由林业主管部门处以罚款,对直接责任人员由所在单位或者上级主管机关给予行政处分。

盗伐森林或者其他林木的,依法赔偿损失;由林业主管部门责令补种盗伐株数十倍的树木,没收盗伐的林木或者变卖所得,并处盗伐林木价值三倍以上十倍以下的罚款。滥伐森林或者其他林木,由林业主管部门责令补种滥伐株数五倍的树木,并处滥伐林木价值二倍以上五倍以下的罚款。拒不补种树木或者补种不符合国家有关规定的,由林业主管部门代为补种,所需费用由违法者支付。

案例 9-3

> A某承包了一片荒山种植了大量树木。后因为儿子结婚要盖新房,A某准备砍些树给儿子盖新房、做家具。邻居告诉A某,国家法律有规定,自己家种的树也不能随便砍。A则认为树是自己种的,自己当然可以想砍就砍。
>
> 讨论:A某是否可以自行砍伐自己种植的林木?

(三)森林采伐方式

《森林法》对各类森林和林木的采伐方式作了规定,允许对成熟的用材林采取择伐和渐伐的方式,应严格控制皆伐,并在采伐的当年或者次年内完成更新造林;对防护林和特种用途林中的国防林、母树林、环境保护林、风景林,只准进行抚育和更新性质的采伐;对特种用途林中的名胜古迹和革命纪念地的林木、自然保护区的森林,严禁采伐。

五、退耕还林的法律规定

为了提高森林覆盖率,遏制土地水土流失和土地沙化、生态环境日益恶化的趋势,国务院于2002年12月25日发布了《退耕还林条例》,对退耕还林的相关问题作出了具体规定。

(一) 退耕还林的对象

退耕还林的耕地,主要是水土流失、沙化、盐碱化、石漠化严重的和生态地位重要、粮食产量低而不稳的耕地。江河源头及其两侧、湖库周围的陡坡耕地以及水土流失和风沙危害严重等生态地位重要区域的耕地,要在退耕还林规划中优先安排。

基本农田保护范围内的耕地和生产条件较好、实际粮食产量超过国家退耕还林补助粮食标准并且不会造成水土流失的耕地,因生态建设特殊需要,经国务院批准并依照有关法律、行政法规规定的程序调整基本农田保护范围后,也可以纳入退耕还林规划。

(二) 退耕还林规划

退耕还林规划由国务院林业行政主管部门负责编制,经国务院西部开发工作机构协调、国务院发展计划部门审核后,报国务院批准后实施。省、自治区、直辖市人民政府林业行政主管部门应当根据退耕还林总体规划会同有关部门编制本行政区域的退耕还林规划,经本级人民政府批准后,报国务院有关部门备案。

退耕还林规划的主要内容应包括:范围、布局和重点;年限、目标和任务;投资测算和资金来源;效益分析和评价;保障措施。

省、自治区、直辖市人民政府林业行政主管部门根据退耕还林规划,会同有关部门编制本行政区域下一年度退耕还林计划建议,由本级人民政府发展计划部门审核,并经本级人民政府批准后,报国务院西部开发工作机构、林业、发展计划等有关部门。国务院林业行政主管部门汇总编制全国退耕还林年度计划建议,经国务院西部开发工作机构协调,国务院发展计划部门审核和综合平衡,报国务院批准后,由国务院发展计划部门会同有关部门联合下达。

省、自治区、直辖市人民政府发展计划部门会同有关部门根据全国退耕还林年度计划,将本行政区域下一年度退耕还林计划分解下达到有关县(市)人民政府,并将分解下达情况报国务院有关部门备案。省、自治区、直辖市人民政府林业行政主管部门根据国家下达的下一年度退耕还林计划,会同有关部门编制本行政区域内的年度退耕还林实施方案,经国务院林业行政主管部门审核后,报本级人民政府批准实施。县级人民政府林业行政主管部门可以根据批准后的省级退耕还林年度实施方案，编制本行政区域内的退耕还林年度实施方案，报本级人民政府批准后实施，并报省、自治区、直辖市人民政府林业行政主管部门备案。

（三）退耕还林的保障措施

国家按照核定的退耕还林实际面积，向土地承包经营权人提供补助粮食、种苗造林补助费和生活补助费；尚未承包到户和休耕的坡耕地退耕还林的，以及纳入退耕还林规划的宜林荒山荒地造林，只享受种苗造林补助费；种苗造林补助费和生活补助费由国务院计划、财政、林业部门按照有关规定及时下达、核拨。退耕还林资金实行专户存储、专款专用，任何单位和个人不得挤占、截留、挪用和克扣。

国家保护退耕还林者享有退耕土地上的林木（草）所有权。自行退耕还林的，土地承包经营权人享有退耕土地上的林木（草）所有权；委托他人还林或者与他人合作还林的，退耕土地上的林木（草）所有权由合同约定。退耕土地还林后，由县级以上人民政府依照森林法、草原法的有关规定发放林（草）权属证书，确认所有权和使用权，并依法办理土地变更登记手续。退耕土地还林后的承包经营权期限可以延长到七十年；承包经营权到期后，土地承包经营权人可以依照有关法律、法规的规定继续承包；退耕还林土地和荒山荒地造林后的承包经营权可以依法继承、转让。

退耕还林者按照国家有关规定享受税收优惠，其中退耕还林（草）所取得的农业特产收入，依照国家规定免征农业特产税。退耕还林的县（市）农业税收因灾减收部分，由上级财政以转移支付的方式给予适当补助；确有困难的，经国务院批准，由中央财政以转移支付的方式给予适当补助。

资金和粮食补助期满后，在不破坏整体生态功能的前提下，经有关主管部门批准，退耕还林者可以依法对其所有的林木进行采伐。

地方各级人民政府应当加强基本农田和农业基础设施建设，增加投入，改良土壤，改造坡耕地，提高地力和单位粮食产量，解决退耕还林者的长期口粮需求；根据实际情况加强沼气、小水电、太阳能、风能等农村能源建设，解决退耕还林者对能源的需求。当调整农村产业结构,扶持龙头企业,发展支柱产业,开辟就业门路,增加农民收入,加快小城镇建设,促进农业人口逐步向城镇转移。

第四节 草 原 法

一、草原法概述

草原作为一个特殊的生态系统,对保持水土、防风固沙、保护和养育草原动物与植物、保持生物多样性、维持生态平衡都有着十分重要的作用。我国《草原法》所称的草原是指天然草原和人工草地。

目前,我国已基本形成了相对完善的草原法律体系,主要包括《草原法》(1985年制定,2002年修订)以及《草原防火条例》《草畜平衡管理办法》《草种管理办法》《草原占用审核审批管理办法》等配套法规和规章。此外,《环境保护法》《防沙治沙法》《野生动物保护法》《自然保护区条例》等法律法规中也有关于草原资源利用与保护的相关规定。

二、草原权属

草原所有权分为国家所有权和集体所有权。根据《草原法》的规定,草原属于国家所有,但由法律规定属于集体所有的除外。国家所有的草原,由国务院代表国家行使所有权。集体所有的草原,由县级人民政府登记,核发所有权证,确认草原所有权。

草原使用权是指将国家所有的草原,依法确定给全民所有制单位、集体经济组织等使用,由县级以上人民政府登记,核发使用权证;未经确定使用权的国家所有的草原,由县级以上人民政府登记造册,并负责保护管理。

集体经济组织在拥有草原所有权或享有国有草原使用权的前提下,通过家庭和联户承包关系将一定面积的草原的使用权转移到本集体成员手中,发包商与承包商依照法律和承包合同的规定享有相应的权利,履行相应的义务。草原承包人负有合理利用和保护草原的义务。买卖或者以其他形式非法转让草原,由县级以上人民政府草原主管部门依据职权责令限期改正,没收违法所得,并处违法所得一倍以上五倍以下的罚款。

草原所有权、使用权的争议,由当事人协商解决;协商不成的,由有关人民政府处理。单位之间的争议,由县级以上人民政府处理;个人之间、个人与单位之间的争议,由乡(镇)人民政府或者县级以上人民政府处理。当事人对有关人民政府的处理决定不服的,可以依法向人民法院起诉。在草原权属争议解决前,任何一方不得改变草原利用现状,不得破坏草原和草原上的设施。

三、草原利用管理的法律规定

(一) 草原监督管理体制

国务院草原主管部门和县级以上地方人民政府草原主管部门是草原监督管理主管机关。国务院草原主管部门和草原面积较大的省、自治区的县级以上地方人民政府草原主管部门设立草原监督管理机构,负责草原法律、法规执行情况的监督检查,对违反草原法律、法规的行为进行查处。

此外,乡(镇)人民政府应当加强对本行政区域内草原保护、建设和利用情况的监督检查,根据需要可以设专职或者兼职人员负责具体监督检查工作。

(二) 草原规划制度

国家对草原保护、建设、利用实行统一规划制度。

国务院和各级人民政府的草原主管部门会同国务院和其所属的有关部门编制全国和各地的草原保护、建设、利用规划,报国务院和同级人民政府批准后实施。

编制草原保护、建设、利用规划,应当依据国民经济和社会发展规划并遵循改善生态环境,维护生物多样性,促进草原的可持续利用;以现有草原为基础,因地制宜,统筹规划,分类指导;保护为主、加强建设、分批改良、合理利用;生态效益、经济效益、社会效益相结合的原则。

未经批准,擅自改变草原保护、建设、利用规划的,由县级以上人民政府责令限期改正;对直接负责的主管人员和其他直接责任人员,依法给予行政处分。

(三) 草原利用的管制措施

草原承包经营者应当合理利用草原,不得超过草原行政主管部门核定的载畜量;草原承包经营者应当采取种植和储备饲草饲料、增加饲草饲料供应量、调剂处理牲畜、优化畜群结构、提高出栏率等措施,保持草畜平衡。

牧区的草原承包经营者应当实行划区轮牧,合理配置畜群,均衡利用草原。国家提倡在农区、半农半牧区和有条件的牧区实行牲畜圈养。草原承包经营者应当按照饲养牲畜的种类和数量,调剂、储备饲草饲料,采用青贮和饲草饲料加工等新技术,逐步改变依赖天然草地放牧的生产方式。在草原禁牧、休牧、轮牧区,国家对实行舍饲圈养的给予粮食和资金补助,具体办法由国务院或者国务院授权的有关部门规定。

县级以上地方人民政府草原行政主管部门对割草场和野生草种基地应当规定合理的割草期、采种期以及留茬高度和采割强度,实行轮割轮采。

(四)草原建设活动的管制措施

进行矿藏开采和工程建设,应当不占或少占草原。征收、征用和使用草原必须经省级以上草原主管部门审核同意。征收、征用使用草原必须依法办理审批手续。未经批准或者采取欺骗手段骗取批准,非法使用草原的,由县级以上人民政府草原主管部门依据职权责令退还非法使用的草原,对违反草原保护、建设、利用规划擅自将草原改为建设用地的,限期拆除在非法使用的草原上新建的建筑物和其他设施,恢复草原植被,并处草原被非法使用前三年平均产值六倍以上十二倍以下的罚款。

因建设征收、征用、使用草原应交纳草原植被恢复费。草原植被恢复费用于异地建植草原和对现有低产、退化草原的治理改良,以弥补草原被占用造成的资源损失。草原植被恢复费必须由草原主管部门按照规定专款专用,任何单位和个人不得截留、挪用。

临时占用草原的,应当经县级以上地方人民政府草原行政主管部门审核同意。临时占用草原的期限不得超过二年,并不得在临时占用的草原上修建永久性建筑物、构筑物;占用期满,用地单位必须恢复草原植被并及时退还。在临时占用的草原上修建永久性建筑物、构筑物的,由县级以上地方人民政府草原主管部门依据职权责令限期拆除;逾期不拆除的,依法强制拆除,所需费用由违法者承担。临时占用草原,占用期届满,用地单位不予恢复草原植被的,由县级以上地方人民政府草原主管部门依据职权责令限期恢复；逾期不恢复的，由县级以上地方人民政府草原主管部门代为恢复，所需费用由违法者承担。

在草原上开展经营性旅游活动，应当符合有关草原保护、建设、利用规划，并事先征得县级以上地方人民政府草原行政主管部门的同意，方可办理有关手续。在草原上开展经营性旅游活动，不得侵犯草原所有者、使用者和承包经营者的合法权益，不得破坏草原植被。违反者，由县级以上地方人民政府草原主管部门依据职权责令停止违法行为，限期恢复植被，没收违法所得，可以并处违法所得一倍以上二倍以下的罚款；没有违法所得的，可以并处草原被破坏前三年平均产值六倍以上十二倍以下的罚款；给草原所有者或者使用者造成损失的，依法承担赔偿责任。

四、草原保护的法律规定

（一）基本草原保护制度

根据《草原法》第四十二条的规定，国家实行基本草原保护制度，对基本草原实施严格管理。

基本草原的范围包括了我国草原的主体部分，具体包括重要放牧场；割草地；用于畜牧业生产的人工草地、退耕还草地、改良草地、草种基地；对调节气候、涵养水源、保持水土、防风固沙具有特殊作用的草原；作为国家重点保护野生动植物生存环境的草原；草原科研、教学试验基地；以及国务院规定应当划为基本草原的其他草原。

（二）草原自然保护区制度

根据《草原法》第四十三条规定，国务院草原主管部门或者省、自治区、直辖市人民政府可以按照自然保护区管理的有关规定在具有代表性的草原类型、珍稀濒危野生动植物分布区以及具有重要生态功能和经济科研价值的草原等地区建立草原自然保护区，予以特殊保护和管理的区域。

（三）草原防火

根据《草原法》第五十三条的规定，草原防火工作贯彻预防为主、防消结合的方针。各级人民政府应当建立草原防火责任制，规定草原防火期，制定草原防火扑火预案,做好草原火灾的预防和扑救工作。

据此,国务院于1993年制定了《草原防火条例》,并于2008年进行了修订。该条例规定了草原防火的具体措施包括草原防火责任制度、防火工作联防制度、草原防火期制度、划定草原防火管制区制度、草原火险监测制度、草原火灾报告制度、草原火灾扑救制度、奖罚制度等。同时还要求重点草原防火区的有关人民政府根据当地实际情况,组织有关单位有计划地进行草原防火设施建设,并对草原火灾后的善后工作做出了具体规定。

(四)草原生物灾害防治制度

鼠害、病虫害和毒害草是我国草原最为严重的生物灾害,危害程度重,对草原生态环境的破坏作用很大,制约着草原畜牧业的可持续发展。

根据《草原法》第五十四条的规定,县级以上地方人民政府应当做好草原鼠害、病虫害和毒害草防治的组织管理工作。县级以上地方人民政府草原主管部门应当采取措施,加强草原鼠害、病虫害和毒害草监测预警、调查以及防治工作,组织研究和推广综合防治的办法。

(五)草原保护的其他措施

根据《草原法》的规定,禁止开垦草原。违反者,由县级以上人民政府草原主管部门依据职权责令停止违法行为,限期恢复植被,没收非法财物和违法所得,并处违法所得一倍以上五倍以下的罚款;没有违法所得的,并处五万元以下的罚款;给草原所有者或者使用者造成损失的,依法承担赔偿责任。

禁止在荒漠、半荒漠和严重退化、沙化、盐碱化、石漠化、水土流失的草原以及生态脆弱区的草原上采挖植物和从事破坏草原植被的其他活动。违反者,由县级以上地方人民政府草原主管部门依据职权责令停止违法行为,没收非法财物和违法所得,可以并处违法所得一倍以上五倍以下的罚款;没有违法所得的,可以并处五万元以下的罚款;给草原所有者或者使用者造成损失的,依法承担赔偿责任。

在草原上从事采土、采砂、采石等作业活动,应当报县级人民政府草原主管部门批准;开采矿产资源的,并应当依法办理有关手续。违反者,由县级人民政府草原主管部门责令停止违法行为,限期恢复植被,没收非法财物和违法所得,可以并处违法所得一倍以上二倍以下的罚款;没有违法所得的,可以并处二万元以下的罚款;给草原所有者或者使用者造成损失的,依法承担赔偿责任。对水土流失严重、有沙化趋势、需要改善生态环境的已垦草原,应当有计划、有步骤地退耕还草;已造成沙化、盐碱化、石漠化的,应当限期治理。对严重退化、沙化、盐碱化、石漠化的草原和生态脆弱区的草原,实行禁牧、休牧制度。对在国务院批准规划范围内实施退耕还草的农牧民,按照国家规定给予粮食、现金、草种费补助。退耕还草完成后,由县级以上人民政府草原主管部门核实登记,依法履行土地用途变更手续,发放草原权属证书。

此外,在草原保护方面,《草原法》第五十五条还规定除抢险救灾和牧民搬迁的机动车辆外,禁止机动车辆离开道路在草原上行驶,破坏草原植被;因从事地质勘探、科学考察等活动确需离开道路在草原上行驶的,应当向县级人民政府草原主管部门提交行驶区域和行驶路线方案,经确认后执行。违反者,由县级人民政府草原主管部门责令停止违法行为,限期恢复植被,可以并处草原被破坏前三年平均产值三倍以上九倍以下的罚款;给草原所有者或者使用者造成损失的,依法承担赔偿责任。

案例 9-4

> A县盛产甘草。某年A县农牧局核准A县药材公司的收购额为鲜甘草5万公斤。由于甘草价格不断上涨,A县药材公司组织农民大量采挖,当年总计收购鲜甘草32万公斤。滥挖甘草使大面积的草原遭到破坏。A县农牧局对药材公司超计划采挖和收购甘草的行为作出处罚决定:对药材公司罚款两万元。药材公司不服该处罚决定,诉至A县人民法院,要求法院撤销该处罚决定,理由是超计划完成任务应该受奖而不是受罚。
>
> **讨论**:药材公司不服A县农牧局的处罚决定的理由是否成立?

第五节 水　　法

一、水法概述

水是地球环境的基本组成要素之一,是一切生命的源泉,是人类生存和发展所不可或缺的自然资源。我国《水法》所称的水资源是指淡水资源,包括地表水和地下水。其中,地表水是指河流、冰川、湖泊、沼泽等水体中的水;地下水则仅仅指地下含水层的动态含水量,静态的土壤含水则不包括在内。海水和海洋的开发、利用、保护和管理,另行规定。

从 20 世纪 80 年代开始,我国逐步加强了水资源管理的法制建设,颁布了一系列法律法规。目前,我国的水资源法律法规主要包括《水法》(1988 年制定,2002 年修订)以及《取水许可与水资源费征收管理条例》《河道管理条例》《城市节约用水管理规定》《城市供水条例》《取水许可管理办法》等配套法规和规章。此外,《环境保护法》《水污染防治法》《水土保持法》等法律法规中也有关于水资源的相关规定。

二、水资源权属

根据《水法》第三条的规定:水资源属于国家所有。水资源的所有权由国务院代表国家行使。农村集体经济组织的水塘和由农村集体经济组织修建管理的水库中的水,归各该农村集体经济组织使用。

国家对水资源依法实行取水许可制度和水资源有偿使用制度。直接从江河、湖泊或者地下取用水资源的单位和个人,应当按照国家取水许可制度和水资源有偿使用制度的规定,向水行政部门或者流域管理机构申请领取取水许可证,并缴纳水资源费,取得取水权。

不同行政区域之间发生水事纠纷的,应当协商处理;协商不成的,由上一级人民政府裁决,有关各方必须遵照执行。在水事纠纷解决前,未经各方达成协议或者共同的上一级人民政府批准,在行政区域交界线两侧一定范围内,任何一方不得修建排水、阻水、取水和截(蓄)水工程,不得单方面改变水的现状。

单位之间、个人之间、单位与个人之间发生的水事纠纷,应当协商解决;当事人不愿协商或者协商不成的,可以申请县级以上地方人民政府或者其授权的部门调解,也可以直接向人民法院提起民事诉讼。县级以上地方人民政府或者其授权的部门调解不成的,当事人可以向人民法院提起民事诉讼。在水事纠纷解决前,当事人不得单方面改变现状。

县级以上人民政府或者其授权的部门在处理水事纠纷时,有权采取临时处置措施,有关各方或者当事人必须服从。

法律、行政法规规定的和国务院水行政部门授予的水资源管理和监督职责。

案例 9-5

A、B两个村子分别位于龙潭溪水的上下游,由于上游来水减少,两个村子多次因为饮水问题发生摩擦,差点发生械斗。当地的县政府进行了多次调解,但A村和B村始终没能达成一致意见。

讨论:该水事纠纷应当如何解决?

三、水资源利用的法律规定

(一) 水资源管理体制

我国的水资源管理实行流域管理与区域管理相结合的原则。

区域管理是指由国务院、县级以上地方人民政府的水行政部门按照行政区域进行水资源的统一管理。流域管理是指国务院水行政部门在国家确定的重要江河、湖泊设立流域管理机构(以下简称流域管理机构),在所管辖的范围内行使。

(二) 水资源利用的一般规定

根据《水法》的规定,开发利用水资源应当遵循三个基本原则:

第一,坚持兴利与除害相结合,兼顾上下游、左右岸和有关地区之间的利益,充分发挥水资源的综合效益,并服从防洪的总体安排。

第二,首先满足城乡居民生活用水,并兼顾农业、工业、生态环境用水以及航运等需要。在干旱和半干旱地区开发、利用水资源,应当充分考虑生态环境用水需要。

第三,地表水与地下水统一调度开发、开源与节流相结合、节流优先和污水处理再利用。

跨流域调水应当全面规划和科学论证,统筹兼顾调出和调入流域的用水需要,防止对生态环境造成破坏。

国民经济和社会发展规划以及城市总体规划的编制、重大建设项目的布局,应当与当地水资源条件和防洪要求相适应,进行科学论证;在水资源不足的地区,应当对城市规模和建设耗水量大的工业、农业和服务业项目加以限制。

(三) 水资源规划制度

国家通过制定全国水资源战略规划进行水资源管理。全国水资源战略规划分为流域规划和区域规划。

流域规划包括流域综合规划和流域专业规划;区域规划包括区域综合规划和区域专业规划。所谓综合规划,是指根据经济社会发展需要和水资源开发利用现状编制的开发、利用、节约、保护水资源和防治水害的总体部署。所谓专业规划,是指防洪、治涝、灌溉、航运、供水、水力发电、竹木流放、渔业、水资源保护、水土保持、防沙治沙、节约用水等规划。

水资源战略规划之间的关系是,流域范围内的区域规划应当服从流域规划,专业规划应当服从综合规划。水资源战略规划与其他资源规划的关系是,水资源流域综合规划和区域综合规划以及与土地利用关系密切的专业规划,应当与国民经济和社会发展规划以及土地利用总体规划、城市总体规划和环境保护规划相协调,兼顾各地区、各行业的需要。

水资源战略规划是建设水工程的法律依据。建设水工程,必须符合流域综合规划。

(四) 水量分配制度

国务院发展计划主管部门和国务院水行政主管部门负责全国水资源的宏

观调配。全国的和跨省、自治区、直辖市的水中长期供求规划,由国务院水行政主管部门会同有关部门制订,经国务院发展计划主管部门审查批准后执行。地方的水中长期供求规划,由县级以上地方人民政府水行政主管部门会同同级有关部门依据上一级水中长期供求规划和本地区的实际情况制订,经本级人民政府发展计划主管部门审查批准后执行。水中长期供求规划应当依据水的供求现状、国民经济和社会发展规划、流域规划、区域规划,按照水资源供需协调、综合平衡、保护生态、厉行节约、合理开源的原则制定。

调蓄径流和分配水量,应当依据流域规划和水中长期供求规划,以流域为单元制定水量分配方案。跨省、自治区、直辖市的水量分配方案和旱情紧急情况下的水量调度预案,由流域管理机构商有关省、自治区、直辖市人民政府制订,报国务院或者其授权的部门批准后执行。其他跨行政区域的水量分配方案和旱情紧急情况下的水量调度预案,由共同的上一级人民政府水行政主管部门商有关地方人民政府制订,报本级人民政府批准后执行。水量分配方案和旱情紧急情况下的水量调度预案经批准后,有关地方人民政府必须执行。

在不同行政区域之间的边界河流上建设水资源开发、利用项目,应当符合该流域经批准的水量分配方案,由有关县级以上地方人民政府报共同的上一级人民政府水行政主管部门或者有关流域管理机构批准。

县级以上地方人民政府水行政主管部门或者流域管理机构应当根据批准的水量分配方案和年度预测来水量,制定年度水量分配方案和调度计划,实施水量统一调度;有关地方人民政府必须服从。国家确定的重要江河、湖泊的年度水量分配方案,应当纳入国家的国民经济和社会发展年度计划。

(五) 用水总量控制与定额管理制度

国家对用水实行总量控制和定额管理相结合的制度。省、自治区、直辖市人民政府有关行业主管部门应当制订本行政区域内行业用水定额,报同级水行政主管部门和质量监督检验行政主管部门审核同意后,由省、自治区、直辖市人民政府公布,并报国务院水行政主管部门和国务院质量监督检验行政主管部门备案。

县级以上地方人民政府发展计划主管部门会同同级水行政主管部门,根据用水定额、经济技术条件以及水量分配方案确定的可供本行政区域使用的水量,制定年度用水计划,对本行政区域内的年度用水实行总量控制。

(六) 节水管理措施

用水应当计量,并按照批准的用水计划用水。用水实行计量收费和超定额累进加价制度。

各级人民政府应当推行节水灌溉方式和节水技术,对农业蓄水、输水工程采取必要的防渗漏措施,提高农业用水效率。

工业用水应当采用先进技术、工艺和设备,增加循环用水次数,提高水的重复利用率。国家逐步淘汰落后的、耗水量高的工艺、设备和产品,具体名录由国务院经济综合主管部门会同国务院水行政主管部门和有关部门制定并公布。生产者、销售者或者生产经营中的使用者应当在规定的时间内停止生产、销售或者使用列入名录的工艺、设备和产品。

城市人民政府应当因地制宜采取有效措施,推广节水型生活用水器具,降低城市供水管网漏失率,提高生活用水效率;加强城市污水集中处理,鼓励使用再生水,提高污水再生利用率。

新建、扩建、改建建设项目,应当制定节水措施方案,配套建设节水设施。节水设施应当与主体工程同时设计、同时施工、同时投产。供水企业和自建供水设施的单位应当加强供水设施的维护管理,减少水的漏失。

四、水资源保护的法律规定

(一) 水功能区划制度

国务院水行政主管部门会同国务院环境保护行政主管部门、有关部门和有关省、自治区、直辖市人民政府,按照流域综合规划、水资源保护规划和经济社会发展要求,拟定国家确定的重要江河、湖泊的水功能区划,报国务院批准。

跨省、自治区、直辖市的其他江河、湖泊的水功能区划,由有关流域管理机构会同江河、湖泊所在地的省、自治区、直辖市人民政府水行政主管部门、环境保护行政主管部门和其他有关部门拟定,分别经有关省、自治区、直辖市人民政府审查提出意见后,由国务院水行政主管部门会同国务院环境保护行政主管部门审核,报国务院或者其授权的部门批准。

其他江河、湖泊的水功能区划,由县级以上地方人民政府水行政主管部门会同同级人民政府环境保护行政主管部门和有关部门拟定,报同级人民政府或者其授权的部门批准,并报上一级水行政主管部门和环境保护行政主管部门备案。

县级以上人民政府水行政主管部门或者流域管理机构应当按照水功能区对水质的要求和水体的自然净化能力,核定该水域的纳污能力,向环境保护行政主管部门提出该水域的限制排污总量意见。

县级以上地方人民政府水行政主管部门和流域管理机构应当对水功能区的水质状况进行监测,发现重点污染物排放总量超过控制指标的,或者水功能区的水质未达到水域使用功能对水质的要求的,应当及时报告有关人民政府采取治理措施,并向环境保护行政主管部门通报。

(二)饮用水源保护区制度

国家建立饮用水水源保护区制度。省、自治区、直辖市人民政府应当划定饮用水水源保护区,并采取措施,防止水源枯竭和水体污染,保证城乡居民饮用水安全。

禁止在饮用水水源保护区内设置排污口。违反者,由县级以上地方人民政府责令限期拆除、恢复原状;逾期不拆除、不恢复原状的,强行拆除、恢复原状,并处五万元以上十万元以下的罚款。

在江河、湖泊新建、改建或者扩大排污口,应当经过有管辖权的水行政主管部门或者流域管理机构同意,由环境保护行政主管部门负责对该建设项目的环境影响报告书进行审批。

> 为保障北京市的饮用水供应,密云水库周边区域以及为密云水库补水的潮白河流域的工业生产几乎被完全禁止,农业生产及其他有可能污染水源的活动也受到了严格限制。当地居民认为,他们为保障水源丧失了应有的发展机会,这种牺牲应当得到充分补偿。
>
> **讨论**:当地居民是否应当得到补偿?

(三) 水资源保护的其他具体措施

县级以上人民政府水行政主管部门、流域管理机构以及其他有关部门在制定水资源开发、利用规划和调度水资源时,应当注意维持江河的合理流量和湖泊、水库以及地下水的合理水位,维护水体的自然净化能力。

在地下水超采地区,县级以上地方人民政府应当采取措施,严格控制开采地下水。在地下水严重超采地区,经省、自治区、直辖市人民政府批准,可以划定地下水禁止开采或者限制开采区。在沿海地区开采地下水,应当经过科学论证,并采取措施,防止地面沉降和海水入侵。

禁止围湖造地。已经围垦的,应当按照国家规定的防洪标准有计划地退地还湖。禁止围垦河道。确需围垦的,应当经过科学论证,经省、自治区、直辖市人民政府水行政主管部门或者国务院水行政主管部门同意后,报本级人民政府批准。

第六节 渔 业 法

一、渔业法概述

渔业资源是一种可再生的生物资源,它既是重要的自然资源,又是自然环境要素的重要组成部分,对社会经济的发展,满足和改善人们的物质生活,维护水生生态平衡都具有十分重要的意义。我国《渔业法》所称渔业资源,是指在我国管辖的内水、滩涂、领海以及其他海域内可以养殖、采捕的野生动植物。

目前,我国的渔业资源保护法律主要是 1986 年制定的《渔业法》(2000 年、2004 年修正)以及《中华人民共和国渔业船舶检验条例》《渔业资源增殖保护费征收使用办法》《渔业捕捞许可管理规定》《远洋渔业管理规定》等配套法规和规章。此外,《环境保护法》《野生动物保护法》《海洋环境保护法》等法律法规也有关于渔业资源的相关规定。

二、渔业资源利用与保护的一般规定

(一)渔业生产的基本方针

国家对渔业生产实行以养殖为主,养殖、捕捞、加工并举,因地制宜,各有侧重的方针。各级人民政府应当把渔业生产纳入国民经济发展计划,采取措施,加强水域的统一规划和综合利用。

(二)渔业监管体制

国家对渔业实行统一领导和分级管理的体制。国务院渔业行政主管部门主管全国的渔业工作。县级以上地方人民政府渔业行政主管部门主管本行政区域内的渔业工作。县级以上人民政府渔业行政主管部门可以在重要渔业水域、渔港设渔政监督管理机构。县级以上人民政府渔业行政主管部门及其所属的渔政监督管理机构可以设渔政检查人员。渔政检查人员执行渔业行政主管部门及其所属的渔政监督管理机构交付的任务。国务院渔业主管部门主管全国的渔业工作,县级以上地方人民政府渔业主管部门主管本行政区域内的渔业工作。

海洋渔业,除国务院划定由国务院渔业主管部门及其所属的渔政监督管理机构监督管理的海域和特定渔业资源渔场外,由毗邻海域的省、自治区、直辖市人民政府渔业主管部门监督管理。

江河、湖泊等水域的渔业,按照行政区划由有关县级以上人民政府渔业主管部门监督管理;跨行政区域的,由有关县级以上地方人民政府协商制定管理办法,或者由上一级人民政府渔业主管部门及其所属的渔政监督管理机构监督管理。

三、渔业养殖管理的法律规定

（一）养殖水域规划制度

国家对水域利用进行统一规划，确定可以用于养殖业的水域和滩涂。全民所有的水面、滩涂中的鱼、虾、蟹、贝、藻类的自然产卵场、繁殖场、索饵场及重要的洄游通道必须予以保护，不得划作养殖场所。

（二）养殖权的取得与终止

养殖单位和个人使用国家规划确定用于养殖业的全民所有的水域、滩涂的，使用者应当向县级以上地方人民政府渔业主管部门提出申请，由本级人民政府核发养殖证，许可其使用该水域、滩涂从事养殖生产。集体所有的或者全民所有由农业集体经济组织使用的水域、滩涂，可以由个人或者集体承包，从事养殖生产。未依法取得养殖证擅自在全民所有的水域从事养殖生产的，责令改正，补办养殖证或者限期拆除养殖设施。未依法取得养殖证或者超越养殖证许可范围在全民所有的水域从事养殖生产，妨碍航运、行洪的，责令限期拆除养殖设施，可以并处一万元以下的罚款。

使用全民所有的水域、滩涂从事养殖生产，无正当理由使水域、滩涂荒芜满一年的，由发放养殖证的机关责令限期开发利用；逾期未开发利用的，吊销养殖证，可以并处一万元以下的罚款。

（三）渔业养殖的管制措施

水产新品种必须经全国水产原种和良种审定委员会审定，由国务院渔业行政主管部门批准后方可推广。水产苗种的进口、出口由国务院渔业行政主管部门或者省、自治区、直辖市人民政府渔业行政主管部门审批。水产苗种的生产由县级以上地方人民政府渔业行政主管部门审批。但是，渔业生产者自育、自用水产苗种的除外。

水产苗种的进口、出口必须实施检疫，防止病害传入境内和传出境外，具体检疫工作按照有关动植物进出境检疫法律、行政法规的规定执行。引进转基因水产苗种必须进行安全性评价，具体管理工作按照国务院有关规定执行。

从事养殖生产不得使用含有毒有害物质的饵料、饲料。从事养殖生产应当保护水域生态环境,科学确定养殖密度,合理投饵、施肥、使用药物,不得造成水域的环境污染。

四、渔业捕捞管理的法律规定

(一)捕捞限制制度

国家根据捕捞量低于渔业资源增长量的原则,确定渔业资源的总可捕捞量,实行捕捞限额制度。

国务院渔业主管部门负责组织渔业资源的调查和评估,为实行捕捞限额制度提供科学依据。中华人民共和国内海、领海、专属经济区和其他管辖海域的捕捞限额总量由国务院渔业主管部门确定,报国务院批准后逐级分解下达;国家确定的重要江河、湖泊的捕捞限额总量由有关省、自治区、直辖市人民政府确定或者协商确定,逐级分解下达。

捕捞限额总量的分配应当体现公平、公正的原则,分配办法和分配结果必须向社会公开,并接受监督。国务院渔业主管部门和省、自治区、直辖市人民政府渔业主管部门应当加强对捕捞限额制度实施情况的监督检查,对超过上级下达的捕捞限额指标的,应当在其次年捕捞限额指标中予以核减。县级以上地方人民政府渔业主管部门批准发放的捕捞许可证,应当与上级人民政府渔业主管部门下达的捕捞限额指标相适应。

(二)捕捞许可证制度

到中华人民共和国与有关国家缔结的协定确定的共同管理的渔区或者公海从事捕捞作业的捕捞许可证,由国务院渔业行政主管部门批准发放。海洋大型拖网、围网作业的捕捞许可证,由省、自治区、直辖市人民政府渔业行政主管部门批准发放。其他作业的捕捞许可证,由县级以上地方人民政府渔业行政主管部门批准发放;但是,批准发放海洋作业的捕捞许可证不得超过国家下达的船网工具控制指标。

具备以下条件的,方可发给捕捞许可证:有渔业船舶检验证书;有渔业船舶登记证书;符合国务院渔业行政主管部门规定的其他条件。县级以上地方人民政府渔业行政主管部门批准发放的捕捞许可证,应当与上级人民政府渔业行政主管部门下达的捕捞限额指标相适应。

捕捞许可证不得买卖、出租和以其他形式转让,不得涂改、伪造、变造。违反者,没收违法所得,吊销捕捞许可证,可以并处一万元以下的罚款;伪造、变造、买卖捕捞许可证,构成犯罪的,依法追究刑事责任。

从事捕捞作业的单位和个人,必须按照捕捞许可证关于作业类型、场所、时限、渔具数量和捕捞限额的规定进行作业,并遵守国家有关保护渔业资源的规定,大中型渔船应当填写渔捞日志。违反者,没收渔获物和违法所得,可以并处五万元以下的罚款;情节严重的,并可以没收渔具,吊销捕捞许可证。

到他国管辖海域从事捕捞作业的,应当经国务院渔业行政主管部门批准,并遵守中华人民共和国缔结的或者参加的有关条约、协定和有关国家的法律。

外国人、外国渔船擅自进入中华人民共和国管辖水域从事渔业生产和渔业资源调查活动的,责令其离开或者将其驱逐,可以没收渔获物、渔具,并处50万元以下的罚款;情节严重的,可以没收渔船。

(三)渔业捕捞的管制措施

禁止使用炸鱼、毒鱼、电鱼等破坏渔业资源的方法进行捕捞。禁止在禁渔区、禁渔期进行捕捞。禁止使用小于最小网目尺寸的网具进行捕捞。捕捞的渔获物中幼鱼不得超过规定的比例。违反者,没收渔获物和违法所得,处五万元以下的罚款;情节严重的,没收渔具,吊销捕捞许可证;情节特别严重的,可以没收渔船。

禁止制造、销售、使用禁用的渔具。违反者,没收非法制造、销售的渔具和违法所得,并处一万元以下的罚款。

禁止捕捞有重要经济价值的水生动物苗种。因养殖或者其他特殊需要,捕捞有重要经济价值的苗种或者禁捕的怀卵亲体的,必须经国务院渔业主管部门或者省、自治区、直辖市人民政府渔业主管部门批准,在指定的区域和时间内,按照限额捕捞。

案例 9-7

> 浙江省渔业部门规定从6月起开始进入伏季休渔期,在此期间禁止任何单位和个人从事拖网、帆张网作业。2008年7月,A渔业公司私自组织6艘渔船在海上进行捕捞活动,被渔政监督部门查获。渔政监督部门经过调查确认,A渔业公司在2008年伏季休渔期内总计出动20艘船次进行拖网捕捞活动,获利387万元。
>
> 讨论:A渔业公司应当承担哪些法律责任?

五、渔业资源增殖保护的法律规定

(一)渔业资源增殖保护费

县级以上人民政府渔业主管部门应当对其管理的渔业水域统一规划,采取措施,增殖渔业资源。县级以上人民政府渔业主管部门可以向受益的单位和个人征收渔业资源增殖保护费,专门用于增殖和保护渔业资源。

(二)水产种质资源保护区

国家保护水产种质资源及其生存环境,并在具有较高经济价值和遗传育种价值的水产种质资源的主要生长繁育区域建立水产种质资源保护区。

未经国务院渔业主管部门批准,任何单位或者个人不得在水产种质资源保护区内从事捕捞活动。违反者,责令立即停止捕捞,没收渔获物和渔具,可以并处1万元以下的罚款。

(三)保护和改善渔业生态环境的规定

在鱼、虾、蟹洄游通道建闸、筑坝,对渔业资源有严重影响的,建设单位应当建造过鱼设施或者采取其他补救措施。用于渔业并兼有调蓄、灌溉等功能的水体,有关主管部门应当确定渔业生产所需的最低水位线。禁止围湖造田。沿海滩涂未经县级以上人民政府批准,不得围垦;重要的苗种基地和养殖场所不得围垦。

进行水下爆破、勘探、施工作业,对渔业资源有严重影响的,作业单位应当事先同有关县级以上人民政府渔业主管部门协商,采取措施,防止或者减少对渔业资源的损害;造成渔业资源损失的,由有关县级以上人民政府责令赔偿。

第七节 海域管理法

一、海域管理法概述

海域是重要的自然资源,是海洋经济发展的载体。我国海域辽阔,领海面积达 38 万平方公里。改革开放以来,我国海洋经济发展迅速,成为我国经济发展的新增长点和未来可持续发展的基本支持领域。但是,随着海洋开发密度、强度的加大,海域使用中也出现了一些新的情况和问题。

为了加强海域使用管理,维护国家海域所有权和海域使用权人的合法权益,促进海域的合理开发和可持续利用,我国于 2001 年颁布了《海域使用管理法》。该法所称海域,是指中华人民共和国内水、领海的水面、水体、海底和底土。为了配合《海域使用管理法》的实施,我国还制定了《全国海域地名普查专项资金管理暂行办法》《海域使用金使用管理暂行办法》《海域使用统计管理暂行办法》《海域使用权证书管理办法》《填海项目竣工海域使用验收管理办法》等规章。此外,在《环境保护法》《海洋环境保护法》《自然保护区条例》《海岛保护法》等法律法规中也有关于海域资源的法律规定。

二、海域权属

(一)海域所有权

海域属于国家所有,国务院代表国家行使海域所有权。任何单位或者个人不得侵占、买卖或者以其他行使非法转让海域。单位和个人使用海域,必须依法取得海域使用权。

(二)海域使用权

海域使用权,是从海域国家所有权上派生出来的一种权利,是海域使用权主体享有的对特定海域的使用价值进行开发、利用,并依法取得收益的权利。

案例 9-8

1998年A成立了水产养殖公司,并在当地渔业局申请到了养殖使用证。然而,2002年A却接到当地海洋局的通知,要求其补办海域使用权证并缴纳海域使用费。A认为自己已经办理了养殖使用证,无需再办理海域使用证。

讨论:你认为该案应当如何处理?

1. 海域使用权的取得

海域使用申请经依法批准后,国务院批准用海的,由国务院海洋行政主管部门登记造册,向海域使用申请人颁发海域使用权证书;地方人民政府批准用海的,由地方人民政府登记造册,向海域使用申请人颁发海域使用权证书。海域使用申请人自领取海域使用权证书之日起,取得海域使用权。

海域使用权也可以通过招标或者拍卖的方式取得。招标或者拍卖方案由海洋行政主管部门制订,报有审批权的人民政府批准后组织实施。海洋行政主管部门制订招标或者拍卖方案,应当征求同级有关部门的意见。招标或者拍卖工作完成后,依法向中标人或者买受人颁发海域使用权证书。中标人或者买受人自领取海域使用权证书之日起,取得海域使用权。

颁发海域使用权证书,应当向社会公告。颁发海域使用权证书,除依法收取海域使用金外,不得收取其他费用。

海域使用权人依法使用海域并获得收益的权利受法律保护,任何单位和个人不得侵犯。海域使用权人有依法保护和合理使用海域的义务;海域使用权人对不妨害其依法使用海域的非排他性用海活动,不得阻挠。阻挠、妨害海域使用权人依法使用海域的,海域使用权人可以请求海洋行政主管部门排除妨害,也可以依法向人民法院提起诉讼;造成损失的,可以依法请求损害赔偿。

未经批准或者骗取批准,非法占用海域的,责令退还非法占用的海域,恢复海域原状,没收违法所得,并处非法占用海域期间内该海域面积应缴纳的海域使用金五倍以上十五倍以下的罚款；对未经批准或者骗取批准，进行围海、填海活动的，并处非法占用海域期间内该海域面积应缴纳的海域使用金十倍以上二十倍以下的罚款。

2. 海域使用权变更

因企业合并、分立或者与他人合资、合作经营，变更海域使用权人的，需经原批准用海的人民政府批准。海域使用权可以依法转让。海域使用权可以依法继承。

因公共利益或者国家安全的需要，原批准用海的人民政府可以依法收回海域使用权，但是应当对海域使用权人给予相应的补偿。

填海项目竣工后形成的土地，属于国家所有。海域使用权人应当自填海项目竣工之日起三个月内，凭海域使用权证书，向县级以上人民政府土地行政主管部门提出土地登记申请，由县级以上人民政府登记造册，换发国有土地使用权证书，确认土地使用权。

3. 海域使用权纠纷

因海域使用权发生争议，当事人协商解决不成的，由县级以上人民政府海洋主管部门协调；当事人也可以直接向人民法院提起诉讼。在海域使用权争议解决前，任何一方不得改变海域使用现状。

三、海洋功能区划

鉴于海洋资源立体分布，生态环境特殊，开发和保护海洋以及海域使用管理均具有很强的科学性，《海域使用管理法》对海洋功能区划制度作了详尽的规定。①

国务院海洋行政主管部门会同国务院有关部门和沿海省、自治区、直辖市人民政府，编制全国海洋功能区划。沿海县级以上地方人民政府海洋行政主管

---

① 《海域使用管理法》与《海洋环境法》是海洋功能区划制度的两大法律渊源，但侧重点不同：《海洋环境保护法》主要是从海洋功能区划的环保功能考虑，结合海洋环境保护制度来规定；《海域使用管理法》则侧重于从促进海洋资源利用的角度，将其作为海域使用的法定依据和前提。二者在基本内容上不存在冲突的地方。但《海域使用管理法》对海洋功能区划的内容做出了进一步细化，使其具有了切实可操作性，这些原则性的规定对于《海洋环境保护法》中规定的海洋环境保护制度同样适用。

部门会同本级人民政府有关部门,依据上一级海洋功能区划,编制地方海洋功能区划。

编制海洋功能区划应当遵循以下原则:按照海域的区位、自然资源和自然环境等自然属性,科学确定海域功能;根据经济和社会发展的需要,统筹安排各有关行业用海;保护和改善生态环境,保障海域可持续利用,促进海洋经济的发展;保障海上交通安全;保障国防安全,保证军事用海需要。

海洋功能区划实行分级审批。全国海洋功能区划,报国务院批准。沿海省、自治区、直辖市海洋功能区划,经该省、自治区、直辖市人民政府审核同意后,报国务院批准。沿海市、县海洋功能区划,经该市、县人民政府审核同意后,报所在的省、自治区、直辖市人民政府批准,报国务院海洋行政主管部门备案。

海洋功能区划的修改,由原编制机关会同同级有关部门提出修改方案,报原批准机关批准;未经批准,不得改变海洋功能区划确定的海域功能。经国务院批准,因公共利益、国防安全或者进行大型能源、交通等基础设施建设,需要改变海洋功能区划的,根据国务院的批准文件修改海洋功能区划。

海洋功能区划经批准后,应当向社会公布;但是,涉及国家秘密的部分除外。

养殖、盐业、交通、旅游等行业规划涉及海域使用的,应当符合海洋功能区划。沿海土地利用总体规划、城市规划、港口规划涉及海域使用的,应当与海洋功能区划相衔接。

四、海域使用管理的法律规定

(一)海域使用金制度

海域使用金是国家贯彻海域有偿使用的具体措施,即单位和个人使用海域,应当按照国务院的规定缴纳海域使用金,收缴的海域使用金应当按照国务院的规定上缴财政。

军事用海,公务船舶专用码头用海,非经营性的航道、锚地等交通基础设施用海,教学、科研、防灾减灾、海难搜救打捞等非经营性公益事业用海免缴海域使用金。

公用设施用海、国家重大建设项目用海和养殖用海,按照国务院财政部门和国务院海洋主管部门的规定,经有批准权的人民政府财政部门和海洋主管部门审查批准,可以减缴或者免缴海域使用金。

根据不同的用海性质或者情形,海域使用金可以按照规定一次缴纳或者按年度逐年缴纳。按年度逐年缴纳海域使用金的海域使用权人不按期缴纳海域使用金的,限期缴纳;在限期内仍拒不缴纳的,由颁发海域使用权证书的人民政府注销海域使用权证书,收回海域使用权。

(二)海域用途管制制度

海域使用权人不得擅自改变经批准的海域用途;确需改变的,应当在符合海洋功能区划的前提下,报原批准用海的人民政府批准。

(三)海域使用期限

海域使用权最高期限,按照下列用途确定:养殖用海十五年;拆船用海二十年;旅游、娱乐用海二十五年;盐业、矿业用海三十年;公益事业用海四十年;港口、修造船厂等建设工程用海五十年。

海域使用权期限届满,海域使用权人需要继续使用海域的,应当至迟于期限届满前二个月向原批准用海的人民政府申请续期。除根据公共利益或者国家安全需要收回海域使用权的外,原批准用海的人民政府应当批准续期。准予续期的,海域使用权人应当依法缴纳续期的海域使用金。

海域使用权期满,未申请续期或者申请续期未获批准的,海域使用权终止。海域使用权终止后,原海域使用权人应当拆除可能造成海洋环境污染或者影响其他用海项目的用海设施和构筑物。

第八节 矿产资源法

一、矿产资源法概述

矿产资源是指由地质作用形成的,具有利用价值的,呈固态、液态、气态的自然资源。我国《矿产资源法实施细则》将矿产资源分为能源矿产、金属矿产、非金属矿产和水气矿产四类。

早在1950年,我国就颁布了《矿业暂行条例》,1965年底国务院还针对矿产资源保护专门制定了《矿产资源保护试行条例》。1986年我国制定了《矿产资源法》,并于1997年进行了修订。

由于地下水资源具有水资源和矿产资源的双重属性,依照《矿产资源法实施细则》的规定,地下水资源的勘查,适用《矿产资源法》的规定;地下水的开发、利用、保护和管理,适用《水法》和有关的行政法规。

二、矿产资源权属

矿产资源属于国家所有,由国务院行使国家对矿产资源的所有权。地表或者地下的矿产资源的国家所有权,不因其所依附的土地的所有权或者使用权的不同而改变。

国家保障矿产资源的合理开发利用。禁止任何组织或者个人用任何手段侵占或者破坏矿产资源。各级人民政府必须加强矿产资源的保护工作。

勘查、开采矿产资源,必须依法分别申请、经批准取得探矿权、采矿权,并办理登记;但是,已经依法申请取得采矿权的矿山企业在划定的矿区范围内为本企业的生产而进行的勘查除外。

国家保护探矿权和采矿权不受侵犯,保障矿区和勘查作业区的生产秩序、工作秩序不受影响和破坏。

探矿权、采矿权在符合法定条件时可以转让。探矿权人有权在划定的勘查作业区内进行规定的勘查作业,有权优先取得勘查作业区内矿产资源的采矿权。探矿权人在完成规定的最低勘查投入后,经依法批准,可以将探矿权转让他人。已取得采矿权的矿山企业,因企业合并、分立、与他人合资、合作经营,或者因企业资产出售以及有其他变更企业资产产权的情形而需要变更采矿权主体的,经依法批准可以将采矿权转让他人采矿。禁止将探矿权、采矿权倒卖牟利。非法买卖、出租或者以其他形式转让矿产资源的,没收违法所得,处以罚款。违反关于转让探矿权、采矿权的规定将探矿权、采矿权倒卖牟利的,吊销勘查许可证、采矿许可证,没收违法所得,处以罚款。

矿山企业之间的矿区范围的争议,由当事人协商解决,协商不成的,由有关县级以上地方人民政府根据依法核定的矿区范围处理;跨省、自治区、直辖市的矿区范围的争议,由有关省、自治区、直辖市人民政府协商解决,协商不成的,由国务院处理。

三、矿产资源勘查管理的法律规定

(一)矿产勘查登记制度

国家对矿产资源勘查实行统一的区块登记管理制度。矿产资源勘查登记工作,由国务院地质矿产主管部门负责;特定矿种的矿产资源勘查登记工作,可以由国务院授权有关主管部门负责。矿产资源勘查区块登记管理办法由国务院制定。

根据《矿产资源勘查区块登记管理办法》第十条的规定,勘查许可证有效期最长为三年;但是,石油、天然气勘查许可证有效期最长为七年。勘查单位因故要求撤消项目或者已经完成勘查项目任务的,应当向登记管理机关报告项目撤消原因或者填报项目完成报告,办理注销登记手续。

(二)矿产勘查资料管理

国务院矿产储量审批机构或省、自治区、直辖市矿产储量审批机构负责审查批准供矿山建设设计使用的勘探报告,并在规定的期限内批复报送单位。勘探报告未经批准,不得作为矿山建设设计的依据。

矿床勘探必须对矿区内具有工业价值的共生和伴生矿产进行综合评价,并计算其储量。未作综合评价的勘探报告不予批准。但是,国务院计划部门另有规定的矿床勘探项目除外。

矿产资源勘查成果档案资料和各类矿产储量的统计资料,实行统一的管理制度,按照国务院规定汇交或者填报。区域地质调查的报告和图件按照国家规定验收,提供有关部门使用。矿产资源勘查的原始地质编录和图件,岩矿心、测试样品和其他实物标本资料,各种勘查标志,应当按照有关规定保护和保存。矿床勘探报告及其他有价值的勘查资料,按照国务院规定实行有偿使用。

矿产资源普查在完成主要矿种普查任务的同时,应当对工作区内包括共生或者伴生矿产的成矿地质条件和矿床工业远景作出初步综合评价。

普查、勘探易损坏的特种非金属矿产、流体矿产、易燃易爆易溶矿产和含有放射性元素的矿产,必须采用省级以上人民政府有关主管部门规定的普查、勘探方法,并有必要的技术装备和安全措施。

四、矿产资源开采管理的法律规定

(一)采矿许可

国家规划矿区和对国民经济具有重要价值的矿区内的矿产资源、国家规划矿区和对国民经济具有重要价值的矿区以外可供开采的矿产储量规模在大型以上的矿产资源,国家规定实行保护性开采的特定矿种,领海及中国管辖的其他海域的矿产资源和国务院规定的其他矿产资源的开采,由国务院地质矿产主管部门审批,并颁发采矿许可证。

开采石油、天然气矿产的,经国务院指定的机关审查同意后,由国务院地质矿产主管部门登记,颁发采矿许可证。

开采由国务院地质矿产主管部门和国务院授权的有关主管部门审批发证的矿产资源之外的矿产资源,其可供开采的矿产储量规模为中型的,由省、自治区、直辖市人民政府地质矿产主管部门审批和颁发采矿许可证。

未取得采矿许可证擅自采矿的,擅自进入国家规划矿区、对国民经济具有重要价值的矿区范围采矿的,擅自开采国家规定实行保护性开采的特定矿种的,责令停止开采、赔偿损失,没收采出的矿产品和违法所得,可以并处罚款。超越批准的矿区范围采矿的,责令退回本矿区范围内开采、赔偿损失,没收越界开采的矿产品和违法所得,可以并处罚款;拒不退回本矿区范围内开采,造成矿产资源破坏的,吊销采矿许可证。

(二)集体和个人采矿

国家对集体矿山企业和个体采矿实行积极扶持、合理规划、正确引导、加强管理的方针,鼓励集体矿山企业开采国家指定范围内的矿产资源,允许个人采挖零星分散资源和只能用作普通建筑材料的砂、石、黏土以及为生活自用采挖少量矿产。

矿产储量规模适宜由矿山企业开采的矿产资源、国家规定实行保护开采的特定矿种和国家规定禁止个人开采的其他矿产资源,个人不得开采。

（三）矿产资源补偿费和资源税

在中华人民共和国境内开采国家规定的矿产品的或者生产盐的单位和个人应当缴纳资源税。国家规定的矿产品包括原油、天然气、煤炭、其他非金属矿原矿、黑色金属矿原矿、有色金属矿原矿；盐包括固体盐和液体盐。2011年,国务院对《资源税暂行条例》进行了修改,将征收办法草拟从原来的量定额征收改为从价定率或者从量定额征收。其中对原油和天然气适用从价定率征收的办法。

矿产资源补偿费是采矿权人为补偿国家矿产资源的消耗而向国家缴纳的一定费用。凡在中华人民共和国领域和其他管辖海域开采矿产资源的采矿权人,都应当按规定缴纳矿产资源补偿费。矿产资源补偿费按照矿产品销售收入的一定比例计征,其计算方式为:征收矿产资源补偿费金额＝矿产品销售收入×补偿费费率×开采回采率系数。补偿费费率由国家统一规定,最高为百分之四,最低为千分之五。矿产资源补偿费由地质矿产主管部门会同财政部门征收。征收的矿产资源补偿费纳入国家预算,实行专项管理,主要用于矿产资源勘查。

（四）矿产资源开采中的保护性规定

在国家划定的自然保护区、重要风景区、国家重点保护的不能移动的历史文物和名胜古迹所在地,未经国务院授权的有关主管部门同意,不得开采矿产资源。

开采矿产资源,必须采取合理的开采顺序、开采方法和选矿工艺。矿山企业的开采回采率、采矿贫化率和选矿回收率应当达到设计要求。

在开采主要矿产的同时,对具有工业价值的共生和伴生矿产应当统一规划,综合开采,综合利用,防止浪费;对暂时不能综合开采或者必须同时采出而暂时还不能综合利用的矿产以及含有有用组分的尾矿,应当采取有效的保护措施,防止损失破坏。

关闭矿山,必须提出矿山闭坑报告及有关采掘工程、不安全隐患、土地复垦利用、环境保护的资料,并按照国家规定报请审查批准。

开采矿产资源,必须遵守有关环境保护的法律规定,防止污染环境。开采矿产资源,应当节约用地。耕地、草原、林地因采矿受到破坏的,矿山企业应当因地制宜地采取复垦利用、植树种草或者其他利用措施。开采矿产资源给他人生产、生活造成损失的,应当负责赔偿,并采取必要的补救措施。

案例 9-9

　　A公司是一个大型煤炭企业,附近农村的煤矿均属于A公司的开采范围。随着煤炭资源日益减少,A公司开始在农村的地下开采。由于采矿需要进行爆破,村民B等经常在睡梦中被地下的爆炸声惊醒。此外,地下爆破还导致村民的房屋严重拉裂,用来灌溉和饮用的泉水枯竭。于是B等将A告上法庭,要求A停止侵害,赔偿损失。但A以国家批准采矿且在地下几十米甚至上百米以下进行,不可能造成损失为由,拒绝B等的要求。

讨论:A是否应当赔偿B等的损失?

第十章 国际环境法

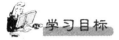学习目标

理解国际环境法的定义、渊源、主客体、基本原则;了解国际环境法的历史发展,理解国际环境法的基本原则;掌握大气环境保护、海洋与淡水保护、废弃物与有毒有害物质管制、生物多样性保护、贸易与环境等五个领域中重要国际环境条约的主要内容。

第一节 国际环境法概述

一、国际环境法的概念

(一)国际环境法的概念

国际环境法是国际法的一个分支,是调整在利用和保护环境过程中所形成的国际关系的法律规范的总称。

专栏 10-1

国 际 法

国际法是指调整国际法主体之间、主要是国家国家之间关系的,有法律拘束力的原则、规则和制度的总体。

> 国际法的主体主要是国家,此外还有国际组织;国际法的的制定主要是通过国家之间的协议来实现的,国际社会没有专门的立法机关;国际法调整的对象是国际关系,主要是主权国家之间的关系;国际法的外在强制主要靠国家按照国际法、采取个别或集体的行动,包括要求违背国际义务、违反国际法的国家承担国家责任,实行报复,进行自卫等。
>
> 参考文献:邵津.国际法(第四版).北京大学出版社、高等教育出版社,2011.

国际环境法是一门交叉学科,与它关系最密切的是国际法和国内环境法。一方面,它属于国际法的一个分支,国际法的一般法律原则和规则都适用于这个领域,同时它又逐步发展出了一些特有的原则与规则,如可持续发展原则、共同但有区别责任原则和谨慎原则等。另一方面,它与国内环境法在内容和方法上具有一定程度上的一致性,它们在原则、制度等方面相互借鉴,促进了各自的发展。

(二)国际环境法的渊源

联合国《国际法院规约》第三十八条所列举的国际法院适用的法律(主要包括国际条约、国际习惯和一般法律原则等)被认为是对国际法渊源最权威的阐述,其也适用于国际环境法。

1. 国际环境条约

国际环境条约是国际环境法最主要的渊源,是指国际法主体之间订立的,明确各主体权利和义务内容、以环境保护或生态保护为直接目的的国际协议。

国际环境条约数量众多、主题事项范围广泛,组成了一个多层次的条约体系。从适用范围看,国际环境条约体系主要包括全球性多边环境条约、区域性多边环境条约和双边环境条约。

其中,全球性多边环境条约经常采用"框架条约 + 议定书 + 附件"的模式。框架条约通常仅进行一些原则性的规定,力争促使缔约方在短期内达成协议。随后,缔约方再通过磋商,制定内容更为具体的议定书和附件,从而将框架公约的原则性规定转换为更加具体、可操作的国际法律规则。

2. 国际环境习惯

根据《国际法院规约》第三十八条第一款第(五)项的规定,国际习惯是指经接受为法律的一般实践、惯例或做法。其中,国际法主体在彼此交往过程中形成发展起来的,作为通例被各国所接受的、以环境保护或生态保护为直接目的的国际习惯就是国际环境习惯。由于国际环境法的历史较短,尚未积累起丰富的国际实践和法律确信。因此,在国际环境法的法律渊源中国际习惯不是很多,与国际环境条约相比处于次要的地位。

值得注意的是,《斯德哥尔摩宣言》(也称《人类环境宣言》)和《里约宣言》(也称《环境与发展宣言》或《地球宪章》)等产生广泛影响的国际文件所确认的原则和规则,已经成为证明国际习惯法规则存在的强有力证据。例如,1938年和1941年"特雷尔冶炼厂仲裁案"中确立的原则:任何国家都没有权利使用或允许使用其领土排放烟雾对他国的领土、财产或个人造成损害,不仅在《斯德哥尔摩宣言》和《里约宣言》里被反复重述,而且被嗣后的许多国际条约确认,已经成为一项国际习惯法规则。①

专栏 10-2

特雷尔冶炼厂仲裁案

在加拿大英属哥伦比亚省特雷尔地区(距离美国边界十余公里)沿岸有加拿大联合矿业冶炼有限责任公司(the Consolidated Mining and Smelting Company of Canada, Limited)和多家私营铅锌冶炼企业(以下统称特雷尔冶炼厂)。冶炼厂排放的二氧化硫气体随着上升气流沿哥伦比亚河河谷南下越过国境进入美国华盛顿州,导致农作物和森林发生损害。

---

① 联合国国际法院在 1996 年"关于威胁使用或使用核武器的合法性的咨询意见"中承认,该项规则是国际习惯法规则。

> 在以外交方式解决争端的尝试失败后，两国政府于1935年4月15日签署了仲裁协议，将争端提交仲裁法院解决。仲裁法院于1938年和1941年两次作出裁决。
>
> 特雷尔冶炼厂仲裁案是国际法历史上第一起跨国界环境责任案例，也是迄今惟一的关于跨国空气污染的国家责任案件。它为后来国际习惯法"不得损害其他国家或在国家管辖范围以外地区的环境的原则"的形成和确立奠定了判例法基础。
>
> 参考文献：
> 1. 王曦编.国际环境法.法律出版社,1998.
> 2. 〔法〕亚历山大·基斯著.张若思译.国际环境法.法律出版社,2000.

3. 一般法律原则

一般法律原则的作用在于填补相关国际法渊源（尤其是条约和习惯）的空白。虽然《国际法院规约》第三十八条也列明一般法律原则，但是国际法院在其司法实践中很少仅凭一般法律原则裁判，其引用主要作用是支持、强化法理论证。

4. 辅助性渊源

辅助性渊源主要包括司法判例和公法家学说，这两者不是独立的国际法渊源，但可以作为确定某项国际法原则或规则存在的证据。

5. "软法"

在国际环境法领域，许多由国际组织和国际会议通过的书面文件，通常被称为"软法"，例如《斯德哥尔摩宣言》《内罗毕宣言》和《里约宣言》等。

值得注意的是，很多重要的原则最初出现在"宣言"或"决议"之类的软法中，但是随着时间的推移逐步被写进了国际条约、议定书；最终变成有拘束力的原则或规则，为国际社会大多数成员所接受，经历了"宣言→条约→议定书"的发展过程，出现了"软法"变"硬"的现象。但是，所谓软法变硬，并不是说软法本身具有了拘束力，而是指借助条约的拘束力，使得软法文件所确立的规则具有了拘束力。

(三) 国际环境法的主体和客体

1. 国际环境法的主体

国际环境法的主体是指能够独立参加国际环境法律关系、直接在国际环境法上享受权利、承担义务,并具有独立进行国际求偿能力者。[1] 目前最主要的国际法主体仍然是主权国家,国家是国际环境法的制定者和实施者。此外,政府间国际组织、非政府国际组织(尤其是国际环保组织)在国际环境法的制定和实施中发挥着越来越重要的作用。《里约宣言》和《二十一世纪议程》等文件都有扩大国际环境法主体的倾向,呼吁进一步加强政府间国际组织和非政府组织在国际环境法制定、实施和执行过程中的作用。

在国际环境法领域具有重要地位的政府间国际组织主要包括三类:一是联合国系统的全球性国际组织和其专门机构,例如联合国环境规划署等;二是联合国系统以外的区域性国际组织,例如欧洲联盟;三是根据国际条约建立的条约机构,例如根据《气候变化框架公约》建立的缔约方大会(COP)等。

严格地讲,非政府间国际组织(主要包括科学团体、非营利性的环保组织、私营工商界、法律团体、学术团体等)尚未被全面、正式地接纳为国际环境法的主体。但是在国际环境法的制定、实施和发展中它们一直起着重要的作用,尤其是在信息发布、舆论导向、专业知识等方面。

2. 国际环境法的客体

国际环境法的客体是指国际环境法律关系中权利和义务所指向的对象主要包括环境要素与环境行为两个方面。

环境要素主要包括国家管辖范围内的环境要素和国家管辖范围以外的环境要素。国家管辖范围内的环境要素主要受国内环境法的调整,但其中有一部分环境要素被国际条约赋予了特殊地位,也受国际环境法的调整。例如,一旦被《保护世界文化和自然遗产公约》确定为"世界遗产",则这些环境要素同时受国内环境法和国际环境法的调整与规范。国家管辖以外的环境要素主要受国际环境法的调整,其可以分为两个部分:一是两个或两个以上国家分享的环境

---

[1] 王铁崖.国际法.法律出版社,1995:64—65.

要素,如流经多个国家的多瑙河、湄公河等跨界河流;二是人类共有物,如公海、大气层以及受特定国际条约规范的国际海底、南极和外层空间等环境要素。

环境行为,即国际环境法主体利用、保护环境的行为。国家在其管辖范围以外从事的利用、保护环境的行为应受国际环境法的约束。国家在管辖范围内所从事的利用、保护环境的行为原则上属于该国主权范围内的事项。但是,一国在其境内所从事的利用、保护环境的行为如果会影响到相邻国家或更为广泛的区域,如核泄漏事故、跨界水污染问题、酸雨等,则这种在管辖范围内进行但导致管辖范围外环境损害的行为同样受国际环境法的约束。

二、国际环境法的历史

国际环境法是应对跨界、全球性环境问题的新兴国际法分支领域,国际环境法的发展与环境问题的演变以及国际社会反应密切相关。因此,以联合国成立以及具有里程碑意义的斯德哥尔摩会议和里约会议为节点,可以将国际环境法分为萌芽产生、发展和完善四个阶段。

(一)萌芽阶段:19世纪中叶到1945年联合国成立

萌芽阶段涉及环境保护的国际条约范围有限且分散,国际环境保护组织处在酝酿阶段,但国际司法实践,特别是国际仲裁实践进行了有益的尝试和努力。

这个期间签订的国际环境条约主要集中在两个方面:一是界河、国际河流及其沿海渔业资源的管理和水污染的防治;二是野生物种的保护。20世纪初,旨在环境保护的国际组织初见端倪。1909年在巴黎召开的"保护自然国际大会"提议建立一个国际性的保护自然的组织,1913年在伯尔尼签订了《关于建立保护自然国际咨询委员会的文件》,但是这方面的努力由于两次世界大战的爆发而中断。这一阶段国际习惯法规则有很大的发展,出现了两个对国际环境法的发展产生重要影响的国际仲裁案例:"白令海太平洋海豹仲裁案"(1893年)和"特雷尔冶炼厂仲裁案"(1938年和1941年)。

(二)产生阶段:1945年联合国成立到1972年斯德哥尔摩会议

"二战"后国际法律秩序开始恢复和重建,国际环境法也进入了产生阶段。

1945年联合国的成立对国际环境保护组织的建立起到了推动作用,1948

年世界上第一个以环境保护为宗旨的国际组织——世界自然保护同盟(IUCN)宣告成立。此后,国际环境条约无论在数量上还是在所涉及的主题事项上都有明显的增加和拓展。

从20世纪50年代起,规范船源污染逐渐成为重点。1954年签订的《国际防止海上油污公约》(简称《油污公约》),成为这一领域最早的多边国际条约。1958年在第一次联合国海洋法会议上通过的四个海洋法公约对海洋生物资源的养护和海洋环境的保护进行了初步规范。1959年的《南极条约》、1963年的《全面禁止核试验条约》和1967年《关于各国探索和利用包括月球和其他天体的外层空间活动所应遵守原则的条约》(又名《外空条约》),都不同程度上涉及了国际环境与资源的保护。

这一时期国际环境法发展的特点主要表现在三个方面:第一,区域性和全球性的国际组织开始关注国际环境问题,而且出现了专门商讨和推动环境保护的国际组织;第二,国际条约当中所涉及的环境问题的范围日益扩大,但是这些条约尚缺乏系统性;第三,国际社会开始注意到经济社会发展与环境保护之间的关系。

(三) 发展阶段:1972年斯德哥尔摩会议到1992年里约会议

以斯德哥尔摩人类环境会议为开端,国际环境法进入发展阶段,一些重要的法律原则、规则开始清晰化,国际环境法的框架基本形成。

1972年6月,在瑞典斯德哥尔摩召开了当时规模最大的国际会议——联合国人类环境会议。会议通过了《斯德哥尔摩宣言》《人类环境行动计划》和其他若干建议和决议。会议促进了国际环境条约的制定,条约所规范的事项范围也进一步扩大,相关规范也变得更加具体、严格。会议还建议成立一个专门协调和处理全球环境事务的机构,同年联合国大会通过决议建立了联合国环境规划署(UNEP)。

《斯德哥尔摩宣言》反映了当时国际社会的共识,对国际环境法的发展产生了深远的影响。宣言第一次阐明了国际环境保护的原则和规则,其中部分原则和规则被后来的国际环境条约所采纳,成为具有法律拘束力的原则和规则;尽管宣言本身没有法律拘束力,但是它为国际环境保护提供了政治和道义依据;

宣言为后来各国制定和发展本国的国内环境法提供了指导和借鉴。

1982年5月,为纪念斯德哥尔摩会议,并审议会议成果的实施情况,在肯尼亚内罗毕召开了人类环境特别会议,通过了《内罗毕宣言》。该宣言肯定了斯德哥尔摩会议后各国在国内环境立法方面的进展,重申了《斯德哥尔摩宣言》提出的原则和规则,督促发展中国家和发达国家合作,共同解决全球面临的迫切环境问题。1982年10月,联合国大会还通过了《世界自然宪章》,更进一步强调了人与自然的依存关系。

与此同时,国际环境保护组织的数量迅速增加,包括联合国在内的国际组织更加关注环境保护事务。涉及环境与资源保护的国际司法案例也越来越多。如1974年"渔业管辖权案"[1]、1974年"核试验案"以及《关贸总协定》范围内的1982年"加拿大金枪鱼案"[2]、1988年"美国加工鲱鱼案"[3]、1991年"金枪鱼/海豚案"[4]等。

(四)完善阶段:1992年里约会议以后

随着可持续发展战略的提出,并在1992年的里约会议上被广为接受,国际环境法进入了完善阶段。

1989年,联合国的"世界环境与发展委员会"(通称"布伦特兰委员会")发表了题为《我们共同的未来》的报告(又称《布伦特兰报告》),提出了"可持续发展"

---

[1] 1971年,冰岛政府宣布终止其与英国关于渔业管辖权的协议,将其专属渔业管辖权扩大到50海里。英国认为冰岛所采取的措施无国际法上的根据,于1972年在国际法院起诉。法院认为,协调冰岛的优惠捕鱼权与英国的传统捕鱼权应通过双方对有关海域渔业依赖的评估,同时考虑其他国家的权利和保护渔业资源的需要。

[2] 因美国未经加拿大政府授权即在加拿大管辖水域捕捞金枪鱼,加拿大没收了美国渔船并逮捕了渔民。美国对加拿大政府所称的水域管辖权提出异议,并对加拿大实行报复性措施,禁止从加拿大进口长鳍金枪鱼。GATT专家认为,保护资源的措施必须与管理限制与消费该资源的措施相配合,美国的做法不符合这一要求,因而违反了关贸总协定第十一条不得实施进口限制的规定。

[3] 加拿大政府为了保护国内水产加工业发布禁令,禁止出口未加工的鲱鱼和鲑鱼,1988年美国向关贸总协定(GATT)提出申诉,加拿大以保护"可用竭自然资源"辩解,GATT认为加拿大的禁令仅仅是限制国外消费者和加工者的消费和捕获,并不能有效保护自然资源,因此加拿大违反了GATT的规定。

[4] 海豚受到美国国内法的保护,1990年美国以墨西哥捕获金枪鱼的方式导致大量海豚死亡为由发布禁令,禁止从墨西哥进口金枪鱼,1991年墨西哥向关贸总协定(GATT)申诉。GATT认为应当对产品本身和产品生产过程对环境的损害进行区分,GATT并未对产品的生产方式引起的环境损害做出规定,美国国内法不能用来约束境外的生产过程,裁定美国败诉。

的概念和原则,为里约会议的召开奠定了基础和基调。

1992年6月,里约环境与发展大会召开,大会通过了三个文件和两个公约:《里约环境与发展宣言》(简称《里约宣言》)、《二十一世纪议程》《关于森林问题的原则声明》《气候变化框架公约》与《生物多样性公约》。里约会议对国际环境法的发展起到了新的推动作用,首次使可持续发展战略渗入到国际和国内政治、经济、社会和法律等各个领域,成为当今国际和国内的焦点问题。

2012年6月,193个国家在巴西里约热内卢举行了联合国可持续发展会议(里约+20峰会),回顾了和反思了1992年里约会议以来二十年的成就与挑战,通过了最终成果文件——《我们憧憬的未来》,重申了共同但有区别的责任原则,决定发起全球可持续发展目标磋商进程,肯定绿色经济是实现可持续发展的重要手段,决定成立联合国高级别可持续发展政治论坛,敦促发达国家履行联合国可持续发展承诺,向发展中国家转让环境友好型技术,帮助发展中国家提高履约能力。

在完善阶段国际环境法又有新的发展,如可持续发展原则和共同但有区别责任原则的提出。然而,与国内环境法相比,国际环境法仍然处在发展的初级阶段,有些原则与规则尚不够清晰、明确,国际环境法的实施机制、手段、措施都十分有限。国际环境条约和国际环境保护组织的数量初具规模,但是相互之间缺乏协调,尚未形成一个完整、有效的国际环境法体系。

三、国际环境法的原则

(一)国际环境法原则的概念

国际环境法的原则是指国际社会大多数成员公认的、普遍适用于国际环境法的各个领域、构成国际环境法基础的法律原则。国际环境法原则通常反映在具有广泛参与性的多边条约和国际会议通过的文件当中,直接体现了国际环境法的理念与价值。

国际环境法的原则主要包括国家主权与不损害管辖范围以外环境的原则、国际环境合作原则、预防原则、污染者负担原则、共同但有区别的责任原则等。其中预防原则、污染者负担原则也是国内环境法的原则,相关内容已经进行过阐述,因此本章仅对其他国际环境法的原则进行介绍。

(二)国家主权与不损害管辖范围以外环境的原则

国家主权与不损害管辖范围以外环境的原则,是指各国享有对其管辖范围以内自然资源进行开发的主权权利,同时承担不得给其管辖范围以外的环境造成损害的义务。

早在1941年的"特雷尔冶炼厂仲裁案"中,仲裁庭就明确了一个国家管辖范围内的行为不得损害其他国家环境的原则。这一原则被《斯德哥尔摩宣言》第二十一项原则和《里约宣言》第二项原则所重申,已经成为国际环境法中的一项习惯法规则。

主权原则是国际法的基础。根据国家主权原则,各国享有依据本国政策和需要对其管辖范围以内自然资源进行开发的权利。但是这样的开发活动常常会对国家管辖范围以外的环境与资源带来负面影响,甚至是损害。例如,跨界大气污染、臭氧层耗损、全球气化变化等都与国家在其管辖范围内所从事的生产和生活活动有关。因此,在肯定国家对开发自然资源的主权的同时必须规定相应的义务,这种义务就是不得给国家管辖范围以外的环境造成损害。如果造成损害,有关国家就必须承担相应的赔偿责任。

(三)国际环境合作原则

国际合作是国际法的一项重要原则。《联合国宪章》等众多国际条约均规定在各自范围内进行国际合作,而且这些条约本身就是国际合作的结果。在国际环境保护方面,由于环境要素的整体性、不可分割性特点,国际合作尤为重要。《斯德哥尔摩宣言》第二十四项原则和《里约宣言》的数项原则都强调了国际合作的重要性。

国际环境合作具有两个方面的意义:一是权利,国际社会所有的成员都应当并且有权参与保护和改善国际环境的行动;二是义务,国际环境问题的解决有赖于国际社会成员普遍的参加与合作。

国际环境合作的具体形式包括增强各国(特别是发展中国家)保护和改善环境的能力,防止越界环境污染和损害,对于环境突发事件要预防、通知、协商和互助,参与全球和区域环境保护合作等实体性和程序性措施。

（四）共同但有区别的责任原则

共同但有区别的责任是指,各国应当共同承担保护和改善全球环境的责任,但各国的责任大小又应当有所区别。

保护和改善全球环境是全人类的共同利益所在,必须依靠国际社会的共同努力,进行充分的国际合作,因此各国都应当共同承担的责任。这种共同责任主要体现在两个方面:第一,各国都应当采取措施保护和改善其管辖范围内的环境,并防止对管辖范围以外环境造成损害;第二,各国都应当广泛参与有关的国际合作,在环境方面相互合作和支持。

然而,从历史、能力等方面考虑,不应当也不可能要求所有的国家同时承担完全相同的责任。一方面发达国家过去近百年的发展是全球环境问题产生的主要原因;另一方面发达国家拥有更多的资金和更高的技术水平,应对环境问题的能力更强。

有区别的责任是对共同责任的具体化和对共同责任的再分配,即发达国家对环境问题应当承担主要责任,而发展中则承担次要的责任。在《气候变化框架公约》《生物多样性公约》等国际环境条约都规定发达国家率先承担强制性国际义务,并向发展中国家提供新的、额外的资金,建立专门机构为发展中国家履约提供财政、技术和其他援助等。此外,允许发展中国家采取与发达国家不同的差别化环境标准也是承担区别责任的一种表现方式。

四、国际环境争端解决

国际环境争端是指在国际法主体之间,主要是国家之间,因保护和改善环境而产生的争论、分歧或冲突。从产生原因看,国际环境争端主要包括两类:一是因为跨界环境损害引起的国际环境争端,二是因为国际环境条约的履约问题引起的国际环境争端。

国际环境争端的解决方法通常沿用一般国际争端的解决方法。《联合国宪章》第三十三条规定,"任何争端之当事国,于争端之继续存在足以危及国际和平与安全之维持时,应尽先以谈判、调查、调停、和解、公断、司法解决、区域机关或区域办法之利用、或各该国自行选择之其他和平方法,求得解决。"该条所列争端解决方法是现代国际法允许的国际争端解决方法。

国际争端的解决方法按照性质可以分为两类:一是政治方法(又称外交方法),包括谈判、协商、调查、斡旋、和解等方法;二是法律方法,包括仲裁(旧称公断)和司法解决。

在某一特定的情况下使用何种方法和手段,主要取决于争端当事方和条约的规定。例如,1992年《气候变化框架公约》第十四条规定,任何两个或两个以上缔约方之间就本公约的解释和适用发生争端时,有关的缔约方应寻求通过谈判或它们自己选择的任何其他和平方式解决该争端。

专栏 10-3

国际法院

国家法院成立于1946年4月,是根据《联合国宪章》的规定而设立的联合国主要司法机关。

国际法院由15名法官组成,其中不得有两名法官为同一国的国民。法官由联合国大会和安理会选举,同时在联合国大会和安理会获得绝对多数票者方可当选。

根据《国际法院规约》第三十六条的规定,国际法院对下列争端具有管辖权:争端当事国提交的一切案件,《联合国宪章》和现行条约中特别规定的事项或争端,国家事先声明接受国际法院管辖的一切法律争端。此外,国际法院还有咨询管辖权,即应有关国际组织或机构的请求,对有关法律问题提供权威性意见。

国际法院的判决是终审判决,不得上诉。如果任何争端当事国不履行判决时,其他当事国可以向安理会提出申诉,安理会在认为必要时可以提出建议或决定应采取的方法,以执行国际法院的判决。

参考文献:邵津.国际法(第四版).北京大学出版社,2011.

第二节 国际环境法的主要领域

一、大气环境保护

(一) 跨界大气污染防治

第二次世界大战以后,伴随着经济复苏和经济一体化、全球化的迅速发展,世界各国的工业化和城市化进程加快,越境大气污染所造成的酸雨和湖泊酸化问题也越来越严重。这种现象在北美和欧洲地区尤为严重。20世纪初,跨界大气污染问题开始引起欧美国家间的国际争端,但直到1979年才制定了第一个旨在解决跨界大气污染的区域性多边条约《远程跨界大气污染公约》。[①]

《远程跨界大气污染公约》将欧洲上方的大气作为一个整体实行控制,缔约方主要是欧洲国家、美国和加拿大。公约要求缔约方限制、尽可能逐渐减少并防止大气污染,制定有关控制大气污染物排放的政策和战略,交换有关协定污染物排放的数据、国内政策和工业发展的重大变化及其潜在的影响、科学活动和技术措施等方面的信息。

从1984年到1999年间,缔约方在公约的框架下先后签订了8个议定书和2个修正案,将公约义务进一步细化,并陆续增加规定了需要严格监控和减排的大气污染物。

美国和加拿大除了参加该公约之外,还于1991年3月13日签订了《美加空气质量协定》,对二氧化硫和氮氧化物的排放制定了具体的减排目标。

到目前为止,除欧洲和北美洲外,其他各洲尚未建立区域性的控制跨界大气污染的国际法律体系。但有一些全球性条约涉及到了跨界大气污染问题,例如1982年的《联合国海洋法公约》第二百一十二条和第二百二十二条要求缔约方防止、减少和控制来自大气层或通过大气层的海洋污染。

(二) 臭氧层保护

1974年,科学家首次提出氯氟烃类物质可能导致臭氧层破坏的论断,引起

[①] 1979年11月13日签订,1983年3月16日生效。

了国际社会的重视。1977年,联合国环境规划署成立了一个臭氧层问题协调委员会。1985年,在维也纳召开的外交大会上达成了《维也纳臭氧层保护公约》。[①]

《维也纳臭氧层保护公约》是第一个全球性的大气环境保护公约,目的在于保护人类健康和环境,使其免受人类改变或可能改变臭氧层的活动所造成或可能造成的有害影响。公约要求缔约方采取一致措施,控制已发现对臭氧层有不良作用的人类活动;合作进行科学研究和系统观测;交流有关法规、科学和技术领域的信息。

该公约具有明显的框架性质,仅对缔约方保护臭氧层的一般义务作了原则性规定,没有为缔约方设定具体的行动义务和时间表。

为进一步明确缔约方在臭氧层保护方面的具体义务,1987年9月16日在蒙特利尔举行的第一次缔约方大会上通过了《关于消耗臭氧层物质的蒙特利尔议定书》(简称《蒙特利尔议定书》)[②]。该议定书分别经1990年的《伦敦修正》[③]、1992年的《哥本哈根修正》、1997年的《蒙特利尔修正》[④]和1999年的《北京修正》[⑤]四次修正后,受控物质已增加到125种。

议定书要求缔约方在六个方面做出具体承诺:第一,采取措施减少这些物质的生产和消费;第二,控制与非缔约方间的这些物质的贸易;第三,按计划定期对控制措施进行评估和审核;第四,向公约机构报告有关数据;第五,在研究、开发、公众意识和信息方面进行合作;第六,建立财政机制和提供技术转让,帮助发展中国家履约。

《保护臭氧层维也纳公约》和《蒙特利尔议定书》是国际环境条约历史上的

---

① 1985年3月22日签订,1988年9月22日生效;中国1989年9月11日交存批准书,1989年12月10日对中国生效。

② 1987年9月16日签订,1989年1月1日生效;1990年3月26日对中国生效。

③ 1990年6月29日修订,于1992年8月20日生效;中国1991年6月13日交存批准书,1992年8月20日对中国生效。

④ 1997年9月17日签订,1999年11月10日生效;中国2010年5月19日交存接受书,2010年8月17日对中国生效。

⑤ 1999年12月3日签订,2002年2月25日生效;中国2010年5月19日交存接受书,2010年8月17日对中国生效。

一个里程碑。一方面,其在义务设定及其前提、履约机制和决策程序等方面都有所创新;另一方面,其实施效果良好,有的缔约方甚至提前实现了减量和淘汰目标。

值得注意的是,有些用来替代消耗臭氧层物质的物质却被发现会导致气候变化,因此一些国际机构呼吁应当将臭氧层保护与气候变化应对结合起来统筹考虑。

(三) 全球气候变化应对

在 20 世纪 80 年代中期,国际社会在着手解决臭氧层耗损问题时,就注意到了全球气候变化的问题。联合国环境规划署和世界气象组织合作成立了一个"政府间气候变化专家组",主要负责研究气候变化方面的科学问题。[1] 从 1989 年开始,法律专家也开始参与气候变化专家组的工作。1991 年初,根据联合国大会决议成立了政府间谈判委员会。1992 年 6 月,在里约会议上《联合国气候变化框架公约》开放签署。[2]

公约的宗旨是将大气温室气体的浓度稳定在不对气候系统造成危险干扰的水平上;确保粮食生产不受到威胁;使经济以可持续的方式运行。公约将缔约方分为三类:附件一的缔约方包括 24 个经济合作与发展组织成员国和 12 个"正在向市场经济过渡的国家";附件二是 24 个经济合作组织成员国与土耳其;其余的国家,主要是发展中国家,包括中国和印度在内,则归入附件三。

公约的主要内容包括:第一,缔约方应制定并定期公布和修定向缔约方大会提交的有关人为"源"(sources)和"汇"(sinks)的排放和吸收的温室气体的清单,以及实施公约的措施。第二,公约对发达国家缔约方与发展中国家缔约方在控制温室气体上的"共同但有区别的责任",即将发达国家、发展中国家与前东欧国家的削减义务明确区分开,发达国家缔约方必须向发展中国家缔约方提供"新的和额外的资金"等照顾发展中国家利益的条款。此外,公约规定缔约方有义务对工业排放的二氧化碳、甲烷等温室气体的予以限制,并且建立国际资

---

[1] 该委员会分别在 1990、1995、2001、2007 和 2013 年发表了五份气候评估报告,对应对气候变化的国际法律规范和制度的建立提供了科学依据,影响深远。

[2] 1992 年 5 月 22 日签订,1994 年 3 月 21 日生效;中国 1992 年 6 月 11 日签署,1993 年 1 月 5 日交存批准书。

金机制对发展中国家予以资金和技术转让。①

虽然公约对缔约方规定了义务,但对于温室气体排放的削减量和削减的时间表都没有具体规定。

为了更有效和具体实施温室气体排放量的削减,1995年,公约缔约方大会第一次会议通过了"柏林授权"。根据这一授权,1997年12月11日在日本京都通过了《京都议定书》,并于1998年3月16日开放签署。②

议定书附件A中明确列出了温室气体名录、产生温室气体的能源部门和类别。附件B中列出了承诺排放量限制或削减的39个公约附件一缔约方的名录。1990年为计算的基准年,列入公约附件一的缔约方承诺在2008—2012年间按比例减少列入附件A的温室气体的排放。其中欧洲共同体承诺减排8%,美国承诺减排7%,俄罗斯等向市场经济过渡的国家可以维持在1990年的水平。这些缔约国家承诺平均减排5%。

附件B中的缔约方可以适用联合履约机制,即这些缔约方之间可以互相买卖减排单位,但是这种贸易要经议定书机构核准。发展中国家(包括中国和印度)在议定书中没有任何具体的减排义务,但原则上他们需要在发达国家的帮助下采取适当措施,控制温室气体排放。议定书还规定了适用于公约附件一和非公约附件一缔约方之间"清洁发展机制",即公约附件一缔约方可以选择任何非公约附件一缔约方作为合作伙伴,资助非公约附件一缔约方进行减排,减排的份额抵消公约附件一缔约方的减排额度。

由于《京都议定书》的第一承诺期于2012年底到期,"后京都时代"的第二期(2012年底以后)减排安排成为了历次缔约方大会谈判的重点。

2007年第13次缔约方大会在印尼巴厘岛召开。会议通过了"巴厘岛路线图",要求在2009年前就应对气候变化问题新的安排举行谈判,达成一份新协议。2008年,第14次缔约方大会在波兰波兹南召开。会议决定启动"适应基

---

① 公约将缔约方分为三类,附件一的缔约方包括24个经济合作与发展组织成员国和12个"正在向市场经济过渡的国家";附件二是24个经济合作组织成员国与土耳其;其余的国家,主要是发展中国家,包括中国和印度在内,则归入附件三。

② 1997年12月11日签订,2005年2月16日生效;中国1998年5月29日签署,2002年8月30日递交核准书。

金",并通过了 2009 年气候变化谈判工作计划。2009 年,第 15 次缔约方大会丹麦哥本哈根召开。会议达成了不具有法律拘束力的《哥本哈根协议》,就发达国家实行强制减排和发展中国家采取自主减缓行动作出了安排,并就全球长期目标、资金和技术支持、透明度等焦点问题达成广泛共识。2010 年,第 16 次缔约方大会在墨西哥坎昆召开。会议达成了《坎昆协议》,基本完成了气候谈判的有关组织议程,并就设立绿色气候基金以援助发展中国家、分享清洁能源、控制全球气温升高、保护热带雨林等议题达成了共识。2011 年,第 17 次缔约方大会在南非德班召开。会议通过了"德班一揽子决议",决定实施《京都议定书》第二承诺期,并启动绿色气候基金。2012 年,第 18 次缔约方大会在卡塔尔多哈召开。会议通过了包括开启《京都议定书》第二承诺期在内的一揽子决议,决定从 2013 年开启第二承诺期,为期八年。大会还通过了有关长期气候资金、《联合国气候变化框架公约》长期合作工作组成果、德班平台以及损失损害补偿机制等方面的多项决议。2013 年,第 19 次缔约方大会在波兰华沙召开。大会就德班平台决议、气候资金和损失损害补偿机制等焦点议题签署了协议。

二、海洋和淡水环境保护

有关海洋环境保护的国际法历史十分悠久,可以追溯到国际法产生的初期。而由于地域的局限性,有关淡水环境保护的国际法规范的产生要相对晚一些。因此,到目前为止,有关保护海洋环境的国际法要比有关保护淡水环境的国际法更加丰富和成熟。

(一) 海洋环境保护

海洋环境保护条约数量众多、涉及的范围很广、内容复杂。根据其适用的范围可以分为全球性海洋环境保护条约(如 1982 年《联合国海洋法公约》)和区域性海洋环境保护条约(如 1982 年《红海及亚丁湾环境保全区域公约》)。根据条约的内容,海洋环境保护条约可以分为一般性框架条约(如《联合国海洋法公约》)和针对海洋环境保护具体问题的专门性条约。

1. 联合国海洋法公约

1982 年通过的《联合国海洋法公约》是海洋环境保护条约体系的核心,其目的在于建立一种综合性法律秩序,以便于国际交流、促进和平利用海洋、合理利用其资源、保护生物资源以及研究和保护海洋环境。

该公约在第十二部分"海洋环境的保护与保全"中确立了国际海洋环境保护的基本原则和制度。明确规定各国有保护和保全海洋环境的义务,要求各国在适当情况下个别或联合采取符合该公约的必要措施,以防止、减少和控制海洋环境污染,并且规定各国负有不将损害或危险转移或将一种污染转变成另一种污染的义务。此外,该公约还对全球性和区域性合作,技术援助、监督和环境评价,防止、减少和控制海洋环境污染的国际规则和国内立法等问题也作出了具体的规定。

2. 特定领域的海洋环境保护公约

第一,防止船舶污染。《经1978年议定书修订的1973年国际防止船舶造成污染公约》[1](简称《73/78船污公约》)的宗旨是预防、控制和消除船舶作业过程中可能因排放石油、液态有害物质、有包装的有害物质、污水、垃圾和空气污染物造成的海洋污染。该公约再经1997年议定书修订,形成了一个具有六个附则[2]的技术性专门公约。《73/78船污公约》通过控制船舶及设备状态和人员操作旨在消除有意排放油和其他有害物质而污染海洋环境,并将这些物质的意外排放减至最低限度。

第二,防止海洋倾废。1972年《防止倾倒废弃物和其他物质引起海洋污染公约》(简称《伦敦倾废公约》)[3]及1996年《议定书》[4]的宗旨是防止和限制在海上任意处置可能对人类健康和海洋生物资源造成危害、破坏海洋环境的舒适及影响其他合法利用海洋的废弃物。公约禁止某些特定废弃物的倾倒(如放射性

---

[1] 《1973年国际防止船舶造成污染公约》及其议定书Ⅰ(关于涉及有害物质事故报告的规定)和Ⅱ(仲裁)由国际海事组织在1973年10月8日至11月2日召集的国际海洋污染会议通过。1978年2月6日至17日召开的国际油船安全和防污染会议(TSPP会议)期间,通过了其议定书的修订,故称为《经1978年议定书修订的1973年国际防止船舶造成污染公约》(简称《73/78防污公约》)。

[2] 六个附则分别是:附则一:防止油类污染规则;附则二:控制散装有毒液体物质污染规则;附则三:防止海运包装形式有害物质污染规则;附则四:防止船舶生活污水污染规则;附则五:防止船舶垃圾污染规则;附则六:防止船舶造成大气污染规则。

[3] 1972年12月29日签订,1975年8月30日生效;中国1985年11月14日交存加入书。

[4] 1996年11月7日签订,2006年3月24日生效;中国2006年9月29日交存批准书,2006年10月29日对中国生效。

废物),对其他物质的倾倒适用许可证制度。

第三,防止陆源污染。陆源污染是海洋污染的主要污染源,但由于该问题的复杂性,除《联合国海洋法公约》和其他一些条约中的原则性规定外,迄今尚无全球性的专门条约加以规范。1995年通过了《保护海洋环境免受陆源活动影响的全球行动计划》,由联合国环境规划署负责其协调工作。虽然该行动计划没有严格的法律拘束力,但是它对区域组织和各国制定有关陆源污染的规则具有指导作用。

第四,油污事故干预及应急。1969年《国际干预公海油污事故公约》①、1973年《干预公海非油类物质污染议定书》②和1990年《国际油污防备、反应和合作公约》③的宗旨是以预防为原则,采取适当的措施,防止重大海上油污事故。在出现油污事故时,进行国际合作,采取必要应急措施,尽可能减少损失。

第五,海洋环境损害赔偿责任。1969年《国际油污损害民事责任公约》④、1971年《关于设立油污损害赔偿基金公约》⑤和1996年《海上运输危险和有毒物质损害责任及赔偿的国际公约》⑥(简称 HNS 公约),上述公约共同的宗旨是建立防止、减少海上运输污染损害及其赔偿机制,使污染受害方得到及时、充分和有效的赔偿。

(二)淡水保护

国际环境法所关注的主要是跨界淡水资源的开发、利用与保护。淡水领域早期的国际法规则主要是有关船舶在跨界河流航行的规则,多见于针对具体江河湖泊的双边或区域性条约或国际文件当中。

1966年在国际法协会主持下制定的《国际河流利用规则》(简称《赫尔辛基

---

① 1969年11月29日签订,1975年5月6日生效;中国1990年2月23日交存加入书,1990年5月24日对中国生效。
② 1973年11月2日签订,1983年3月30日生效;中国1990年2月23日交存加入书,1990年5月24日对中国生效。
③ 1990年11月30日签订,1995年5月13日生效;中国1998年3月30日交存加入书,1998年6月30日对中国生效。
④ 1969年11月29日签订,1975年6月19日生效;中国1980年1月30日交存接受书,1980年4月30日对中国生效。
⑤ 1971年12月18日签订,1978年10月16日生效;中国尚未加入该公约。
⑥ 1996年5月3日于国际海事组织外交大会上通过,尚未生效。

规则》)尽管不具有法律拘束力,但已经成为这方面最早、最经常被引用的国际文件。该规则第一次全面地对当时已有的相关国际法规则做了编纂,同时对国际河流的利用提出了指导性原则。1992年在联合国欧洲经济委员会的支持下,欧洲国家签订了《保护和利用跨界水道和国际湖泊的公约》(简称1992《水道公约》)。

目前在淡水领域的多边条约是联合国主持下起草的《国际水道非航行使用法公约》。1997年联合国大会通过了国际法委员会提交的公约草案,但该公约至今尚未生效。公约的宗旨是实现国际水道的利用、开发、养护、管理和保护,为了当代和后代的利益促进国际水道的最佳和可持续的利用。该公约规定了适用于国际水道的一般性规则、实施这些规则的程序性规则、关于淡水保护、保持和管理的实体规则和水道国缔结协定的条款。

三、危险物质或活动管制

(一)危险废物越境转移和处置的管制

20世纪80年代,发达国家将本国的工业废弃物等有害废物转移到管理能力较低的发展中国家的现象日益严重。作为应对,1989年国际社会制定了《控制危险废物越境转移与处置的巴塞尔公约》[①](简称《巴塞尔公约》),就危险废物(有害废弃物)的越境转移作了一系列的规定,这也是目前废弃物越境转移国际管制方面最重要的条约。

《巴塞尔公约》的宗旨是控制和减少公约规定的危险废物和其他废物越境转移,将产生的危险废物减少到最低程度,并使其越境转移减少到最低程度,确保对它们实施环境无害化的管理和处置,帮助发展中国家和经济转型国家对其危险废物和其他废物进行环境无害化管理。

公约建立的危险废物越境转移国际管制法律制度框架的核心内容是事先知情同意制度(PIC制度),即危险废物的出口者必须就拟议中的出口事宜向进口国进行通报,在得到进口国的书面同意后才能出口。

---

① 1989年12月27日签订,1992年5月5日生效;中国1991年12月17日交存批准书,1992年5月5日对中国生效。

公约的另一个重要措施是对再出口和非法运输的规定。公约规定,在特定情况下,出口国有义务确保将危险废物退运回国。为了对可能发生的污染损害进行救济,公约要求输出者采取保险和保证的措施予以保障。在国内法方面,要求将违反条约的行为作为不法交易犯罪对待,并采取法律或行政上的措施对行为人予以制裁。

1999年12月10日,公约缔约方签订了《危险废物越境转移及其处置所造成损害的责任和赔偿问题的议定书》[①]。议定书就严格赔偿责任、过失赔偿责任、预防措施、造成损害的多重原因、追索权、赔偿限额、赔偿责任时限、保险和其他财物担保、国家责任、管辖法院以及适用法律等事项作了规定。议定书是第一个关于废物造成环境损害与赔偿责任的全球性国际条约。

此外,还有一些国际条约对预防和减少废物的排放进行了原则性规定。例如,1991年《禁止对非洲出口并控制和管理非洲内部的危险废物跨界转移公约》(简称《巴马科公约》)[②]规定,缔约国必须保证在考虑到社会、技术和经济因素的情况下将危险废物的生产减至最低水平,鼓励清洁生产。

(二) 核活动管制

按照目的不同,核活动分为军用和民用两类。调整核军用方面的条约主要有1968年通过的《不扩散核武器条约》、1971年通过的《禁止在海床洋底及其底土安置核武器和其他大规模毁灭性武器条约》、1996年通过的《全面禁止核试验条约》和2005通过的《制止核恐怖主义行为国际公约》。

1957年国际原子能机构成立,专门负责管理全球民用核活动。由于核物质和核活动的高度危险性,国际社会很早就建立了国际法律管制体系,签订了一系列的管制公约。

国际原子能机构于1980年制定了《核材料实物保护公约》[③],并于2005年通过了《核材料实物保护公约》的修订案。公约目的在于实质性保护国内使用、贮存和运输的核材料,防止非法取得和使用核材料所可能引起的危险。

---

① 1999年12月10日签订,尚未生效。
② 1991年1月30日获得通过,1998年4月22日生效;中国未加入该公约。
③ 1980年3月3日签订,1987年2月8日生效;中国1988年12月2日加入该公约。

切尔诺贝利核电站核事故发生后,国际原子能机构又于 1986 年紧急通过了《关于及早通报核事故公约》①与《核事故或辐射紧急情况相互援助公约》②。

《关于及早通报核事故公约》的目的是尽早提供可能产生跨国界国际影响的核事故有关情报,以便使环境、健康和经济的后果减少到最低限度。公约要求,在发生可能导致越境影响的核事故时,必须通报有关事故发生的时间、场所、放出的放射性物质的种类以及对事故状况的判断等情报以及其他的基本情报。

《核事故或辐射紧急情况相互援助公约》的目的是建立一个国际体制,旨在发生核事故或辐射紧急情况时便利缔约方之间直接地、通过或从国际原子能机构以及从其他国际组织迅速提供援助;最大程度地减轻后果,保护生命、财产和环境免受放射性释放的影响。公约对发生核事故或者放射性紧急事态规定了有关将影响限制在最小限度内,以及防止放射性损害、保护人体生命以及环境的紧急援助活动等。

切尔诺贝利核电站事故引起了人们对核设施的安全性的高度关注。为此,1994 年国际原子能机构制定并通过了《核安全公约》③,目的在于加强国际核技术交流与合作,在世界范围内实现和维持高水平的核安全,在核设施内建立防止潜在辐射危害的有效防御措施,防止带有放射性后果的事故发生以及减轻事故的危害后果。鉴于各国的技术水平不同,因此公约没有规定统一的基准与罚则,只是要求各国在充实教育和训练、制定紧急对应计划方面进行国际合作。并且要求对那些安全性不能提高的核电站予以关闭。

为了能够在核事故发生后对损害予以全面的救济,目前各国法律都规定对核损害赔偿实行严格责任、绝对责任或结果责任等的无过失责任制度。关于原子能损害责任的国际立法,主要有 1960 年《核能领域中第三方责任巴黎公约》(下称《巴黎公约》)④、1963 年《补充巴黎公约的布鲁塞尔公约》(下称《布鲁塞尔

---

① 1986 年 9 月 26 日签订,1986 年 10 月 27 日生效;中国 1986 年 9 年 26 日签署,1987 年 9 月 14 日交存核准书。
② 同上注。
③ 1994 年 6 月 17 日签订,1996 年 10 月 24 日生效;中国 1996 年 4 月 9 日提交了批准书。
④ 1960 年 7 月 29 日签订,中国未加入该公约。

公约》)①以及1963年《关于核损害民事责任的维也纳公约》②。1997年9月8日至21日在维也纳针对1963年《维也纳公约》签订了《修改1963年核损害民事责任维也纳公约的议定书》和《核损害补充赔偿的公约》,改进了核损害民事赔偿的法律制度。

《维也纳公约》与《巴黎公约》的宗旨与目的一致,主要的规定也基本一致。不同之处是《巴黎公约》是由经济合作与发展组织起草完成草案的,其缔约方主要只有欧洲国家;《维也纳公约》是由国际原子能机构起草完成草案的,其缔约方则主要是发展中国家。为了避免两者之间的冲突,1988年9月21日在维也纳签订了《关于适用维也纳公约与巴黎公约的联合议定书》,在两个公约之间建立了有机的联系,避免了矛盾与冲突。

(三)危险化学品和农药国际贸易的管制

20世纪80年代中期,联合国环境规划署和粮农组织对一些常用但是毒性大的化学品和农药建立了自愿性的事先知情同意制度,这些制度主要被规定在1987年联合国环境规划署的《经修正的关于化学品国际贸易资料交流的伦敦准则》和1985年粮农组织的《农药销售与使用国际行为守则》这两个国际文件之中。

1998年的《关于国际贸易中某些危险化学品和农药的事先知情同意程序的公约》(简称《鹿特丹公约》)③将自愿性质的事先知情同意制度变为强制性的制度,并取代了前述两个国际文件。

公约明确规定,进行危险化学品和化学农药国际贸易各方必需进行信息交换。出口方需要通报进口方及其他成员其国内禁止或严格限制使用化学品的规定。发展中国家或转型国家需要通告其在处理严重危险化学品时面临的问题。计划出口在其领土上被禁止或严格限制使用的化学品的一方,在装运前需要通知进口方。出口方如出于特殊需要而出口危险化学品,应保证将最新的有关所出口化学品安全的数据发送给进口方。各方均应按照公约规定,对"事先

---

① 1963年1月31日签订,中国未加入该公约。
② 1963年5月21日签订,中国未加入该公约。
③ 1998年9月10日签订,2004年2月24日生效;中国2001年5月1日交存批准书。

知情同意程序"中涵盖的化学品和在其领土上被禁止或严格限制使用的化学品加注明确的标签信息。公约各方还同意,开展技术援助和其他合作,促进相关国家加强执行该公约的能力和基础设施建设。

(四)持久性有机污染物的控制

持久性有机污染物(POPs)是在环境中难以降解、能够在生物体内蓄积并沿食物链放大且能对人体健康及环境构成各种负面影响的有机污染物。2001年5月23日,各国共同签署了《关于持久性有机污染物的斯德哥尔摩公约》[①]。公约的宗旨是为了保护人类健康和环境,减少持久有机污染物的排放并最终消除持久有机污染物的排放。谨慎原则是该公约的基础和指导原则并贯穿始终。公约旨在与1989年《巴塞尔公约》、1998年《鹿特丹公约》共同建立一个对危险化学品的"从摇篮到坟墓"全程管制体系。

公约缔约方承诺要通过以下方式减少或消除持久性有机污染物:第一,禁止或通过必要的法律或行政措施淘汰附件A所列的持久有机污染物的生产、使用和进出口;第二,限制附件B所列持久有机污染物的生产和使用;第三,各缔约方还要承诺减少或消除附件C所列各种非有意生产的化学品所造成的持久有机污染物的排放;第四,公约还要求缔约方采取措施减少或消除储存和处置废弃物造成的持久有机污染物排放;第五,公约还就信息交流、实施计划、公众信息、教育、研究、开发和监测进行了规定。

根据公约,各缔约国将采取一致行动,首先消除十二种对人类健康和自然环境最具危害的持久性有机污染物,公约还规定,被列入控制的持久性有机污染物清单是开放性的,将来会随时根据规定的筛选程序和标准进行扩充。2009年5月,公约缔约方大会第四次会议通过了针对公约附件A、B和C的《〈关于持久性有机污染物的斯德哥尔摩公约〉新增列九种持久性有机污染物修正案》,新增九种持久性有机污染物。2011年5月,公约缔约方大会第五次会议又新增通过《〈关于持久性有机污染物的斯德哥尔摩公约〉新增列硫丹修正案》,将硫丹增列入公约附件A。

---

① 2001年5月22日签订,2004年5月17日生效;中国2004年8月13日交存批准书,2004年11月11日对中国生效。

四、自然保护

自然保护方面的国际环境法主要包括生物多样性保护、特定生物资源保护和特殊区域保护三个方面的主要内容。

(一) 生物多样性保护

1992年《生物多样性公约》[1]是生物多样性保护国际法律体系的基础和核心,其宗旨是保护生物多样性、持久使用其组成部分以及公平合理分享由利用遗传资源而产生的惠益。

公约要求缔约方应将本国境内的野生生物列入物种目录,制定保护濒危物种的保护计划,建立财务机制以帮助发展中国家实施管理和保护计划;缔约方利用一国生物资源必须与该国分享研究成果、技术和所得利益,以公平和优惠的条件向发展中国家转让技术或提供便利,并酌情采取立法、行政或政策性措施使各国特别是发展中国家有效地参加提供遗传资源用于生物技术研究活动并从中受益。

2000年1月29日,为了预防和控制转基因生物可能产生的不利影响,公约缔约方签订了《生物多样性公约的卡塔赫纳生物安全议定书》(简称《生物安全议定书》或《卡塔赫纳议定书》)[2]。议定书的宗旨是依据谨慎原则,采取必要的保护措施,防范因改性活生物体的越境转移、处理和使用而可能对生物多样性的保护、持续使用以及对人类健康所带来的不利影响。由于议定书旨在解决的核心问题是科学不确定性以及如何在国际环境条约中处理科学不确定性,因此它被称为"谨慎原则的宣言"。

议定书规定了事先知情同意程序,即出口国在第一次向进口国装运旨在向环境释放的改性活生物体(例如,种子或鱼)之前,要征得进口国的同意,并确保各国在批准改性活生物体入境之前能够获得做出有关决定所必须的信息,并建立生物安全资料交换所以便就有关生物技术改变的活生物体和协助各国实施

---

[1] 1992年6月1日签订,1993年12月29日生效;中国1992年6月11日签署,1993年1月5日交存批准书,1993年12月29日对中国生效。

[2] 2000年1月29日签订,2003年9月11日生效;中国2000年8月8日签署,2005年6月28日对中国生效。

议定书交换信息。此外,议定书还规定了嗣后制定在国际贸易中如何认定改性活生物体更为详细规则的程序。

2010年10月,卡塔赫纳议定书第五次缔约方大会在日本名古屋通过了《卡塔赫纳生物安全议定书关于赔偿责任和补救的名古屋—吉隆坡补充议定书》。补充议定书规定了一项行政性办法,明确了源于越境转移的改性活生物体非常可能给生物多样性的保护和可持续利用造成损害时的应对措施。

为公正和公平地分享遗传资源利用所产生的惠益,2010年10月29日缔约方在日本名古屋通过了《关于获取遗传资源和公正和公平分享其利用所产生惠益的名古屋议定书》。议定书要求国家规定公正和非任意的规则和程序来获取遗传资源,制定明确的事先知情同意程序和共同商定的条件,并且在准予获取时颁发许可证或等同的证件。

(二) 特定生物资源保护

1. 海洋生物资源保护

在海洋生物资源保护方面,除了《联合国海洋法公约》等一般性条约的原则性规定外,尚无全面保护海洋生物资源的条约,只有数量众多的、零散的、针对特定物种保护的条约和国际文件。

1946年的《国际捕鲸管制公约》[①]是签订较早的海洋生物资源养护的多边条约,宗旨是对鲸鱼资源进行有效的养护,并对缔约方的捕鲸进行有序的管制,以防止过度捕捞。1966年的《养护大西洋金枪鱼国际公约》[②]的宗旨是对大西洋和邻近海域的金枪鱼和与金枪鱼类似的种群进行养护,实现最大限度的可持续捕捞。1995年的《联合国海洋法公约关于养护和管理高度洄游鱼种的协定》(简称《鱼类种群协定》)[③]的宗旨是为了有效执行《联合国海洋法公约》有关这类资源的管理和养护的规定,确保跨界鱼类种群和高度洄游鱼类种群的可持续利用。此外,联合国粮农组织也通过了一系列的协定和文件推动渔业资源的养护

---

① 1946年12月2日签订,1948年11月10日生效;中国1980年9月24日通知加入,并于同日对中国生效。

② 1966年5月4日签订,1969年3月21日生效;中国1996年10月2日交存批准书,同日对中国生效。

③ 1995年8月4日签订,2001年12月11日生效;中国1996年11月6日签署。

和管理。例如,1993年的《促进公海渔船遵守国际养护和管理措施的协定》和1995年的《负责任渔业行为守则》。2001年粮农组织还通过了《关于海洋生态系统中负责任渔业的雷克雅未克声明》。

2. 迁徙物种保护

1979年,国际社会缔结了《养护野生动物迁徙物种公约》①(简称《波恩公约》),旨在通过国际合作、禁止捕捉濒危物种、保护其栖息地及控制其他不良影响,保护那些越境进行迁徙的动物物种。

公约规定,凡处在濒危迁徙物种迁徙范围内的缔约方,都应禁止捕捉这些物种,少数特例除外。迁徙范围内缔约方应当尽力保护和恢复这些物种的栖息地,清除、防止或尽量减少这些物种迁徙中的障碍,防止、减少和控制威胁这些物种生存的因素。对于那些处在不利养护状态下的迁徙物种,应当通过国际合作进行养护和管理。

3. 濒危物种国际贸易管制

1973年,国际社会在华盛顿签订了《濒危野生动植物物种国际贸易公约》②,公约的宗旨是通过国际合作确保野生动植物物种的国际贸易不至于威胁相关物种的生存,避免对这些物种的过度开发和利用。

公约根据不同种类野生动植物的濒危程度,采取了分类控制措施:列入附录一的动植物属于受到灭绝威胁的物种,除有限的豁免外,禁止野外捕捉、采集和国际贸易;列入附录二的动植物属于如果不限制贸易就面临灭绝威胁的物种,缔约国可以通过许可证控制其贸易;列入附录三的动植物属于已经列入缔约方国家保护名录的物种,缔约方要采取适当的保护措施。

三个附录的动植物名录可以根据其濒危状况进行适时调整。如果某个缔约国不同意将某个物种列入附录中,可以在特定的期限内提出保留。缔约方有义务保留列入附录的物种的贸易记录。

---

① 1979年6月23日签订,1983年12月1日生效;中国尚未加入该公约。
② 1973年3月3日签订,1975年7月1日生效;中国1981年1月8日交存加入书,1981年4月8日对中国生效。

4. 森林资源保护

1983年国际热带木材组织制定了《国际热带木材协定》,目的在于为热带木材生产国和消费国之间的合作和协商提供一个有效的框架,促进国际热带木材贸易的扩大和多样化以及热带木材市场结构的改善,最终实现长期、可持续利用的热带木材贸易。

1992年里约大会通过了《关于所有类型森林的管理、保存和可持续开发的无法律拘束力的全球协商一致意见权威性原则声明》(简称《关于森林问题的原则声明》),这是一项全球性、综合性的规范森林管理的国际文件。声明提出了15项原则,主要包括承认各国对于森林资源的主权权利;森林资源和森林土地应当以可持续的方式进行管理;国家要制定管理、保存和可持续开发森林和林区的框架;应鼓励国家以持久和环境无害的方式发展森林;努力使全球绿化等。

1994年国际社会在日内瓦签订了《1994年国际热带木材协定》[①],其宗旨是确认国家对自然资源的主权,为国际社会所有成员间关于世界木材经济一切有关的方面开展磋商、国际合作和制定政策提供框架。协定要求缔约方向协定设立的行政管理帐户交纳年度捐款,提供相关数据使热带木材经济更加透明。协定还设立了国际热带木材理事会,并要求缔约方遵守理事会作出的决定。

(三) 特殊区域保护

1. 湿地保护

为了保护湿地,国际社会1971年签订了《关于特别是作为水禽栖息地的国际重要湿地公约》[②](简称《拉姆萨公约》),公约宗旨是制止目前和未来对湿地的逐渐侵占和损害,确认湿地的基本生态作用及其经济、文化、科学和娱乐的价值,通过国家行动和国际合作保护和合理地利用湿地,以此作为实现全世界可持续发展的一种途径。

公约建立了《国际重要湿地名录》,并要求缔约国至少要指定一个国立湿地列入国际重要湿地的名单中。公约要求缔约国充分考虑养护、管理和合理利用

---

① 1994年1月26日签订,1997年1月1日生效;中国1996年7月31日交存核准书,1997年1月1日对中国生效。

② 1971年2月2日签订,1975年12月21日生效;中国1992年3月31日交存加入书,1992年7月31日对中国生效。

迁徙野禽方面的国际责任;制定计划保护列入名册的湿地并促使其合理利用,特别是执行环境影响评价、控制利用过剩、制定和实施有公民参与的环境管理计划,指定登记、设立自然保护区等措施;当湿地发生变化或者变更保护计划时,还应当向国际执行当局通报。

2. 防治荒漠化

为解决荒漠化问题,1994年在巴黎通过了《联合国关于在发生严重干旱和(或)沙漠化的国家特别是在非洲防治沙漠化的公约》(简称《联合国防治荒漠化公约》)。① 公约宗旨是在《21世纪议程》框架范围内,通过各种国际合作和伙伴关系,采取有效的行动,在遭受严重干旱和荒漠化的国家,特别是非洲,减轻干旱的影响,防治荒漠化,帮助这些国家实现可持续发展。

公约对不同的缔约方规定了不同的义务。对于受荒漠化影响的国家,优先注意防治荒漠化和减轻干旱的影响,根据其自身的条件和能力采取适当的措施,配置足够的资源,通过法律和政策手段是防治荒漠化和减轻干旱的目标得以实现。

此外,这些缔约方还要制定相应的"国家行动计划",其中主要包括制定相关长期战略、注意落实预防措施、加强国家在气候学和水文学方面的能力、促进改善政策和体制框架、鼓励公众有效参与、定期审查事实情况。

3. 南极与北极保护

关于南极的国际法律管制体制主要是以1959年的《南极条约》②为基础的一系列公约和议定书,即"南极条约体系",其中与环境相关的包括1972年的《养护南极海豹公约》③、1980年的《养护南极海洋生物资源公约》④、1988年的

---

① 1994年10月14日签订,1996年9月27日生效;中国1997年2月18日交存批准书,1997年5月19日对中国生效。
② 1959年12月1日签订,1961年6月23日生效;中国1983年6月8日交存加入书,同日对中国生效。
③ 1972年6月1日签订,1978年3月11日生效。
④ 1980年5月20日签订,1982年4月7日生效;中国2006年9月19日交存加入书,2006年10月19日对中国生效。

《管制南极矿产资源活动的公约》[①]、1991年的《南极条约环境保护议定书》(又称《马德里议定书》)[②]。

《养护南极海豹公约》的主要保护对象是南极海豹。《关于养护南极海洋生物资源公约》将保护范围扩展到南纬60°以南区域的南极海洋生物资源。《关于环境保护的南极条约议定书》是在《南极条约》基础上制定的关于保护南极环境的法律文件,缔约方承诺全面保护南极环境及依附于它的和与其相关的生态系统,将南极指定为自然保护区,仅用于和平和科学的目的。

北极地处北冰洋,被加拿大、丹麦(包括格林兰和法罗群岛)、芬兰、冰岛、挪威、俄国、瑞典和美国八个国家包围。20世纪80年代末,苏联解体,冷战结束,北极国家间开始进行更紧密的合作,环境保护方面的合作被定为首选合作领域。1991年8个北极国家通过了《北极环境保护战略》,决定在环境保护领域率先进行合作。1996年9月19日,经过五年的初步合作之后,北极国家在加拿大渥太华签署了《建立北极理事会宣言》(简称《渥太华宣言》),正式设立北极理事会,授权该理事会承担包括可持续发展各个领域在内的更为广泛的合作事宜。

北极理事会的宗旨促进北极国家在可持续发展和环境保护领域的合作、协调和互动。北极理事会监督和协调《北极环境保护战略》框架内的各类项目,特别是北极监测与评价项目、北极动植物养护项目、北冰洋海洋环境保护项目和应急准备与反应项目。到目前为止,国际社会尚未缔结有关北极及其环境保护的国际条约。

五、贸易与环境

贸易与环境关系中的争议焦点主要包括两个:一方面是多边环境协定(即国际环境条约)中的贸易限制措施对世贸组织的国际贸易原则、规则和制度的影响;二是世界贸易组织的贸易规则对环境的影响。

世界贸易组织的宗旨是促进全球贸易自由化,而多边环境协定中限制贸易

[①] 1988年6月2日签订,尚未生效。1988年6月通过了《南极矿物资源活动管理公约》的最后文件,该公约在向各协商国开放签字之时,由于《南极条约环境保护议定书》的通过而中止。

[②] 1991年6月23日签订,1998年1月14日生效;中国1991年10月4日签署,1994年8月2日批准。

的规则必然影响或限制这种自由化。例如,对濒危物种贸易的限制、对臭氧层耗损物质贸易的限制、对改性活生物体贸易的限制等等都是这种限制贸易措施的具体表现。根据贸易与环境委员会的报告,目前含有贸易条款的多边环境协议约有20个,而目前国际上还没有任何成员国之间因为依据国际环境公约采取贸易限制措施而提交世界贸易组织争端解决程序的案例。①

世贸组织规则中涉及环境保护的有三种情形。《关税与贸易总协定》第二十条的一般例外条款列出了可以免除《关税与贸易总协定》义务的特殊情形,与环境保护有关的例外主要规定在第二十条的(b)款和(g)款。但是,该条款属于总协定的例外条款,对它的适用有着严格的前提条件。《技术贸易壁垒协定》,协定要求缔约方的技术标准仅可以使用国际标准,并以"保护人体健康或者安全,保护动植物的生命、健康或者生育"作为其例外。但由于目前环境保护的控制基准与方法在各国有着很大的差异,所以一律采用国际标准是困难的。《补贴协定》宗旨是防止国际贸易的扭曲而规定限制使用补贴,但是该协定同时又确认了为促进产业结构的转换而可以在环境政策措施中使用的补贴。

已经有许多世界贸易组织成员国因为依照其本国的环境保护规定对其他国家采取贸易限制措施,而被提交到世界贸易组织的争端解决机制,但除了少数案例外,大部分采取环境贸易限制措施的成员国都被判定违反《关税与贸易总协定》的规定。

针对贸易与环境的矛盾,国际社会开始着手在国际贸易和环境保护之间建立有机的联系和协作。

一方面贸易和环境保护机构加强联系,共同研究减少矛盾、加强协同的办法。例如,2009年6月世界贸易组织和联合国环境规划署共同发表了《贸易与气候变化》的研究报告,着重分析了气候变化科学、经济、应对气候变化多边措施、国家气候变化政策及其对贸易的影响,以期使国际贸易和环境保护产生良性互动。

另一方面,直接将环境保护事项列入贸易谈判。例如,在世界贸易组织的

---

① See WTO, Trade and Environment at the WTO, April 2004, available at http://www.wto.org/english/tratop_e/envir_e/envir_wto2004_e.pdf, last visited on November 20, 2007.

"多哈谈判"中第一次将环境事项明确列入多边贸易谈判内容之中,谈判的主要内容包括既存的贸易规则与多边环境协议中贸易义务之间的关系;在环境条约秘书处和世界贸易组织相关委员会之间定期交换信息的程序,以及给予观察员地位的标准;降低或适当消除对环境货物和环境服务的关税和非关税壁垒。

如何在采取与环境有关的贸易限制措施的同时又不会构成变相的国际贸易的限制,又要如何在现有的世界贸易组织体系架构内重建以可持续发展为基础的贸易体系,建立贸易自由与环境保护双赢的机制的确是目前世界贸易组织及国际环境法两者的一大挑战。

第三节 国际环境法在中国的适用

一、中国对全球环境问题的立场

自20世纪80年代以来,中国参加了数以百计的多边、双边国际环境条约,这些条约对中国国内环境与资源保护立法和执法起到了重要的推动作用,许多国际环境法上的原则、规则和法律制度越来越多地出现在中国国内环境立法之中。

由于全球环境问题是国际社会在20世纪80年代以后所共同关注的热点,为了在中国与对外国际交往中确立中国对待全球环境问题的原则立场,1992年初,国务院环境保护委员会通过了《中国关于全球环境问题的原则立场》[①]。此后,中国政府发布的一些文件和领导人在国际会议上的讲话,又对中国应对全球环境问题的立场进行了发展。

概括起来,中国应对全球环境问题的立场主要包括以下几点:

第一,正确处理环境保护与经济发展的关系。环境问题是人类生存和发展中出现的问题,所以问题的解决也只能在发展中实现,促进人类共同发展。

第二,明确国际环境问题的主要责任,充分考虑发展中国家的特殊情况。

---

① 国务院环境保护委员会秘书处编.中国关于全球环境问题的原则立场.中国环境科学出版社,1992.

考虑到发达国家和发展中国家在环境问题的形成中作用和各自能力的差异,坚持共同但有区别责任原则,拒绝承担超过发展中国家自身能力的国际义务。在该原则的前提下,实现互利共赢的目标。

第三,认真履行国际环境保护义务。要求各国应当切实履行业已作出的国际承诺与责任,维护国际法律体系的稳定。

第四,不应把保护环境作为提供发展援助的附加条件。要求确保相关的资金与技术,环境友好的技术应当更好地服务于人类共同利益。

第五,积极参与国际环境合作。坚持"协商一致"的决策机制,积极参与国际环境法律规范的制定。

二、国际环境法与国内环境法的关系

国际法与国内法的关系问题既是国内法的重要问题,也是国际法的基本问题,通常由各国宪法作出明确的规定,因为它直接影响到国际法和国内法的相互效力和有效性。然而,无论是理论研究还是实际操作中,国际环境法与国内环境法的关系都不甚明确。

我国《宪法》和《立法法》对于国际法在国内法律体系中的法律地位和法律效力一直都没有明文规定,学者们只能用推演的方法分析国际条约在中国国内法中的地位。例如,根据《宪法》及《缔结条约程序法》的规定,条约缔结与一般法律制定的程序基本相同,均是由全国人大常委会过半数通过。多数学者认为条约与中国的法律在国内具有同等的效力。[①]

尽管我国《宪法》和《立法法》未对国际法的国内适用问题作出统一规定,但是在某些领域的专门立法中却对国际法的国内适用问题做出了规定。例如,《民法通则》第一百四十二条规定,中华人民共和国缔结或者参加的国际条约同中华人民共和国的民事法律有不同规定的,适用国际条约的规定,但中华人民共和国声明保留的条款除外。《商标法》《渔业法》《海商法》等都有类似规定。可见,在上述法律调整的领域,国际法与国内法冲突时,优先适用国际法。但

---

① 万鄂湘,王光贤. 国际人权条约在我国国内法院的适用. 朱晓青,黄列主编. 国际条约与国内法的关系(学术会议论文集). 世界知识产权出版社,2000:293.

是,因为还有很多法律中没有这样的条款,因此不能说国际法优于国内法是中国的一般实践。①

我国1989年《环境保护法》第四十六条曾规定:中华人民共和国缔结或参加的与环境保护有关的国际条约,同中华人民共和国的法律有不同规定的,适用国际条约的规定,但中华人民共和国声明保留的条款除外。但是,考虑到国际环境条约涉及面广、情况复杂,中国作为一个发展中国家的履约义务与发达国家和一般发展中国家都有不同,而且国内各方对国际条约的适用问题意见不统一。因此,2014年修改《环境保护法》时该条款被删除。②

从实践看,到目前为止我国签署或批准了近百个与环境与资源保护相关的多边或双边条约,其中包括了目前绝大多数重要的、生效的多边环境条约。为了履行国际条约所承担的义务,我国往往制定或修订相应的国内立法。因此,适用这些国内法的同时也就适用了国际法。

---

① 白桂梅. 国际法. 北京大学出版社,2006:77.
② 汪劲. 环境法学(第三版). 北京大学出版社,2015:368.

参考文献

1. 汪劲.环境法学(第三版).北京大学出版社,2014.
2. 金瑞林.环境法学(第三版).北京大学出版社,2013.
3. 金瑞林.环境与资源保护法学(第三版).北京:高等教育出版社,2013.
4. 韩德培.环境保护法教程(第六版).北京:法律出版社,2012.
5. 蔡守秋.环境资源法教程(第二版).北京:高等教育出版社,2010.
6. 吕忠梅.环境法学(第二版).北京:法律出版社,2009.
7. 朱谦.环境法基本原理——以环境污染防治法律为中心.北京:知识产权出版社,2009.
8. 周珂.环境法(第三版).北京:中国人民大学出版社,2008.
9. 王曦.国际环境法(第二版).北京:法律出版社,2005.
10. 肖国兴,肖乾刚.自然资源法.北京:法律出版社,1999.